『十三五』国家重点出版物出版规划项目

长江三峡工程文物保护项目报告 乙种第五十五号

重庆市文物局 重庆市水利局 主编

涪陵北岩墓群

——2001～2008年度考古发掘报告

重庆市文物考古研究院
重庆市涪陵区博物馆
编著

科学出版社

内 容 简 介

本书是2001年、2004年、2005年重庆市文物考古所、涪陵区博物馆在北岩墓群的发掘报告，详细公布了北岩墓群从西汉早期延续至清代的52座墓葬，其中西汉至新莽时期墓葬20座、东汉时期墓葬27座、东汉晚期至蜀汉墓葬3座、宋代时期墓葬1座、清代时期墓葬1座。这批墓葬的发现，为峡江地区汉墓研究提供了新的资料。此外，本书还收录了两篇涪陵针织厂墓群（与北岩墓群相邻）发掘任务简报。

本书可供考古学、历史学、博物馆学及相关专业的专家学者参考阅读。

审图号：渝S（2024）030号

图书在版编目（CIP）数据

涪陵北岩墓群：2001～2008年度考古发掘报告 / 重庆市文物考古研究院，重庆市涪陵区博物馆编著. -- 北京：科学出版社，2025. 7. --（长江三峡工程文物保护项目报告）. -- ISBN 978-7-03-082618-3

Ⅰ. K878.85

中国国家版本馆CIP数据核字第2025X6U543号

责任编辑：王光明　王　蕾 / 责任校对：邹慧卿

责任印制：肖　兴 / 封面设计：陈　敬

科学出版社 出版
北京东黄城根北街 16 号
邮政编码：100717
http://www.sciencep.com
北京中科印刷有限公司印刷
科学出版社发行　各地新华书店经销
*
2025年7月第　一　版　开本：880×1230　1/16
2025年7月第一次印刷　印张：12 1/4　插页：20
字数：500 000

定价：268.00元

"13th Five-Year Plan" National Key Publications Publishing and Planning Project

Reports on the Cultural Relics Conservation
in the Three Gorges Dam Project
B(site report) Vol.55

Cultural Relics and Heritage Bureau of Chongqing
Chongqing Water Resources Bureau

The Beiyan Tombs of Fuling District, Chongqing

Chongqing Cultural Relics and Archaeology Research Institute
Fuling District Museum, Chongqing

Science Press

长江三峡工程文物保护项目报告
乙种第五十五号

《涪陵北岩墓群——2001～2008年度考古发掘报告》

主　编

周　虹　黄　海

副 主 编

陈　啸　王宏鑫　汪　彤

编　委

邹后曦　周　虹　黄　海　陈　啸　王宏鑫　汪　彤

李　洪　李　琳

编　务

王宏鑫　李　洪　王朋成

项目承担单位

重庆市文物考古研究院

重庆市涪陵区博物馆

重庆市涪陵区文物管理所

目　　录

插图目录

图版目录

第一章 概　　述

第一节　工作背景

一、三峡文物保护工作

涪陵区在三峡水利枢纽工程建设以前没有开展过大规模的考古发掘、勘探工作。第三次全国文物普查中，全区登录文物点1006处，其中古遗址55处、古墓葬558处、古建筑190处、石窟寺及石刻112处、近现代重要史迹及代表性建筑89处、其他2处。

1992年4月3日，第七届全国人民代表大会第五次会议通过了关于兴建长江三峡水利枢纽工程的决议。三峡工程是我国有史以来最大的一项跨世纪工程，举世瞩目。工程涉及范围内的文物保护工作，作为保护人类和民族文化遗产工程，同样在世界范围内引起极大的关注。

1992年4月始，由国家文物局组织，四川省、湖北省分别实施了淹没区文物调查，制定保护规划等工作。重庆直辖以后，重庆范围内的涉及三峡工程的文物抢救由重庆负责管理。1997年，国务院三峡工程建设委员会办公室通过三峡淹没区及迁建区文物保护规划。接下来几年对三峡淹没区文物进行大规模抢救保护工作。

规划最后确定涪陵地下文物抢救保护项目35处（表一）；地面文物抢救保护项目25处。

三峡文物保护工作启动以后，1992年由四川省文物管理委员会（现四川省文物考古研究院）组织专业调查队对三峡库区淹没区及迁建区进行专项文物调查。1993年、1994年又进行试掘复查勘探，确定涪陵淹没及迁建区内文物点45处。地面文物保护项目25处，其中搬迁保护2处、原地保护23处；地下文物保护项目20处，其中遗址5处、墓葬群13处、化石点2处。

按照1995年国务院三峡工程建设委员会办公室、国家文物局编制的《长江三峡工程淹没区及迁建区文物古迹保护规划报告》，涪陵区博物馆（涪陵区文物管理所）配合及参与重庆市文物考古所、北京市文物研究所、陕西省考古研究所、开封市文物工作队、南京航空航天大学、西安半坡博物馆、山东大学、河南大学、郑州大学等单位进行田野考古发掘工作。先后完成了地下文物发掘18处，其中遗址5处（镇安商周遗址、蔺市遗址、石沱遗址、八卦遗址、陈家嘴遗址）、墓葬群13处［北岩墓群、小田溪墓群、蔺市倒向屋基墓群、涪陵针织厂墓群、北拱水盈墓群、北拱太平墓群、南沱连丰村墓群、李渡平安墓群、义和王灵村墓地、江东横梁子墓群、珍溪薛家坪墓群、吴家石梁墓群（大院子）等］。共发掘面积56500余平方米，勘探面积378000平方米，墓葬400余座，已入库暂存出土器物及标本5220件。

表一　涪陵区三峡工程淹没区考古发掘项目统计表

序号	项目名称	年度	发掘面积	协议号	责任方	协作单位
1	蔺市遗址	1998	500	98协字1033号	重庆市博物馆	涪陵区文物管理所
2	蔺市遗址	1999	500	99协字1037号	重庆市博物馆	涪陵区博物馆
3	蔺市遗址	2000	1000	2000协字1072号	涪陵区博物馆	涪陵区文物管理所
4	蔺市遗址	2005	2900	2005协字1079号	重庆市文物考古所	涪陵区博物馆
5	北岩墓群	2001	600	2001协字1141号	涪陵区博物馆	涪陵区博物馆
6	北岩墓群	2004	1100	/	涪陵区博物馆	涪陵区博物馆
7	北岩墓群	2005	1300	2005协字1081号	涪陵区博物馆	涪陵区博物馆
8	石沱遗址	1998	500	98协字1031号	北京市文物研究所	涪陵区文物管理所
9	石沱遗址	2000	1000	2000协字1071号	北京市文物研究所	涪陵区文物管理所
10	石沱遗址	2006	2800	2006协字1052号	涪陵区博物馆	涪陵区博物馆
11	石沱遗址	2005	1500	2005协字1078号	涪陵区博物馆	涪陵区博物馆
12	镇安遗址	1998	500	98协字1032号	北京市文物研究所	涪陵区文物管理所
13	镇安遗址	1999	1000	99协字1036号	北京市文物研究所	涪陵区文物管理所
14	镇安遗址	2000	1000	2000协字1073号	北京市文物研究所	涪陵区文物管理所
15	镇安遗址	2003	1500	2002协字1118号	北京市文物研究所	涪陵区博物馆
16	八卦遗址	2000	1000	2000协字1074号	涪陵区博物馆	涪陵区博物馆
17	江东横梁子	2002	500	2002协字1118号	涪陵区博物馆	涪陵区博物馆
18	江东横梁子	2006	1500	2006协字1054号	涪陵区博物馆	涪陵区博物馆
19	珍溪薛家坪	2002	800	2002协字1120号	开封市文物工作队	涪陵区博物馆
20	珍溪薛家坪	2006	3200	2006协字1058号	开封市文物工作队	涪陵区博物馆
21	吴家石梁（大院子）	2002	500	2002协字1119号	涪陵区博物馆	涪陵区博物馆
22	吴家石梁（大院子）	/	2000	2006协字1055号	南航大学	涪陵区博物馆
23	小田溪遗址	2002	2000	2002协字1121号	重庆市文物考古所	涪陵区博物馆
24	小田溪遗迹	2005	2000	2005协字1080号	重庆市文物考古所	涪陵区博物馆
25	陈家嘴遗址	2006	2000	2006协字1051号	重庆市文物考古所	涪陵区博物馆
26	陈家嘴遗址	2006	3000	2006协字1056号	重庆市文物考古所	涪陵区博物馆
27	北拱水盈村	2005	200	2005协字1077号	涪陵区博物馆	涪陵区博物馆
28	北拱太平村	2000	1000	2000协字1075号	西安半坡博物馆	涪陵区文物管理所
29	北拱太平村	2006	3800	/	西安半坡博物馆	涪陵区博物馆
30	蔺市倒向屋基墓群	2006	2000	2006协字1057号	南京师范大学	涪陵区博物馆
31	南沱连丰村	2006	3000	2006协字1049号	山西大学	涪陵区博物馆
32	李渡平安村	2006	4800	/	西安半坡博物馆	涪陵区博物馆
33	涪陵针织厂墓群	2006	1000	2006协字1050号	山东大学东方考古研究中心	涪陵区博物馆
34	义和王灵村墓地	/	1000	2006协字1048号	山西大学	涪陵区博物馆
35	石沱遗址	2007	2000	2007协字1008号	涪陵区博物馆	涪陵区博物馆

综合地下文物项目的发掘情况，涪陵有据可查，有证可考的历史向前推到新石器时代中期。

旧石器时代，更新世期内的动物种群属华南地区的“大熊猫—剑齿象”动物种群。在蒿枝坝、龙塘、城区建设中发现有许多化石，反映的是一种温带生态环境，这种环境适合灵长类及人类生存。

新石器时代，以蔺市遗址为典型代表，镇安遗址、石沱遗址范围内也发现一些零星的新石器时代遗物。蔺市遗址文化层堆积从新石器时代中期至明清时期连续堆积，其中遗物较多，研究价值较大的时段为新石器、商周、战国、汉、宋等；发现的新石器时代原生地层，出土遗物丰富，从遗物陶系、器形、纹饰等分析，可将其分为早、晚两段，早段应是距今5000年左右，晚段距今4500～4000年，与峡江地区的玉溪坪、哨棚嘴、中坝、苏和坪遗址的总体特征大致相似，为我们研究巴文化早期渊源带来了不可多得的历史信息。蔺市遗址新石器时期所反映的社会形态在生产上的表现是渔猎、采集、农耕同时并举。

夏商周时期，典型遗址是蔺市、镇安、石沱遗址。三个遗址互成掎角之势，文化面貌有自身的延续发展脉络，同时与周边文化的交往也更加频繁。

夏、商时期，以蔺市遗址为代表。这一阶段较前一阶段有了质的进步。陶器以夹细砂陶居多，泥质陶占有一定比例，陶色以灰褐陶居多，体现了较高的烧制温度。制作方法基本都是轮制，在一些器物的捉手、纽及装饰部位尚有手制的痕迹。器形几乎无所不包，并且出现了祭祀性质的器物。器类有罐、碗、壶、豆、钵、缸、尖底杯、瓶、灯形器、器座、器盖、三足器、小平底罐、圜底釜、豆、高杯豆、灯形器、鸟头柄瓢、盆、勺等，与成都平原及长江中下游地区交往频繁，文化特征有许多相似之处。

西周时期，以镇安遗址为典型。陶器泥质陶较多，夹砂陶亦占相当比例。陶色以灰陶居多，色泽均匀，体现了工艺的进步。纹饰趋于简单。器形有小平底罐、盆、高领壶、釜、罐、尖底罐、尖底杯、尖底盏、瓮、瓶、高柄豆、灯形器、三足器等，另还发现用于占卜的龟甲。作为典型器的尖底盏、尖底杯、尖底罐和小平底罐，以及用于祭祀的灯形器与成都平原的三星堆、十二桥遗址有密切联系。发现较多带有木椽痕迹的红烧土块，定居建筑发达。重要遗迹围墓沟的发现，则说明其聚落的功能分区进一步发展。

春秋、战国时期，对晚期巴文化的研究意义重大，所发现的遗物与文献记载对应更为接近，小田溪墓群在巴文化的研究中占有不可缺失的地位，这一时段的主要发现集中在战国时期。

近年来，巴人墓的发现较多，如云阳李家坝，忠县中坝、忠县崖脚墓地，万州中坝子，开县余家坝、宣汉罗家坝等，这些遗址或墓群虽有地域和时间差异，发现的遗物也各有特色，但总体文化背景皆是以巴文化为主，尚包含了一些楚、蜀文化因素。涪陵有关这一段文化因素的遗址有镇安、石沱、蔺市、八卦、王灵、小田溪、陈家嘴遗址等。小田溪墓群自1972年发现以来，前后经过了五次发掘，小田溪墓群所发现的22座墓葬分布集中、排列有序。小墓多在外围，沿乌江上游，大墓靠后，或沿乌江下游，所出遗物亦多，进一步可考察巴人在此停留的时间、是否在此建都、从随葬品的等级可以考察史载此地为巴先王陵是否可信等。

秦、西汉时期，发现主要集中在墓葬方面，已发掘的典型地点有镇安遗址、北岩墓群、吴家石梁墓群。在非淹没区的文物抢救中，也曾在珍溪、江东、桥南发现过同时代墓葬。

该段墓葬形制流行竖穴土坑、岩坑墓。葬具多为一棺一椁。较上一期最大的变化是随葬品的质地和种类有较大的差异。青铜器逐渐减少，兵器也逐渐减少，陶器、漆器、铁器逐渐增多。铁器增多反映了生产力的进步，兵器减少从侧面反映了结束战国混战的历史时期，陶器、漆器等生活用品增多也反映了西汉初休养生息政策的成效。

东汉、魏、晋、南北朝时期承接上段较为安定的社会状况，这一时期社会经济有了很大的进步，这一时期文物遗存丰富。东汉墓葬、遗址都较多，基本上淹没区的文物点都发现了这一时期的墓葬。以太平墓群、吴家石梁墓群、北岩墓群、横梁子墓群、连丰村墓群、平安墓群、王灵墓群等为典型代表。在墓葬形制与随葬品类型方面与西汉时期有了质的变化，墓葬形制流行砖室墓、石室墓、岩墓，所耗建墓资财较大。随葬品也大量出现非实用的明器，并且种类丰富，几乎涉及生活、生产活动中见到的所有事物，既反映了社会生产的进步，又反映了这一时期的厚葬之风以及对灵魂的崇尚之风。随葬的动物俑造型简洁、流畅，比例协调，表明东汉时期造型艺术的成熟。人物俑各具形态，反映各类工种（或职业）性质，如务农俑、士兵俑、侍俑、驾驭俑、乐俑、舞俑、听乐俑等。除了造型好、分工细以外，还出现一些西域形象的人俑，反映了文化的大融合以及民族的大融合。

东汉晚期，青瓷开始产生。从陶瓷器的区分上观察，这个时候的青瓷器才是严格意义上的瓷器，各种特征和陶器能完全区分开来，亦发生了质的变化。瓷器的出现，是手工业的一次飞跃性进步。其影响不亚于陶器的出现对新旧石器划分的影响。瓷器的生产涉及瓷土的选择、制作工艺的改进、窑炉的重新设计、燃料的变化及火候的掌握等多方面的进步，而这些方面的进步，与整个社会生产力的发展密不可分。

进入两晋、南北朝时期，陶器逐渐消失，青瓷器逐渐占主导地位。器形方面，以实用器居多，造型、类型也变化多端，瓷器的发展在生活质量上也给人们带来极大的变化，影响至今。

唐、宋时期，是中国历史长河中又一个发展的极盛时期。但相关遗物在区内相对较少，尤其是唐代遗物极少，这种现象与唐代崇尚薄葬有关。实用器皿仍流行青瓷器。

宋代，是我国瓷器发展的又一高峰，其影响延续至今。纸质等其他文化载体也长足发展，宋代文化、艺术极其繁荣。涪陵三峡淹没区的八卦遗址、石沱遗址、蔺市遗址等发现宋代遗物较多，从出土的实物观察，本地生产瓷器以缸胎瓷为大宗，即主要生产、生活用品。器形有碗、盏、盘、杯、壶、罐、茶托、垫圈、支钉、匣钵等，几乎涉及所有生活用具。值得注意的是，还出土了一些棋子、小动物玩偶、省油灯等新器形。出土的兔毫盏，色泽滋润鲜亮；影青瓷碗胎薄如纸，玲珑剔透，这些瓷器可能是外来品，也可能是本地产品。因遗址破坏扰乱较大，尚未发现大量窑炉，但出土许多窑具，大宗产品应该是本地生产。

宋代墓葬亦发现一些，基本上是石室墓。除随葬较为精致的瓷器外，最显著的特征是墓葬形制的变化，多为异穴合葬墓，中间以小窗相通。墓室石雕精美，多为一些生活场景、花卉图案、吉祥动物图案及一些有宗教意义的图案。

元、明、清时期，这一时段的遗物在各个点都有一些零星发现，集中发现的尚且不多。

元代遗物在石沱遗址有一些发现，其特点是器壁厚，足底也较厚，整体风格厚重，内外壁一般施青釉。明代，墓葬以简单的石板墓为主，墓室亦有一些吉祥雕刻。随葬瓷碗、盏、壶等生活用品，整体趋向简单化。清代，流行灰椁墓、石围土冢牌楼墓，随葬品多为随身饰品。

后期遗物虽然不多，但史书记载则更多、更详细，我们的研究更多地偏向文献资料。

二、北岩墓群

北岩墓群位于重庆市涪陵区江北街道，属三峡工程迁建区文物发掘点（图版一，1）。1982年4月，四川省文物管理委员会和涪陵市文化馆配合涪陵地区针织厂基建工程，在这里清理了2座西汉时期墓葬。1987年全国第二次文物普调查登记为“点易墓群”。1995年，四川省文物考古研究所进行三峡工程迁建区文物调查时确认“北岩墓群”的位置范围及名称。

按照《长江三峡工程淹没及迁建区文物古迹保护规划报告》，2001年由重庆市文物考古所、涪陵区博物馆联合对该墓群进行发掘，面积为600平方米，发现砖室墓12座（图版三，1）；2004年重庆市文物考古所、涪陵区博物馆联合发掘面积1100平方米，清理墓葬24座（图版三，2）；2005年重庆市文物考古所、涪陵区博物馆发掘面积1300平方米，发掘墓葬16座（图版三，3）；2007年山东大学东方考古研究中心发掘面积1000平方米，共发掘清代墓葬2座、东汉墓葬1座、战国晚期至西汉墓葬2座；2008年山东大学东方考古研究中心发掘面积3000平方米。主要收获为3座东汉墓葬。2007年重庆市文物考古所发掘1300平方米，发掘墓葬10座。

本次发掘报告主要以2001年、2004年、2005年重庆市文物考古所、涪陵区博物馆发掘内容为主。由于“涪陵针织厂墓群”两次发掘的所在位置与该墓群相邻，再后来相邻的“泽胜造船厂”抢救性发掘也沿用“北岩墓群”的名称。为保持资料的原始性，以及与三峡文物保护项目的对接，故附带收录这三次发掘简报。

第二节 地理环境

一、涪陵地理环境

涪陵居重庆市中部、三峡库区腹地，位于长江、乌江交汇处，是长江文明的重要组成部分（图一）。

地理位置位于四川盆地东南边缘，东邻丰都县，南接武隆区、南川区，西连巴南区，北靠长寿区、垫江县。辖区面积2942.36平方千米。

区境处于四川盆地东部的“盆东平行岭谷区”与“巫山大娄山中山区”过渡地带，海拔200～800米。地形总的趋势是西北部地势较低，多为河谷丘陵、低山；东南部较高，多为丘陵山地；西北部碎屑岩广泛分布，属盆东平行岭谷范围，以构造剥蚀地貌为主，河谷为宽谷；东南部大片出露碳酸盐地层，属南北经向构造体系，以岩溶地貌为主，河谷多为窄谷。

区境属亚热带湿润气候，四季分明，热量充足，降水丰沛，季风影响突出。地势由西北向东南升高，立体气候明显。受季节性气候变化的影响，长江水流量也随着季节急剧变化，夏秋季的洪水期与冬春季的枯水期流量变幅很大。

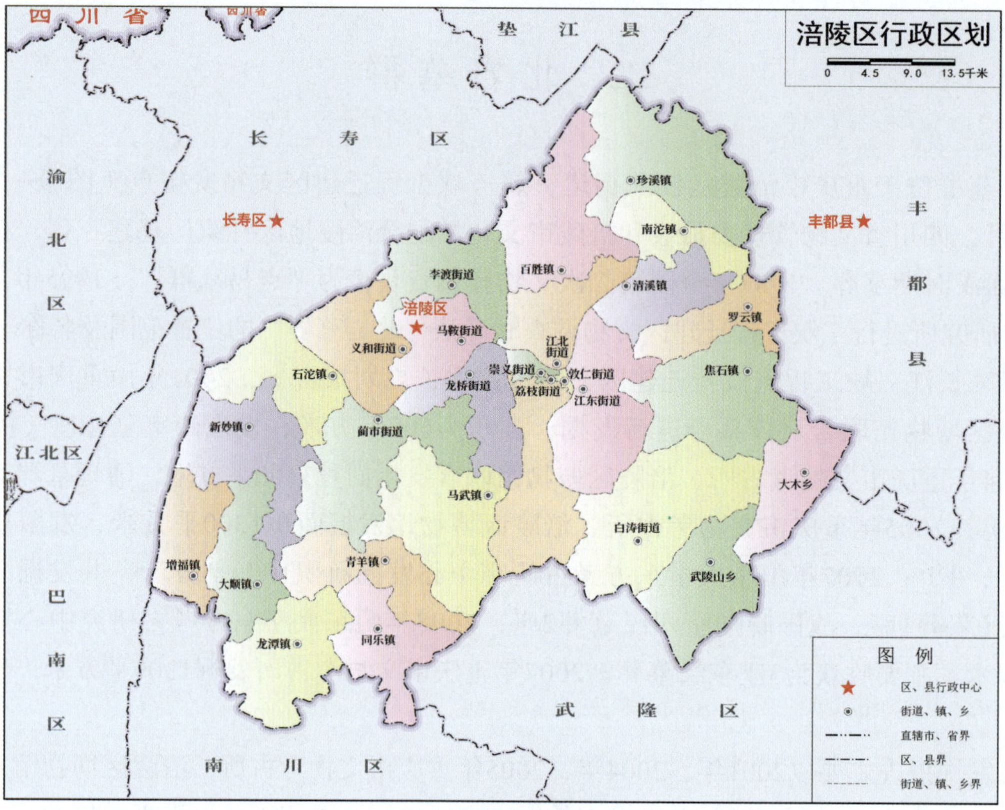

图一　涪陵区区位图

［审图号：渝S（2024）030号，本图为天地网下载标准底图，直接使用，未做任何改动］

矿产资源主要有煤、天然气、铁、铝土矿、石灰石等。动植物资源较丰富，全区有哺乳动物30余种、两栖动物6种、爬行动物11种、鸟类30余种、鱼类7目12科52种、无脊椎动物30余种、孢子植物和种子植物共有330余科1500余属4000余种。

涪陵城江南建成区主要分布在长江南岸、乌江两岸的台地和单斜面上，城市建筑沿江呈带状分布，依山呈阶梯状而上，形成典型的沿江山城景观。

二、北岩墓群地理环境

北岩墓群位于重庆市涪陵区江北街道，中心地理坐标为北纬29°40′03″，东经107°11′47″，海拔240米，与涪陵城区隔江相望。

墓群分布在长江北岸三级台地上，东起冉元团堡（五社）西至狮子崖（二社），在三峡工程迁建区范围内。台地为山前台地，北为高山、南为断坎，断坎下为长江河漫滩，东西为缓坡接长江河滩。台地地貌为平台、缓坡、小山丘相间，涪丰公路北线纵贯台地中部。

北岩墓群周边地形复杂，自然冲沟将墓群分割为数个小山梁，地表为15～20厘米厚的黑褐色耕土层，种植水稻、蔬菜等农作物。整个地层堆积较简单，耕土层下即为页岩和砂岩等。这些山包（梁）埋藏有较密集的墓葬，为墓群所处区域（图二）。

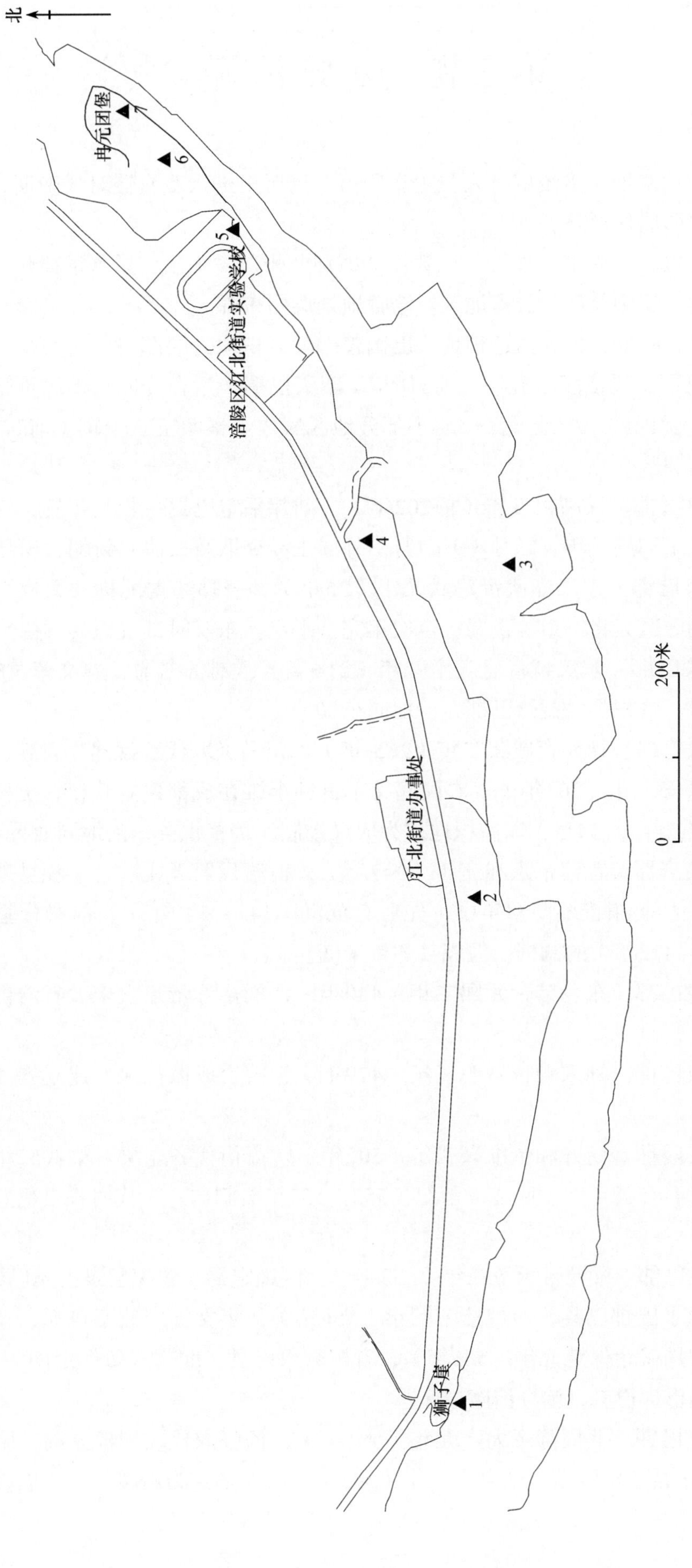

图二 北岩墓群历年发掘遗址分布示意图

1. 狮子崖 2、3. 望山堡 4. 过路坟 5. 团堡 6. 乌龟滩 7. 冉元团堡

第三节　历史沿革

早在旧石器时代末期，涪陵就有人类生息繁衍。当历史进入新石器时代晚期，已经在长江与乌江两岸出现聚落居住形态。

夏商属梁州之域。《尚书·禹贡》记载："禹别九州""华阳、黑水惟梁州。"梁州代指今陕西、四川盆地、汉中及部分云贵地区。涪陵地处梁州东部。

周为巴地。春秋时期，巴人西迁枳地，巴国曾一度以枳地为国都。

秦置枳县隶巴郡。周慎靓王五年（前316年）秦灭巴蜀，后在今四川地区推行郡县制，于江州（今重庆市）置巴郡，枳地长江以北小部分地区属之。秦昭王三十年（前277年），置枳县隶巴郡，治今涪陵区。

西汉置枳县隶巴郡。汉高祖五年（前202年），刘邦平定巴蜀，枳县仍置，隶益州巴郡，治今涪陵城区。孺子初始元年十二月（9年1月）外戚王莽夺取政权建立新朝，枳县建置未变。

东汉置枳县隶巴郡。东汉光武帝建武元年（25年），公孙述据蜀称"大成"国；十一年（35年）八月，刘秀遣大将岑彭等伐蜀，至次年完全平定。东汉时，置枳县隶益州巴郡。

蜀汉置枳县隶巴郡。东汉献帝建安十九年（214年），刘备据蜀；魏文帝黄初二年（221年）称帝，国号汉。置枳县隶益州巴郡，治地同东汉。

西晋置枳县隶巴郡。魏元帝咸熙二年（265 年），司马炎取代曹魏建立晋朝。置枳县隶梁州巴郡，晋惠帝太安二年（303年），农民起义军首领李雄在成都建立政权，史称"成汉"，但直至晋愍帝建兴二年（314年）以后枳地才为成汉控制。仍置枳县，治地同西晋。

东晋置枳县隶涪郡。晋穆帝永和三年（347年），桓温伐蜀灭成汉，于枳县地置涪郡（枳城郡），辖枳县一县。东晋统蜀73年中，先后有范贲（347～349年），前秦苻坚（373～385年）和谯纵（405～413年）的割据，但枳县建置未变。

刘宋置枳县隶巴郡。东晋恭帝元熙二年（420年），刘裕称帝建立宋。省涪郡，置枳县隶益州巴郡。

南齐置枳县隶巴郡。刘宋顺帝昇明三年（479年），萧道成取代宋，建立齐。枳地建置同刘宋。

梁置权县隶涪陵郡。南齐和帝中兴二年（502年），萧衍代齐立梁。梁代52年中，蜀地先后为北朝元魏（504～508年）、武陵王萧纪（552～553年）割据。梁代时枳县仍置，隶楚州涪陵郡。

西魏置积县隶巴郡。梁元帝承圣二年（553年），西魏定蜀。置枳县隶巴州巴郡。

北周置涪陵镇隶巴郡巴县。西魏恭帝三年（556年），宇文觉废恭帝自立，建立周。置枳县隶楚州巴郡。北周武帝保定元年（561年），省枳县入巴县。北周武帝保定四年（564年），立涪陵镇，隶楚州巴郡巴县，治今涪陵城区。

隋置涪陵县隶巴郡。北周静帝大定元年（581年），杨坚取代北周建立隋。隋文帝开皇三年（583年）迁汉平县于涪陵镇。开皇十三年（593年）改汉平县为涪陵县，隶巴郡（渝州），治今涪陵城区。

唐置涪陵县隶涪州（涪陵郡）。隋炀帝大业十四年（618年），李渊取代隋炀帝建立唐王朝。初以渝州的涪陵县置涪州，辖温山等县。高祖武德二年（619年）置涪陵县，隶涪州，州、县同治今涪陵城区。玄宗天宝元年（742年）改济州为涪陵郡，肃宗乾元元年（758年）复为涪州。涪州最盛时辖涪陵、永安（今长寿境内）、乐温（今长寿境内）、温山（今长寿境内）、宾化（今南川境内）、武龙（今武隆境内）6县。

前蜀、后唐、后蜀置涪陵县隶涪州。唐哀帝天祐四年（907年），王建称帝建立蜀国（前蜀）；蜀王衍咸康元年（925年），李存显遣军灭前蜀，蜀地归后唐所据；后唐明宗长兴四年（933年），孟知祥称帝，国号蜀（后蜀）。前蜀、后唐、后蜀统蜀时，涪陵县仍置，隶涪州，州、县同治今涪陵城区；涪州辖涪陵、乐温、温山、宾化、武龙5县。

宋置涪陵县隶涪州涪陵郡。宋太祖乾德三年（965年），赵匡胤遣刘光义等平蜀。宋代，置涪陵县，隶夔州路涪州涪陵郡，州郡县同治今涪陵城区。南宋涪陵县建置仍同北宋。度宗咸淳二年（1266年）因抗击蒙古军，曾移治所于三台砦（今李渡街道东堡村东堡寨）。

元置涪州隶重庆路。南宋祥兴元年（1278年），元世祖定涪。初期建置同南宋。至元二十年（1283年）省涪陵、乐温两县入涪州，隶重庆总管府（后改重庆路），治今涪陵城区。元代涪州领武龙一县。元末，明玉珍据蜀于重庆建立“大夏”，涪州建置未变。

明置涪州隶重庆府。明太祖洪武四年（1371年），遣汤和、傅友德率军入川定蜀。置涪州隶重庆府，治今涪陵城区。明代涪州领武隆、彭水两县。

清置涪州隶重庆府。清世祖顺治十二年（1655年），川东始为清王朝控制。清置涪州，隶川东道重庆府，治今涪陵城区。涪州初领武隆、彭水两县。圣祖康熙七年（1668年），省武隆县为镇入涪州，于武隆镇置武隆巡检司。世宗雍正十二年（1734年），彭水县划出，此后涪州不领县。仁宗嘉庆七年（1802年），于鹤游坪保和寨置分州。辖州属北部18场地面；同时武隆巡检司亦改设分州。

中华民国置涪陵县隶东川道、四川省。清宣统三年（1911年），辛亥革命推翻清王朝，涪州革命党人响应起义建立涪州军政府。中华民国元年（1912年），置涪州，治今涪陵城区，直隶四川省。次年2月，改涪州为涪陵县，隶川东道；分州改称分县，武隆分县治武隆司，鹤游分州治保和寨。民国三年改川东道为东川道，涪陵县隶之。民国七年以后，军阀混战各据防区，道名存实亡，涪陵县先后为黔军、川军防区管辖。民国十七年东川道废，涪陵县直属四川省。民国十九年6月，裁撤鹤游、武隆分县。民国二十四年起，涪陵县隶四川省第八行政督察区。

中华人民共和国置涪陵县隶涪陵专区、涪陵地区、涪陵县（市）、地级涪陵市、重庆市涪陵区。1949年11月28日，中国人民解放军解放涪陵，置涪陵县。1950年1月，涪陵县隶川东区涪陵分区，县、分区同驻涪陵城区。1952年9月以后，隶四川省涪陵分区（次月改为涪陵区，1955年改为涪陵专区，1968年5月改为涪陵地区）。1983年9月9日，经国务院批准，撤销涪陵县，建立涪陵市（县级），隶属及驻地不变。1995年11月5日，经国务院批准撤销涪陵地区设立地级涪陵市。1996年9月，经中共中央、国务院批准，涪陵市由重庆市代管。1997年12月20日，经中共中央办公厅、国务院办公厅批准，撤销原地级涪陵市，设立重庆市涪陵区。

第四节　考古工作

一、概　　况

区内考古工作始于1972年，大致经历了三个大的阶段。

第一阶段：1972～1992年，文物考古工作开展得较少。1972年，小田溪墓群第一次发掘，发现墓葬3座；1980年，四川省博物馆联合重庆市博物馆、涪陵县文化馆对小田溪墓群进行了第二次发掘；1983年，涪陵市文物管理所在小田溪墓群清理残墓1座。

1981年，四川省文物管理委员会在北岩墓群发掘西汉土坑墓3座①；1985年，发掘岩墓1座②。

第二阶段：1992～1997年，四川省文物考古研究所及涪陵区文物管理所进行三峡工程迁建区文物调查，北京市文物研究所进行试掘、勘探。

第三阶段：1997～2007年，三峡文物抢救、发掘保护工作大规模展开。三峡考古10年，全国多家考古单位、院校对涪陵区内18处文物点开展了考古发掘工作，发掘面积56500平方米。

二、北岩墓群历次工作

1981年、1985年，四川省文物考古研究所、涪陵市文物管理所先后两次对墓群进行抢救性发掘，发掘墓葬4座，其中西汉土坑墓葬3座、东汉崖墓1座。

2002年3～5月，重庆市文物考古所、涪陵区博物馆联合对该墓群进行钻探、发掘工作。钻探面积52000平方米，发掘面积670.5平方米，清理12座墓葬，分为四类：岩坑墓1座，岩墓4座，砖室墓6座，石室墓1座（图版一，2）。

2003年11月至2004年1月，由重庆市文物考古所、涪陵区博物馆配合涪陵十三中、点易小学的迁建工程，对该墓群进行了第二次钻探发掘，钻探面积2000平方米，实际发掘面积1110平方米。共发掘墓葬24座，以岩坑墓、砖室墓为主，还有少量土坑墓、石室墓和崖墓（图版二，1）。

2007年1～3月，重庆市文物考古所、涪陵区博物馆第三次对该墓群进行发掘。本次发掘面积1300平方米，发掘墓葬16座（图版二，2）。

2007年7～8月、11～12月，重庆市文物考古所分两次对该墓群进行了考古发掘。共计发掘面积2000平方米，清理土坑墓6座、砖室墓3座。

2007年3～5月，山东大学东方考古研究中心对重庆市涪陵区针织厂墓群进行了钻探和抢救性发掘。本次发掘共开5米×5米的探方36个，实际发掘面积1000平方米，共发掘清代墓葬

① 四川省文管会、涪陵县文化馆：《四川涪陵西汉土坑墓发掘简报》，《考古》1984年第4期。

② 出土器物现存重庆市涪陵区博物馆。

2座、东汉墓葬1座、战国晚期至西汉墓葬2座。

2008年4～6月，山东大学东方考古研究中心对遗址进行了第二次发掘。共布设探方100个，发掘面积3000平方米。主要收获为3座东汉墓葬。

2010年5～6月，重庆市文化遗产研究院对江北墓群进行了抢救性的勘探及发掘工作。共计发掘土坑墓6座、崖墓6座、砖室墓4座、石室墓1座。

第五节　报告编撰

一、资料整理

在完成北岩墓群各年度发掘任务的同时，还进行了修复、绘图等资料整理工作，按照各年度发掘完成计划归类进行，具体工作如下。

2003年12月至2004年4月，对2001年北岩墓群发掘资料进行了整理。黄海、湛川航、周虹负责资料核对、完善和出土器物的类型学研究。李洪、周虹、叶洪彬、蒋锐、殷瑛、杨松、刘海负责器物绘图、制卡，秦彬负责器物修复，湛川航、叶洪彬、秦彬负责铜钱、墓砖拓片。

2004年6～12月，对2004年北岩墓群内桑树团堡、蚕房团堡、童家团堡、冉元团堡等主要发掘区的资料进行了整理。黄海、湛川航、周虹负责资料核对、完善和出土器物的类型学研究。周虹、李洪、徐泽宽、陈啸、刘宏伟负责器物绘图、制卡，秦彬、唐华东负责器物修复及铜钱、墓砖拓片，周虹、徐泽宽负责对出土文物标本照相。

2007年4～11月，对2005年北岩墓群Ⅱ区内团堡发掘区的资料进行了整理。黄海、湛川航、周虹负责资料核对、完善及出土器物的类型学研究。周虹、李洪、陈啸、李伟、杜宜林负责器物绘图、制卡，秦彬、唐华东负责器物修复及铜钱、墓砖拓片，周虹、徐泽宽负责对出土文物标本照相。

2019年8月以来，涪陵区博物馆按照上级领导部门指示，召集专人对北岩墓群2001年、2004年、2005年度实施的发掘资料进行全面整理。参加资料整理的人员有黄海、周虹、李洪、陈啸、叶洪彬、王朋成、王宏鑫等，在全面清理核对资料的过程中，黄海、周虹负责资料核对、完善及出土器物的类型学研究。李洪、陈啸、王朋成、王宏鑫负责对漏绘器物进行补绘、制卡，秦彬、唐华东负责器物修复及铜钱、墓砖拓片，周虹、陈啸负责出土文物标本照相。王朋成、王宏鑫负责资料的扫描录入。

二、报告编写

1）由于发掘过程中遇到了多种形式的困难，各年度发掘墓地在探方布方形式上存在不统一，有的墓地是以10米×10米布方，有的墓地是以5米×5米布方，还有的墓地布10米×2米的探沟。

2）探方编号、墓葬编号的问题。鉴于本次报告编撰中收纳各年度北岩墓群发掘墓地的地形较复杂，布方形式有差异，我们对探方编号采用的是坐标法编号。

墓葬编号采用顺序编号。2001年度北岩墓群发掘M1～M12；2004年度北岩墓群发掘M13～M36；2005年度北岩墓群发掘M37～M52；为了保证资料的原始性，报告整理未做变动修改。

3）关于墓地、遗址的编号方法。本报告的探方、遗迹的编号由前缀和主干两部分组成。前缀包括发掘年度、行政隶属、遗址（墓群）代号。发掘年份的标注是以计划发掘的年份确定，如2001年度的发掘任务是在2003年度实施的，其年度编号仍编为2001；遗址（墓群）代号方面，第一个字母F，代表涪陵；第二个字母B，代表北岩；第三个罗马数字，代表所在方位。主干是探方号和墓葬（遗迹）编号，其编号规则如上所述。

全面性。尽量全面刊发考古发掘资料。本报告考古发掘资料包含墓葬、遗物两方面的内容，为了真实反映北岩墓群的全貌，特将历年考古发掘出土的所有墓葬逐一介绍。

还原性。在发表资料时，我们尽量以单位发表资料，充分考虑墓葬与随葬品的关系，将随葬品还原到各墓葬中，以墓葬为单位（含随葬品）逐一介绍。

原始性。在资料整理过程中，注重发掘资料的原始性，在确保对原始材料不进行更改的前提下，对材料进行了必要的补充。例如，2006年度北岩墓群发掘简报、2007年度涪陵针织厂墓群发掘报告、2008年度涪陵针织厂墓群发掘报告，为对应三峡文物保护项目，在本报告中将其作为附件一并加以介绍。

第二章　墓地概况

一、2001FBM1

（一）墓葬形制

2001FBM1，墓圹长4.8、宽2.1～3.1米。墓口距地表0.2～0.6、距墓底2～2.5米。墓圹与墓室砖间距0.1～0.2米，墓圹与墓室之间的填土及墓道的填土为黄褐色砂石及页岩，夹有大量的碎石块。

该墓为长方形竖穴石坑砖室墓，平面呈刀形，墓门方向198°。保存较为完好，长方形斜坡墓道，坡度约63°。墓道长1.38、宽2.1米。甬道长2.11、宽1.4、高1.7米，墓室长2.4、宽2.29、残高1.8米。楔形砖券顶，楔形砖刃部长30～40、背部长36～44、宽20、厚11厘米。为横向起券（即砖长与墓室长垂直），与一般的纵向起券相异，将砖的长度做成楔形而非一般将厚度作为楔形，平面中部均高低相错1厘米以便券顶相互咬合，这种券法较少见。甬道的楔形砖均为“车轮纹”砖文，而墓室的券顶砖则为“富贵”纹，四壁均为几何车轮纹花边砖错缝平砌。墓门用几何纹花边砖错缝平砌至券顶封门。在墓门进入甬道东壁处发现人骨朽痕，仅发现少量肢骨，无法确定葬式及头向（图三；图版四，1）。

（二）随葬器物

随葬品多数置于甬道处，有陶瓦当、罐、俑，瓷罐，铜钱等，共计17件。标本器物6件。

1. 陶器

罐　1件。

标本2001FBM1：3，泥质灰陶。侈口，方唇，束颈，斜直领，圆溜肩，下腹斜直收，平底。腹上部饰两道凹弦纹，肩饰对称两半圆形贯耳。烧制变形。口径19.2、腹径28、底径14.5、通高16.4厘米（图四，1）。

瓦当　1件。

标本2001FBM1：11，泥质灰陶。平面呈圆形，边轮微内折，沿平，边轮较深。靠边轮有一周凹槽，当面中心凸起，饰“8”字回纹；四周饰卷云纹。模制，火候高。直径17、厚4.5厘米（图四，3）。

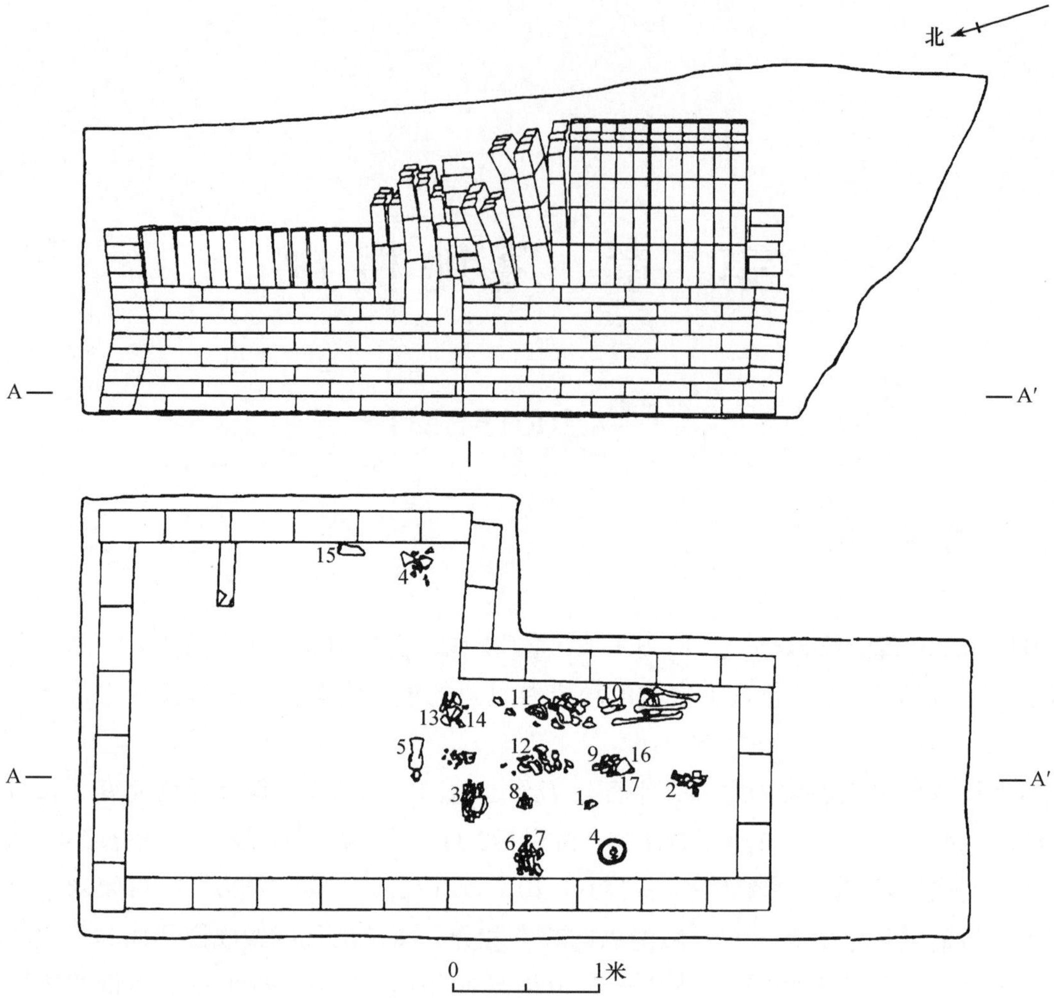

图三　2001FBM1平、剖面图

1、4、11. 陶瓦当　2、3、9. 陶罐　5、7、10、15、16. 陶俑　6. 陶狗　8、13、14. 陶片　12. 瓷罐　17. 铜钱

2. 俑

侍俑　2件。

标本2001FBM1：5，泥质红陶。头戴圆顶冠，高鼻，面部眉、眼不清，附耳。身着交衽、尖领、长袖及地长袍。双手拢于胸前，双宽袖下垂，双足尖露出袍外。通高24.4厘米（图四，4）。

标本2001FBM1：10，泥质红陶。头戴平顶冠，面部模糊，附耳。身着尖领、交衽、长袖及地长袍。双手拢于胸前，双宽袖下垂。通高21.6厘米（图四，5）。

持物俑　1件。

标本2001FBM1：15，泥质红陶。立式，头戴三叉冠，面部眉、眼不清。身着圆领，短袖及地长裙，双足尖露于外裙。右手执扇于胸前，左手执囊袋于腹前。模制。通高24.3厘米（图四，6；图版二六，1）。

狗　1件。

标本2001FBM1：6，泥质红陶。昂首，双尖耳上竖，瞪眼，张嘴露齿做吠叫状，秃尾，腹较直。颈部系带，后有活扣。手模合制，四肢直立。通长22.2、通高19.5厘米（图四，2）。

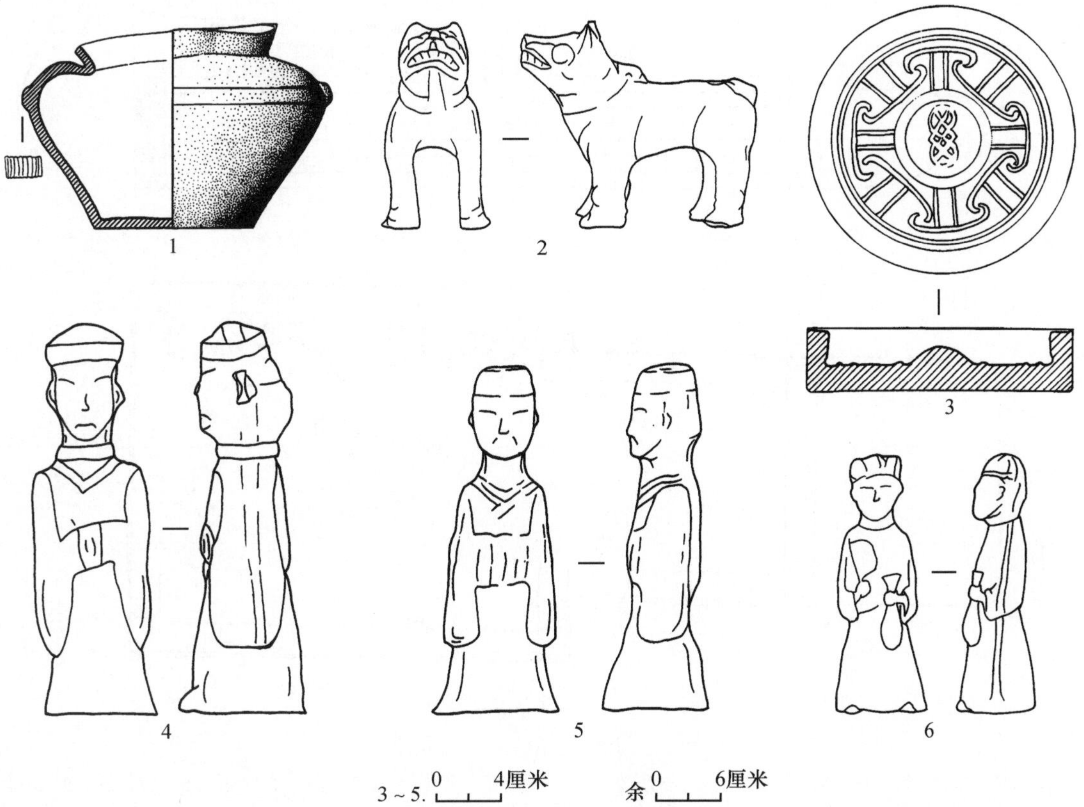

图四 2001FBM1出土陶器

1. 罐（2001FBM1：3） 2. 狗（2001FBM1：6） 3. 瓦当（2001FBM1：11） 4、5. 侍俑（2001FBM1：5、2001FBM1：10）
6. 持物俑（2001FBM1：15）

二、2001FBM2

（一）墓葬形制

2001FBM2，墓口距地表0.12～0.25、距墓底0.7～1.1米，墓砖基本紧靠圹壁。墓室填土为黄褐色砂石碎块。

该墓为长方形竖穴石坑砖室墓，墓门方向115°，墓道被破坏，残长1.25、宽1.6米，墓圹长5.1、宽1.94～2.96米。墓口距地表0.12～0.25、距墓底0.7～1.1米，墓砖基本紧靠圹壁。墓室填土为黄褐色砂石碎块。甬道长2.08、宽1.9米，墓室长3.24、宽2.76、残高1.24米。墓室及甬道下部由车轮纹花边砖错缝平砌，上部则由楔形砖纵向竖砌，其刃部长40、背部长46、宽26、厚14厘米，刃部为“富贵”铭文。墓底不平，用砂石碎块填平。墓门由于被破坏，只留有两排“车轮”纹砖错缝平砌，原应是砌至券顶。墓室内未发现人骨及棺木朽痕（图五；图版四，1）。

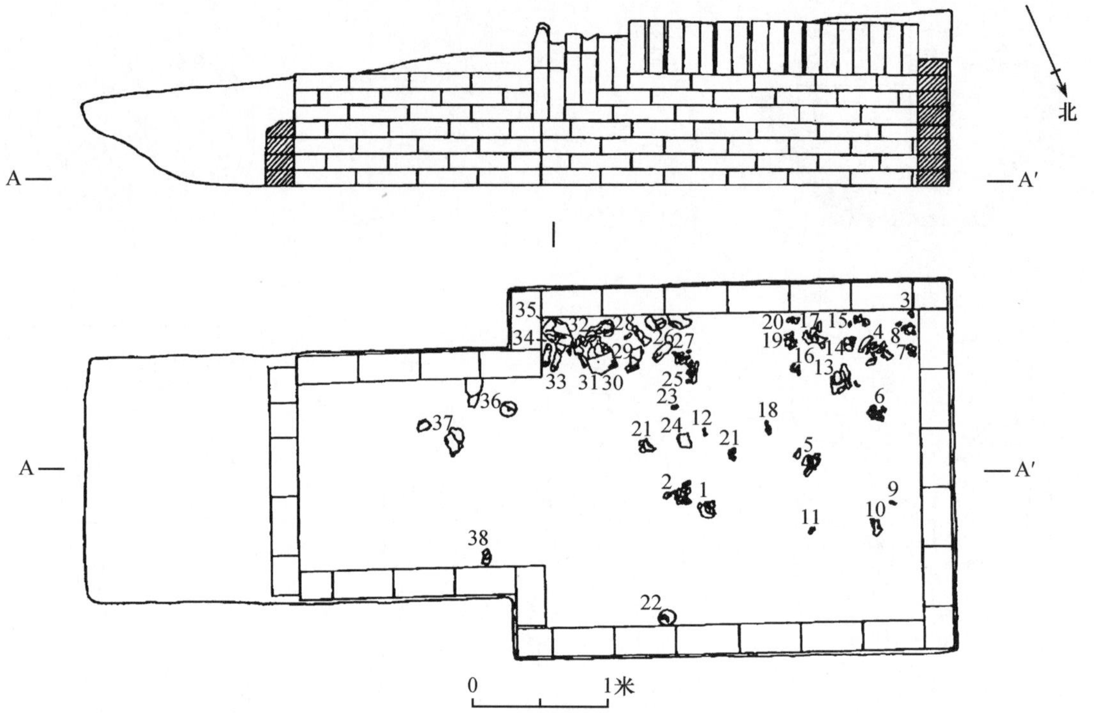

图五　2001FBM2平、剖面图

1、14、22、36、38. 陶盖　2、13、29. 陶房　3、37. 陶鸡　4、15、19. 陶片　5. 陶灶　6、8、20、25、27、28、31～34. 陶俑　7. 陶博山炉盖　9、11、23. 铜钱　10. 陶塘　12. 陶钵　16. 陶井架　17. 陶釜　18、35. 陶摇钱树枝　21. 铁器　24、26. 陶罐　30. 陶案

（二）随葬器物

随葬品主要放置于墓室的东南部。主要有陶盖、俑、鸡、塘、罐、钵等，铜器有少量钱币，钱文为“五铢”。随葬品共计38件。标本器物7件。

1. 陶器

罐　1件。

标本2001FBM2：26，泥质红陶，外部施酱釉。尖唇，短束领，斜折肩，鼓腹，下腹折收，平底。素面。轮制。口径12、腹径18.2、底径8、通高12.5厘米（图六，2）。

盖　1件。

标本2001FBM2：7，泥质红陶，器表施酱黄釉。熏炉盖近锥形，盖边凸起，平沿。器表堆饰三周火焰纹，器身中部有四个对称长方形小孔。手模合制。盖径9.6、通高4.8厘米（图六，1）。

案　1件。

标本2001FBM2：30，泥质灰陶。长方形，案边一周浅凸棱，每足由两片梯形陶片合成。手模合制。长47.7、宽32.3、高6厘米（图六，3）。

侍俑　1件。

标本2001FBM2：28，泥质红陶。头戴三叉冠，附耳，眉、眼不清。身着尖领交衽长袖及

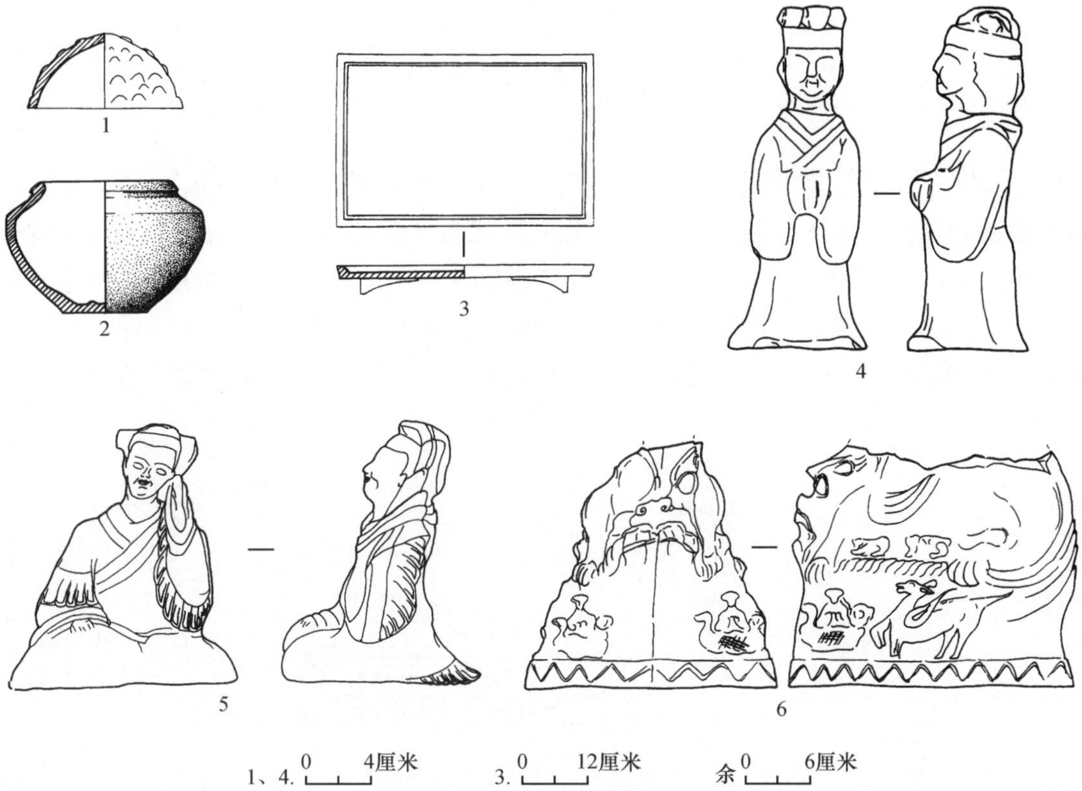

图六　2001FBM2出土陶器

1. 盖（2001FBM2：7）　2. 罐（2001FBM2：26）　3. 案（2001FBM2：30）　4. 侍俑（2001FBM2：28）
5. 抚耳俑（2001FBM2：31）　6. 摇钱树座（2001FBM2：35）

地长裙，裙摆外侈。双手拢于胸前，双宽袖下垂。通高21.2厘米（图六，4）。

抚耳俑　1件。

标本2001FBM2：31，泥质红陶。个体较大，跪坐。头戴圆巾，绾双髻，眼微闭，高鼻，嘴微张，做微笑聆听状。身着尖领右衽宽袖长裙，裙下摆外侈，后部起褶。左手抚耳，右手置于右膝之上。通高23.9厘米（图六，5）。

摇钱树座　1件。

标本2001FBM2：35，泥质红陶，通体施酱黄釉。上部已残，中部为辟邪，张嘴露齿，双目圆瞪，鼻上翘，四肢微蹲，做进攻状。嘴咬一绳，绳向后拽踩于四肢下，腹背饰双翅，腹下两边各塑一组小兽。下部左右各饰一组神鹿及龙虎座。神鹿角上翘，昂首、张嘴、翘尾做奔跑状，肩饰翅。龙虎座为龙、虎头上翘，龙虎身体交错凹陷，形成轿式座，王母执镜坐于其上。手模合制。座底圈为一周凸轮，上饰压印连山纹。底长26.4、宽22、残高22.5厘米（图六，6；图版三二，4）。

2. 铜器

1件。

大泉五十　2枚。标本2001FBM2：23，直径2.7、穿径0.9、郭宽0.2、郭厚0.2厘米（图七）。

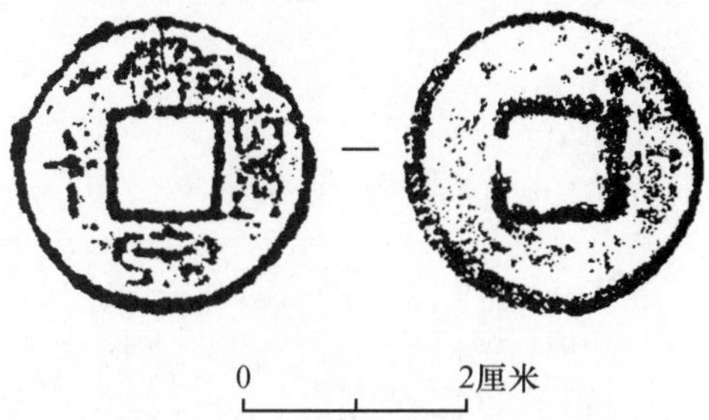

图七　2001FBM2出土大泉五十
（2001FBM2：23）

三、2001FBM3

2001FBM3，属于长方形竖穴岩坑砖室墓，墓室顶部距地表深0.4～0.6、长5、宽2～3.18米，墓底距地表深2.8、长5、宽2～3.18米，墓室形状为“凸”字形。墓道呈长方形斜坡状，上口长2、宽1.1～1.76、深0.5～0.9米，下端宽0.5～1.76、深0.5米。墓圹壁为岩石，有人工打制痕迹。墓门只留有一小部分，在墓室内未发现人骨架及葬具，应是早年被盗（图八）。

随葬品有陶器5件，有俑4件、狗1件，铁器1件，为铁釜，M3早年被盗，保存较差，无修复标本器物。

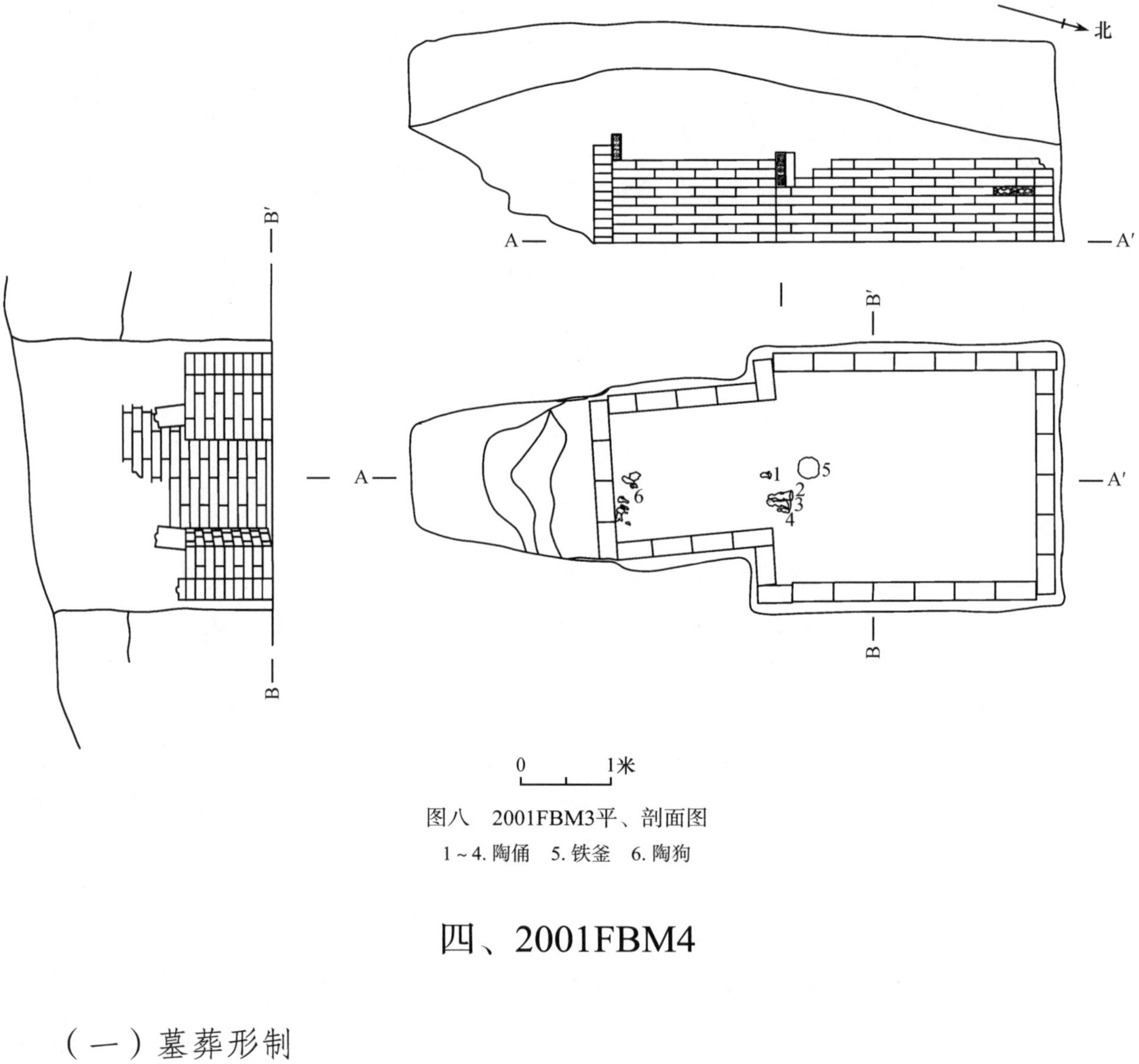

图八　2001FBM3平、剖面图
1～4. 陶俑　5. 铁釜　6. 陶狗

四、2001FBM4

（一）墓葬形制

2001FBM4，为“凸”字形岩室墓，墓底距地表3.3、长3.58、宽2.52米，填土为黄褐色粉砂土含岩石片，2001FBM4结构为砂岩凿空墓，墓门两侧有长方形龛，墓顶为弧形，一部分垮塌。

2001FBM4，墓门方向185°，墓顶垮塌。墓道呈长条形，位于墓室前端中央，长3.1、宽1.38、高1.1～2.6米；底部较平缓与墓门相结合。墓门略窄于墓道，宽0.9～1、厚0.7、高1.12米。墓室为长方形。顶部为与墓道同一方向的弧形。墓室长3.34、宽2.58米。立壁高1.08米，垂直于底，高1.08米处起券，券顶距墓底高1.65米。墓门内两侧各凿有一个长方形龛，东侧龛距墓底0.52、长1.28、宽0.34、高0.48米，西侧龛距墓底0.56、长0.7、宽0.34、高0.44米。墓底平整，墓壁垂直墓底，有经人工用细小工具精修细凿的痕迹（图九；图版四，2）。

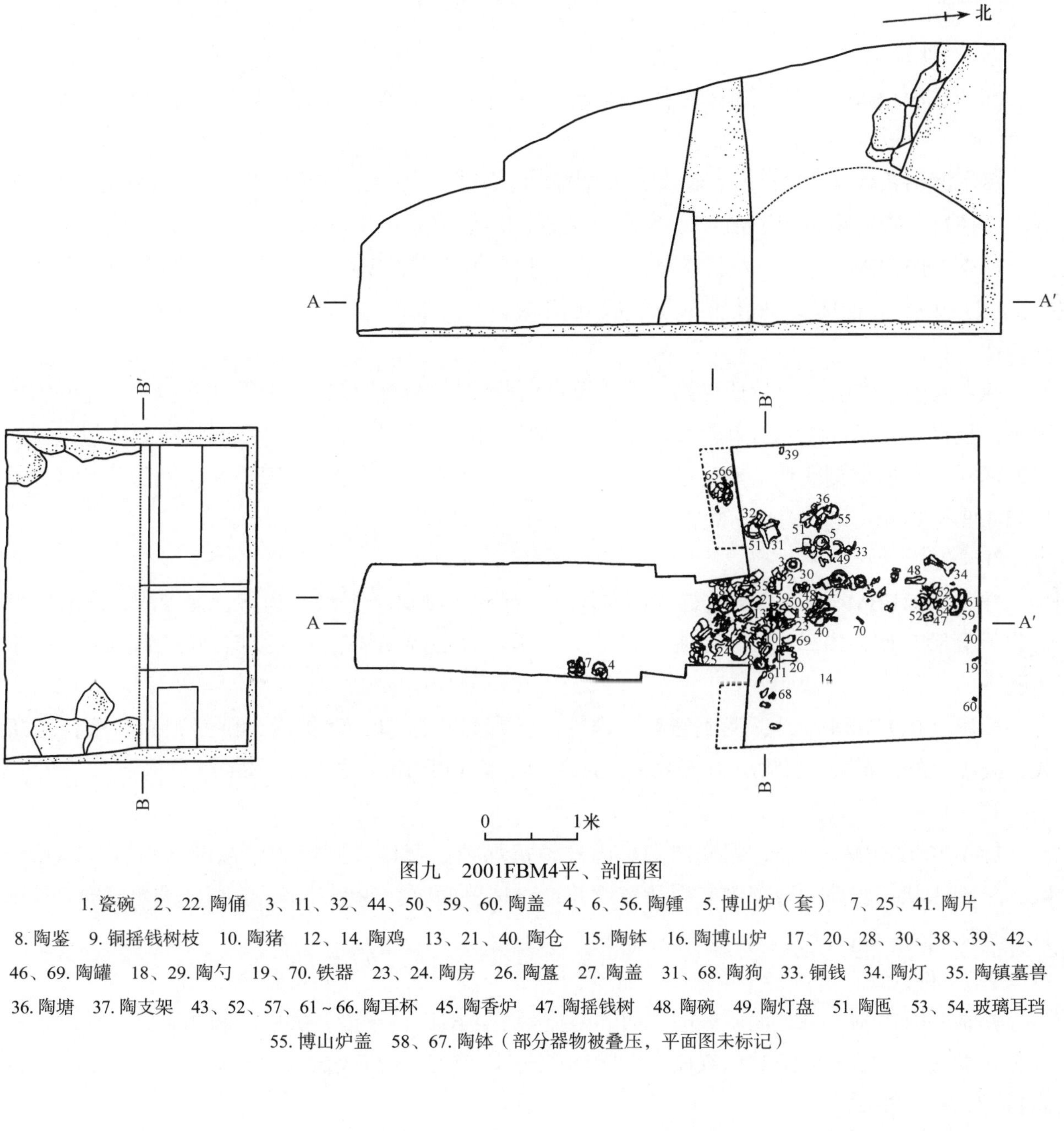

图九　2001FBM4平、剖面图

1. 瓷碗　2、22. 陶俑　3、11、32、44、50、59、60. 陶盖　4、6、56. 陶锺　5. 博山炉（套）　7、25、41. 陶片　8. 陶鉴　9. 铜摇钱树枝　10. 陶猪　12、14. 陶鸡　13、21、40. 陶仓　15. 陶钵　16. 陶博山炉　17、20、28、30、38、39、42、46、69. 陶罐　18、29. 陶勺　19、70. 铁器　23、24. 陶房　26. 陶簋　27. 陶盖　31、68. 陶狗　33. 铜钱　34. 陶灯　35. 陶镇墓兽　36. 陶塘　37. 陶支架　43、52、57、61～66. 陶耳杯　45. 陶香炉　47. 陶摇钱树　48. 陶碗　49. 陶灯盘　51. 陶匜　53、54. 玻璃耳珰　55. 博山炉盖　58、67. 陶钵（部分器物被叠压，平面图未标记）

（二）随葬器物

该墓墓顶垮塌，破坏了大部分随葬品，但多数能修复。随葬器物有陶器70件：俑、器盖、锺、狗、鸡、仓、罐、勺、房、碗、耳杯、灯、塘、支架、鼎等，铁器有销，铜器有摇钱树、钱币，玻璃耳珰一对，一只完好，一只残损，未发现葬具、人骨架。标本器物30件（套）。

1. 陶器

罐　3件。

标本2001FBM4：28，通体施釉。保存完好。口径9、腹径11.8、底径9、高12.2厘米（图一〇，4）。

标本2001FBM4：42，内胎红陶，外施绿釉。圆唇，无颈，平底。肩上有一道凹弦纹。轮制。口径11、腹径20.5、底径11.2、通高15.8厘米（图一〇，3）。

标本2001FBM4：46，内胎红陶，外施绿釉。圆唇，短束颈，肩上有一道凹弦纹，平底微凹。口径9.3、腹径15.5、底径9.6、通高13厘米（图一〇，5）。

锺　1件。

标本2001FBM4：4，泥质红陶，器表及口内壁施黄绿釉。盘口，平沿，方唇，口内壁内折明显，且盘口较浅，长颈内束较大，溜肩，鼓腹，喇叭状圈足接于圜底。上腹饰五周凹弦纹，肩饰两对称兽面铺首衔环。圈足较高，中部折收。轮制。口径15.4、腹径24、圈足径17.4、通高32.3厘米（图一〇，15）。

钵　2件。

标本2001FBM4：15，泥质红陶，内外施黄绿釉。敞口，平沿，圆唇，盘较浅，腹靠下部折收，假圈足底，内外壁多旋切痕。轮制。釉厚，干涩无光泽。口径21、底径9、高4.5厘米（图一〇，2）。

标本2001FBM4：58，泥质红陶，内外施黄绿釉。敞口，斜折沿，圆唇，斜折腹，下折收，浅盘，假圈足底。轮制。口径16.6、底径7.6、高3.8厘米（图一〇，1）。

簋　1件。

标本2001FBM4：26，泥质红陶，内外施黄绿釉。直口，圆唇，腹微鼓，内收。圈足外敞，呈喇叭状，较高。腹部饰三周凸弦纹并饰对称兽面纹。轮制。口径17.3、圈足径11.3、高11.5厘米（图一〇，11）。

鉴　1件。

标本2001FBM4：8，泥质红陶，通体施黄绿釉。敞口，平沿，尖唇，斜领束颈，溜肩，扁圆腹，圜底。口沿附加两对称双凤朝阳状环形立耳。轮制。口径22.7、腹径20.9、底径9.4、通高17.7厘米（图一〇，13）。

香炉　1件。

标本2001FBM4：45，泥质红陶，内外施黄绿釉。敛口，圆唇，矮直领，斜肩，腹微鼓，圜底。腹部饰对称四兽面，兽面眉、眼、鼻凸出，双耳尖竖。底部有三柱足。轮制。口径14、

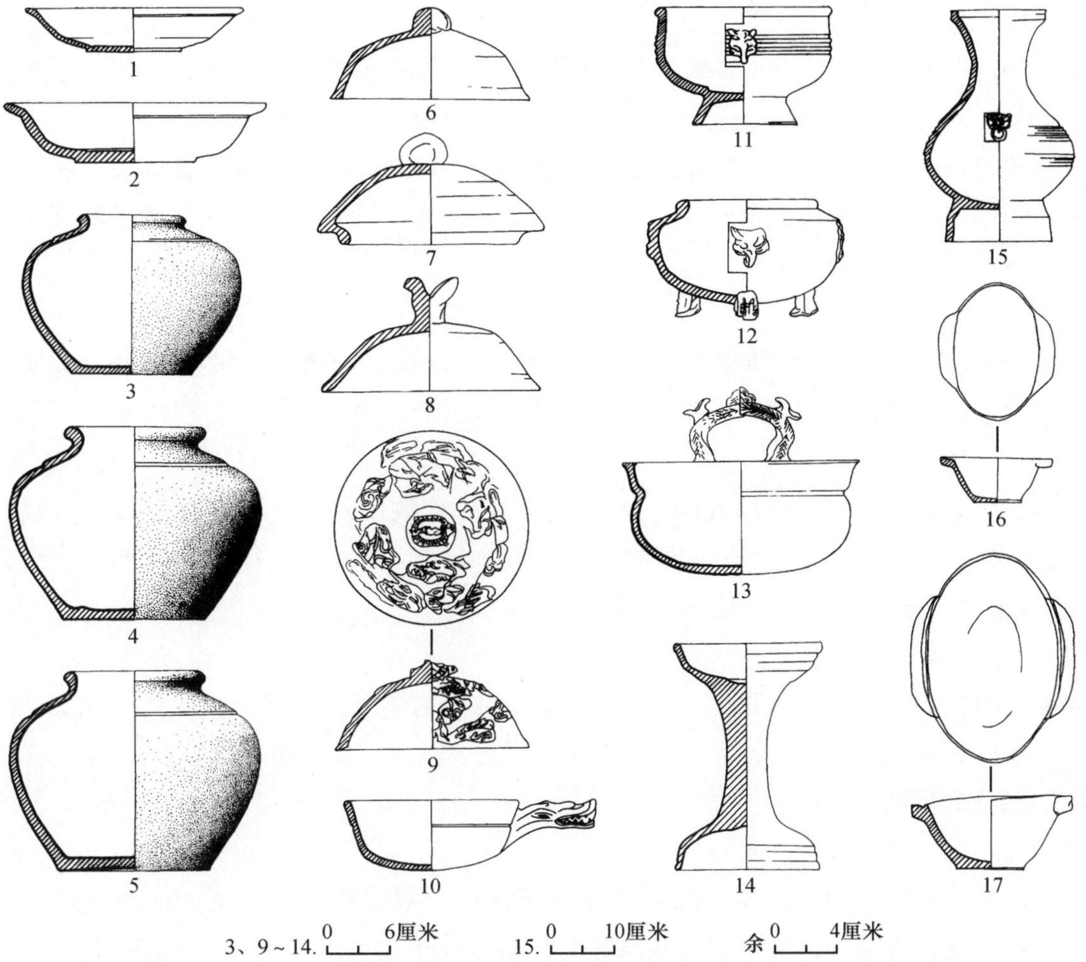

图一〇　2001FBM4出土陶器

1、2. 钵（2001FBM4：58、2001FBM4：15）　3～5. 罐（2001FBM4：42、2001FBM4：28、2001FBM4：46）
6～9. 盖（2001FBM4：50、2001FBM4：27、2001FBM4：11、2001FBM4：59）　10. 匜（2001FBM4：51）
11. 簋（2001FBM4：26）　12. 香炉（2001FBM4：45）　13. 鉴（2001FBM4：8）　14. 灯（2001FBM4：34）
15. 锺（2001FBM4：4）　16、17. 耳杯（2001FBM4：52、2001FBM4：62）

腹径18、通高11.6厘米（图一〇，12）。

匜　1件。

标本2001FBM4：51，泥质红陶，内外施黄绿釉。敞口，圆唇，斜腹微弧，圜底。柄为龙首形，张嘴露齿。中部饰一周凹弦纹，柄为手制。口径16.7、通长23.7、高7厘米（图一〇，10）。

灯　1件。

标本2001FBM4：34，泥质灰陶。哑铃形。灯盘敞口，圆唇，斜弧腹，盘较深，内底斜弧，圆柱形柄，底座为喇叭状圈足。盘、座均饰两周凹弦纹。轮制。盘口径13.2、圈足底径14.1、通高21.9厘米（图一〇，14）。

盖　4件。

标本2001FBM4：50，泥质红陶，外部施绿釉。半圆形扁纽，覆斗形盖体，盖沿平。轮制。盖径12.6、通高6.2厘米（图一〇，6）。

标本2001FBM4：11，泥质红陶。盖体弧形较深，盖口斜沿微凹，顶中有一鸡形纽，较模糊。盖径13.8、通高7.6厘米（图一〇，8）。

标本2001FBM4：27，泥质红陶，外部施绿釉。半圆形扁纽，盖面近覆斗形，子母隼，内外有轮制留下的旋切纹。轮制。盖径14.2、通高7厘米（图一〇，7）。

标本2001FBM4：59，泥质红陶，器表施酱黄釉。龟纽，头部伸出，背饰有一物，脱落。龟甲及四脚刻划精美。盖体弧形较深，盖沿微斜。盖表贴塑青龙、白虎、朱雀等图案。手模合制。盖径18.6、通高8.4厘米（图一〇，9）。

耳杯　2个。

标本2001FBM4：52，泥质红陶，内外施黄绿釉。敞口，圆唇，斜曲腹内收，双实耳微上翘，耳与沿平，假圈足。模制。口部长径8.6、宽5.9厘米，底部长径5、宽3.1厘米，通高2.9厘米（图一〇，16）。

标本2001FBM4：62，泥质红陶，内外施黄绿釉。敞口，圆唇，斜腹微弧，内收，假圈足，双实耳，耳与杯沿交接处有一凹槽。器体较大。口部长径13.1、宽8.6厘米，底部长径7.6、宽4.3厘米，通高4.9厘米（图一〇，17）。

勺　1件。

标本2001FBM4：18，泥质红陶，内外施黄绿釉。勺体瓢形，侈口，圆唇，曲腹，圜底有一凸棱，圆柱弧形长柄，弧度较大，柄端为龙头状。模制。勺口径5.8、通长18、柄长11.6、勺体高4.2、通高7.3厘米（图一一，2）。

房　1件。

标本2001FBM4：24，泥质红陶，通体施黄绿釉。双层楼房，上层为两座庑殿顶方形阁楼，顶中部施动物造型，再由顶分施八条瓦脊，脊端和正面檐角各施一圆形素面瓦当。正面两柱及斗拱上端饰异兽做承托状，下端亦饰两兽。下部饰横栏式露台，墙体饰菱形窗花。右面墙体饰斗拱，斗拱及栏上各饰一异兽做承托状，开一小门。左面饰斗拱承托一封闭式露台，上饰菱形窗花。两座阁楼分置下层半遮檐式底楼，两阁楼形式一致，方向相反。下层呈横长方形，四柱三开间，顶中施平脊一条，前坡施筒瓦五组。正面中间两柱饰一斗三升式斗拱，斗拱上饰六异兽承托横梁，柱下部近斗拱及下端亦各饰一异兽做承托状。两中柱与墙柱间饰挡板。两中柱间作一斜坡式踏道直通长方形正门。方法为先作模块，再拼合一起。阁楼长18、宽13、高22厘米，下层长35.5、宽17.5、高24厘米（图一一，7）。

博山炉　1件（套）。

标本2001FBM4：5，泥质红陶，内外施黄绿釉。盖呈锥形，顶中部饰站立小鸡，盖面饰三周二十个堆塑异兽，顶部有四个对称圆孔。盖缘为母隼。炉盘为子隼，圆唇，漏斗状盘体。座为一蹲状异兽，虎背熊腰，上肢及头承托炉盘，面部向下，眼球较凸，口略张，做用力承托状。手制、模制、轮制相结合。盖口径15.5、高10.8厘米，炉盘口径11.4厘米，通高31.5厘米（图一一，10）。

摇钱树座　1件。

标本2001FBM4：47，泥质红陶，釉脱落。座顶为一蹲跪状羊，体态丰满，短尾，昂首，弯角；后脑饰一圆形方孔钱纹；背承一圆柱形插座，中空。座体饰两层图案，上为仙鹤、神鹿，下为青龙、白虎，神鸟兽间空隙满饰圆形方孔钱文。手模合制。通高32.4、底径18.7厘米（图一一，9；图版三二，6）。

塘 1件。

标本2001FBM4：36，泥质灰陶。长方形，口大底小，平底，中间用堤半分，上边为平沿，塘壁微内斜；沿、体用六个三角形斜撑。塘内壁上泥塑4条鱼、1只螺，塘底堆塑2只螺。火候较高。口、底、壁分制后拼接而成。口通长30.6、通宽18.9、底长22.5、宽11、通高3.4厘米（图一一，1）。

图一一 2001FBM4出土器物

1. 陶塘（2001FBM4：36） 2. 陶勺（2001FBM4：18） 3. 玻璃耳珰（2001FBM4：54） 4. 铜摇钱树残枝（2001FBM4：9） 5. 陶猪（2001FBM4：10） 6. 陶侍俑（2001FBM4：22） 7. 陶房（2001FBM4：24） 8. 陶镇墓兽（2001FBM4：35） 9. 陶摇钱树座（2001FBM4：47） 10. 陶博山炉（2001FBM4：5） 11、12. 陶鸡（2001FBM4：14、2001FBM4：12） 13. 陶狗（2001FBM4：68）

侍俑　1件。

标本2001FBM4：22，泥质红陶，器表施绿釉。头戴圆顶冠，高鼻，面部眉、眼不清，附耳。身着尖领交衽长袖及地长袍，双手拢于胸前，双宽袖下垂。通高28.5厘米（图一一，6；图版二六，3）。

狗　1件。

标本2001FBM4：68，泥质红陶，通体施绿釉。体态肥硕，四肢站立，昂首张嘴，做吠叫状。双圆耳上竖，瞪眼张口露齿，短尾，圆腹内空，四肢短壮，颈部系带，颈后有活扣。手模合制。通长26.7、通高21.9厘米（图一一，13；图版三一，5）。

猪　1件。

标本2001FBM4：10，泥质红陶，外部通体施绿釉。体态肥硕，头低，做拱食状。双尖耳上竖，睁眼，长吻，嘴上翘，露两獠牙，尾扁平上卷。四肢粗短，腹背浑圆。长25.4、通高12.3厘米（图一一，5；图版三〇，6）。

鸡　2件。

标本2001FBM4：14，泥质红陶，外部通体施绿釉。站立状，双脚分开，高冠，尖嘴，凸眼，垂耳，曲颈，身肥，腿粗短，尾上翘。模制。长14、通高18厘米（图一一，11；图版三〇，1）。

标本2001FBM4：12，泥质红陶，外部通体施绿釉。站立状，身置一圆柱座上，脚饰于圆筒两侧；高冠，尖嘴，凸眼，垂耳，曲颈，身肥，腿细，尾上翘后下卷。模制。长16.2、通高19.4厘米（图一一，12）。

镇墓兽　1件。

标本2001FBM4：35，泥质红陶，外部通体施绿釉。蹲踞状，四肢及臀着地。头额部高昂，双尖耳上竖，双目扁圆而凸，高鼻，张口，露上齿，吐舌，舌宽而长紧贴凸起的胸部及地。圆弧背，四肢肌肉外凸，中空。底宽15.2、通高19.8厘米（图一一，8）。

2. 铜器

摇钱树残枝　1件。

2001FBM4出土的摇钱树仅存部分树干及残枝，每节树干中部饰玉兔，玉兔呈跪姿；树叶饰虎及羽人。但均由于破碎以及锈蚀无法辨认出完整的形象。标本2001FBM4：9，树干残段。圆柱形，中空，上端铸插孔。中部铸玉兔及圆环，通体饰竖向凸棱。残长17.5厘米（图一一，4）。

3. 其他

玻璃耳珰　1件。

标本2001FBM4：54，玻璃质。束腰圆柱状，中间有一通穿，已接近现代玻璃。模制。大台面（残）径1.4、小台面径0.9、高1.5厘米（图一一，3；图版三八，1）。

五、2001FBM5

（一）墓葬形制

2001FBM5属“凸”字形岩墓，墓室底部距地表深2.84、长3.7、宽3.46米，墓室为长方形，顶部为弧形，墓门内两侧各有长方形龛一个，墓室内有大量的红褐色淤泥及部分黄褐色粉砂土。墓道为长条形，上口长5.5、宽1.3、深0.5米，位于墓门下前端，底坡长4.64、下端宽1.3、深3.14米，整个墓葬均是砂岩凿空而形成，在墓门口发现一条呈“丁”字形的排水沟，但不长，应是更利于大面积排出墓室的淤水，墓门处未发现封门用的材料，墓室内也发现棺木的痕迹及人骨架等。器物摆放较乱，器物较残，所以2001FBM5早年应被盗过（图一二；图版四，2）。

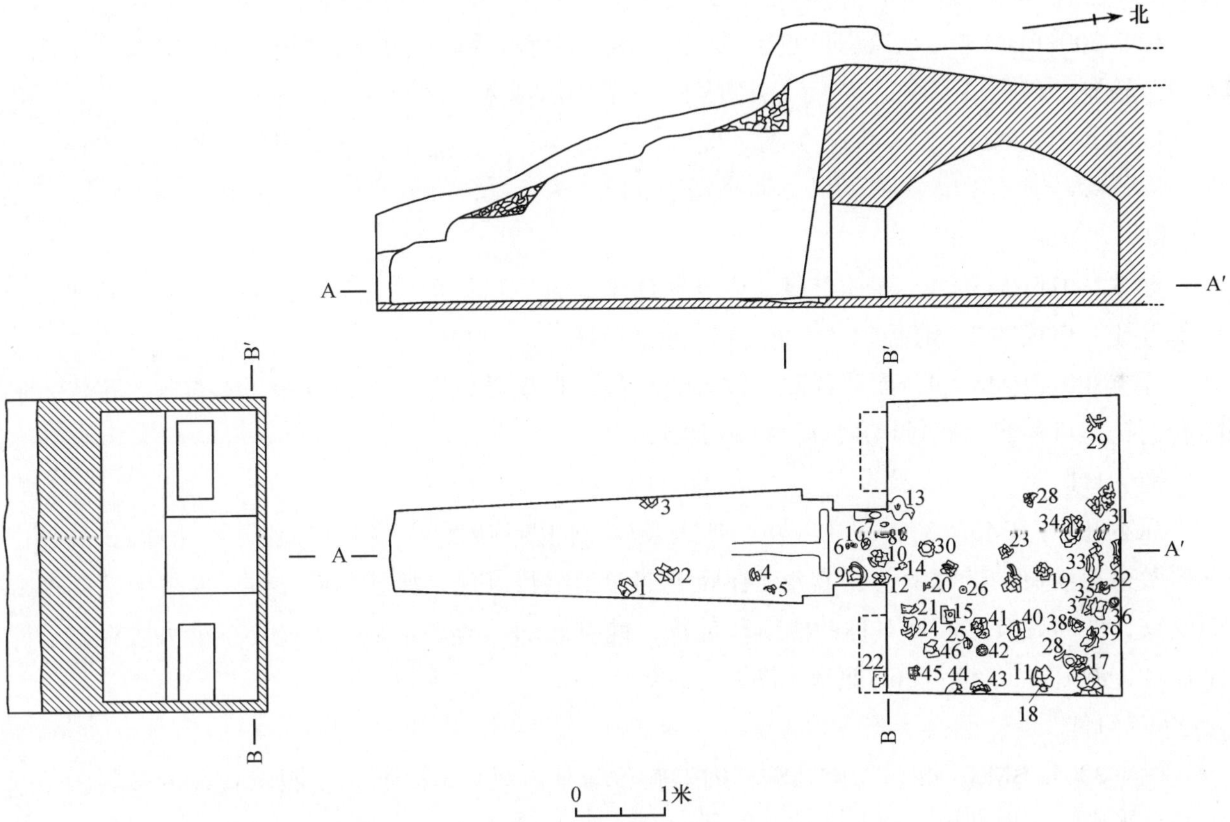

图一二　2001FBM5平、剖面图

1、4. 陶甑　2、3、5、12、17、19. 陶片　6. 铜钱　7、21. 陶俑　8、10、11、23、26、30～36、38、40、43. 陶罐　9. 陶猪　13. 陶鸡　14、15. 陶塘　16. 陶灯　18. 陶勺　20. 陶房　22. 陶案　24. 陶狗　25、28、46. 陶盖　27. 陶灯座　29. 陶三足支架　37. 陶锺　39. 陶盆　41. 陶座　42. 博山炉盖　44. 陶钵　45. 陶井

（二）随葬器物

2001FBM5出土遗物共计46件。陶器有钵、俑、罐、甑、盖、灯、猪、狗、井、盆、锺、案等，铁器由于锈蚀严重无法辨认器形，铜钱币为“五铢”钱币或串。其中最为重要的应是灰陶案背面的铭文刻记，能辨出字样的是“元初三年”。修复的标本器物14件。

陶器

罐　4件。

标本2001FBM5：8，外部施酱釉。尖唇，短斜领，鼓腹，平底。素面。口径19.2、腹径27.8、底径14.2、通高19.1厘米（图一三，7）。

标本2001FBM5：23，外部施绿釉。尖唇，短斜颈，鼓腹，平底。素面。口径8.8、腹径15.8、底径7、通高10.8厘米（图一三，5）。

标本2001FBM5：26，泥质红陶，外施绿釉。尖唇，唇下沿内折，短束颈，鼓腹，平底。素面。轮制。口径18、腹径27.3、底径15.6、通高20.1厘米（图一三，8）。

标本2001FBM5：36，泥质灰陶。敛口，三角卷沿，尖唇，肩颈不明显，鼓腹，平底。轮制。口径9.8、腹径17.5、底径9.7、通高12.1厘米（图一三，6）。

甑　2件。

标本2001FBM5：1，泥质红陶，内外通体施绿釉。口微敛，宽平沿，尖唇，弧腹，平底。底部五孔。口径29.3、底径14.1、通高15.6厘米（图一三，13）。

标本2001FBM5：4，泥质红陶，内外施绿釉。口微敛，宽平沿，方唇，斜直腹，平底。底部有七孔。口径29、底径14.1、通高15.4厘米（图一三，14）。

锺　1件。

标本2001FBM5：37，泥质红陶。器表及口、内壁施绿釉。浅盘口，平沿，方唇；高领，中部微束；溜肩，鼓腹下垂，最大径在腹下部；喇叭状圈足，接于圜底。颈、腹各有一组两周凹弦纹，两组弦纹之间饰对称的两衔环铺首，铺首面部不清。轮制。口径15、最大腹径27、圈足径16、圈足高5、通高36.7厘米（图一三，9）。

钵　1件。

标本2001FBM5：44，泥质红陶，内外施黄绿釉。直口，方唇，上腹较直，下腹斜折急收至底，平底。腹上部饰一周凹弦纹。轮制。口径18.2、底径6.8、高5厘米（图一三，4）。

盖　3件。

标本2001FBM5：25，泥质红陶，外部施酱黄釉。盖体弧形较浅，顶中有一鸡形纽，头昂立，尾上翘。子母口盖，盖面饰三乳钉。盖径19、通高8.4厘米（图一三，3）。

标本2001FBM5：42，泥质红陶，器表施绿釉。熏炉盖略呈半球形，较浅，盖边凸起一周，盖沿平，器身中部有三个长方形小孔。器表饰五周凸起火焰纹。手模合制。盖径12.2、通高4厘米（图一三，1）。

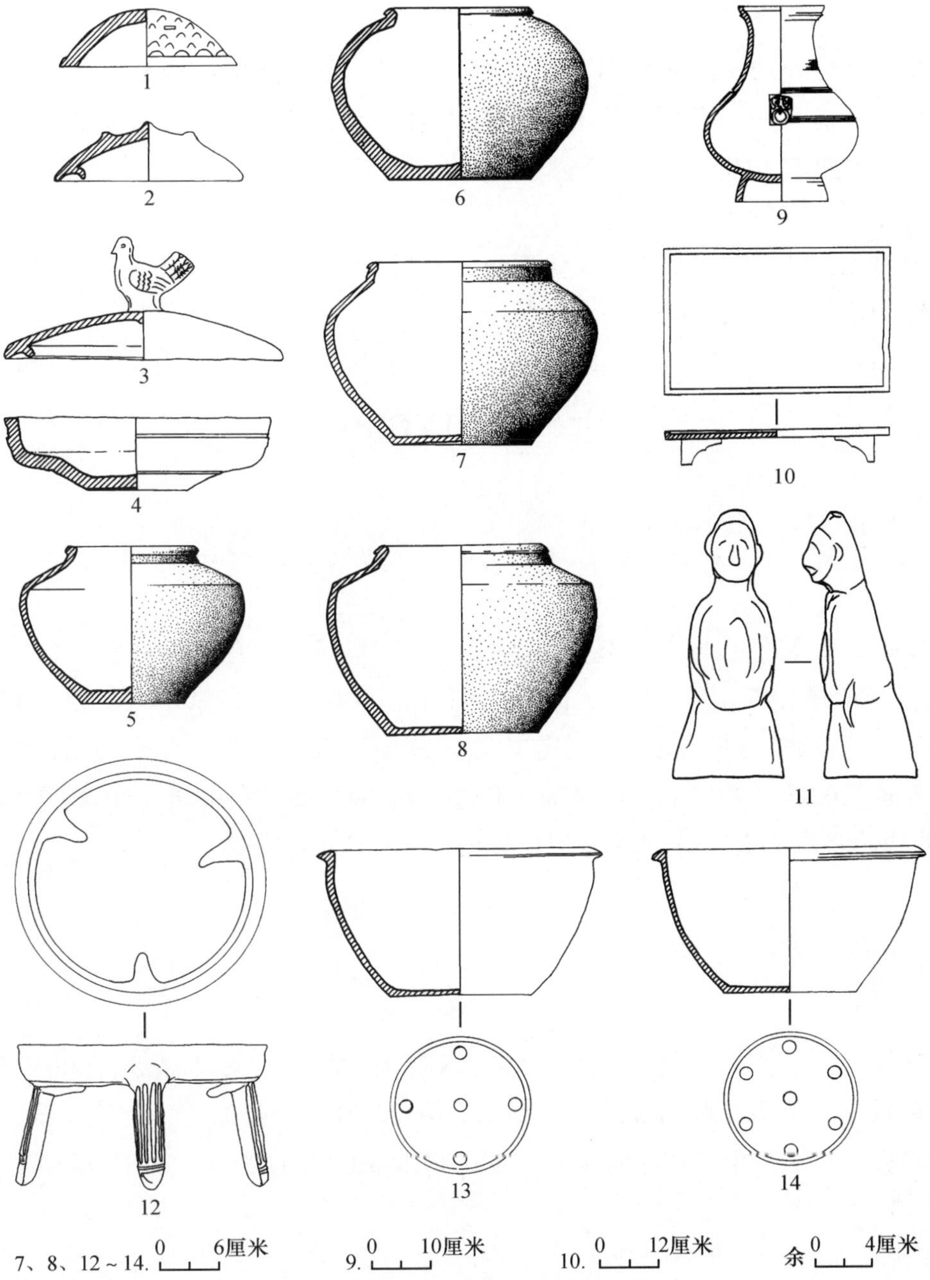

图一三　2001FBM5出土陶器

1～3. 盖（2001FBM5：42、2001FBM5：46、2001FBM5：25）　4. 钵（2001FBM5：44）　5～8. 罐（2001FBM5：23、2001FBM5：36、2001FBM5：8、2001FBM5：26）　9. 锺（2001FBM5：37）　10. 案（2001FBM5：22）　11. 侍俑（2001FBM5：7）　12. 三足支架（2001FBM5：29）　13、14. 甑（2001FBM5：1、2001FBM5：4）

标本2001FBM5：46，泥质红陶，器表施黄绿色釉。盖体弧形较浅。子母口，顶部及四周饰四个不对称的乳钉。轮制。盖径17.4、通高3.6厘米（图一三，2）。

三足支架　1件。

标本2001FBM5：29，泥质灰陶，支架通体施绿釉。架圈为圆形，侈口，方唇，圈体斜弧，圈内均分三个尖形支钉，微向下倾。三条圆柱状脚支撑圈体，支柱外斜。柱外部有竖形凸轮。手模合制。圈径25.8、通高15厘米（图一三，12；图版三三，5）。

案　1件。

标本2001FBM5：22，泥质灰陶。长方形，案边一周浅凸棱；四足，每足由两片阶梯状陶片组成。背面刻有“……元初三年……”（116年）等铭文，多已模糊不清。手模合制。长47.8、宽30.4、高7厘米（图一三，10）。

侍俑　1件。

标本2001FBM5：7，泥质灰陶。头尖无冠，眉目不清，附耳。长袍及地，双手拱于胸前。通高18.4厘米（图一三，11；图版二六，2）。

六、2001FBM6

（一）墓葬形制

2001FBM6，砂岩凿空岩墓，墓室顶为圆弧形，墓门两侧有长方形龛，墓道口距地面深0.2～0.86米，墓道宽1.45、上口长4.9、下端宽1.45、深0.5～3.38米。墓底距地面深3.05、长3.3、宽2.6米。墓室结构为长方形砂岩凿空岩墓，墓顶为弧形，墓室前有0.7米长的甬道，墓门两侧有龛，左边长0.88、宽0.24、高0.4米，右边长1、宽0.26、高0.4米。在墓道内有一长条形排水沟。该墓早年被扰乱过，未发现骨架和葬具（图一四；图版四，2）。

（二）随葬器物

随葬器物有陶俑、陶狗、鎏金铜片、陶灯、陶罐、陶鸡、陶耳杯等。2001FBM6早年被盗，器物保存较差。从墓葬形制及出土器物来看应与2001FBM5为同一时代，根据2001FBM5出土陶案上刻有“元初三年”的年号推断，2001FBM6也应为这一时期，东汉中期。标本器物5件，均为陶器。

簋　1件。

标本2001FBM6：5，泥质红陶，内外施黄绿釉。敞口，圆唇，沿略外折，腹微鼓，内收，圈足外敞，呈喇叭状，较矮。腹上部饰三周凸弦纹。轮制。口径19.8、底径10.2、高10.8厘米（图一五，2）。

灯　1件。

标本2001FBM6：8，泥质灰陶，器表及盘内施绿釉。灯盘为圆槽，槽中隔断分三区，每区内有一钉形支钉，灯盘浅，盘下为三根圆形弯柱支撑，接于竹节柄上，座为喇叭状圈足。手模合制。灯盘口径16.8、圈足底径14、通高35.6厘米（图一五，1）。

侍俑　1件。

标本2001FBM6：4，泥质红陶。光头无冠，眉目不清，附耳。身着交衽尖领长袖及地长袍，双手拢于胸前，双宽袖下垂。通高13.5厘米（图一五，3）。

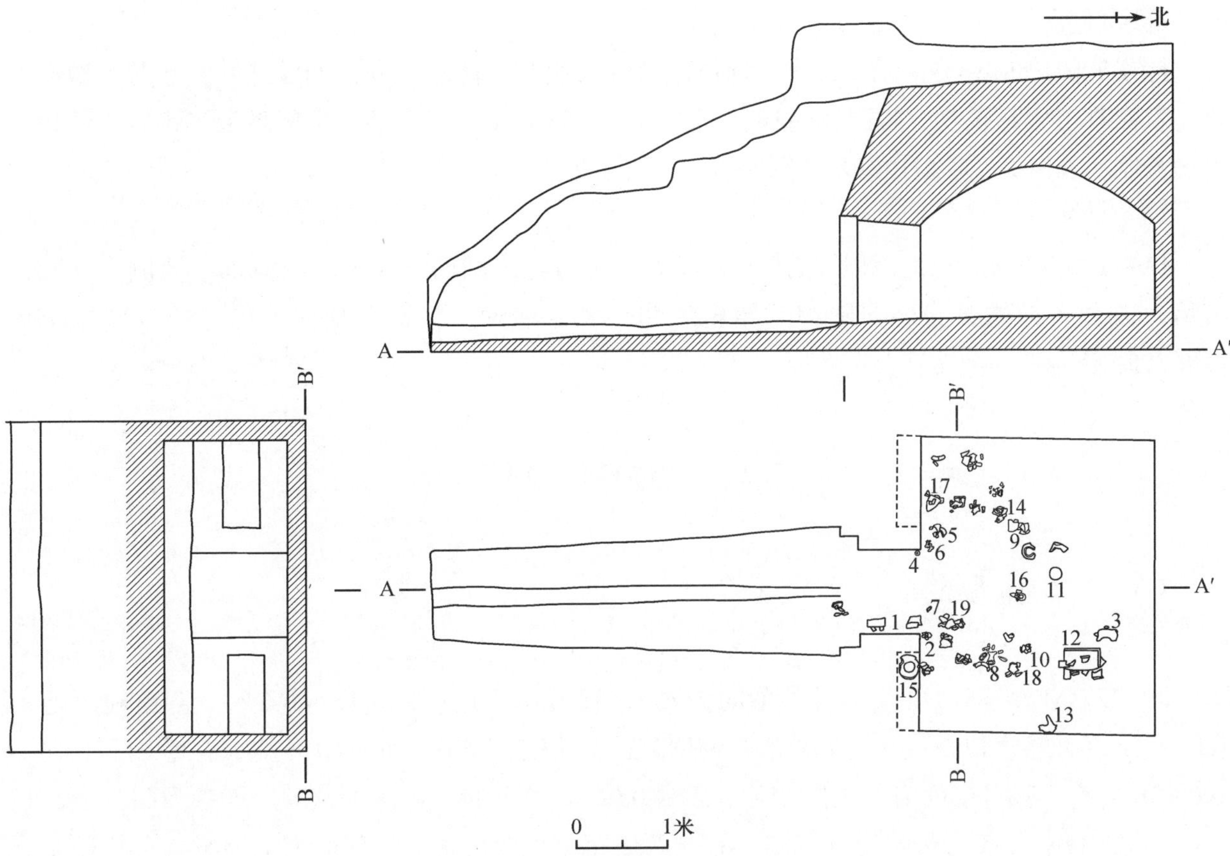

图一四　2001FBM6平、剖面图

1. 陶瓦　2、4、16. 陶俑　3. 陶狗　5. 陶簋　6. 陶器耳　7. 鎏金铜片　8. 陶灯　9、15、19. 陶罐　10、14. 陶耳杯　11、18. 陶盖　12. 陶案　13. 陶鸡　17. 博山炉盖

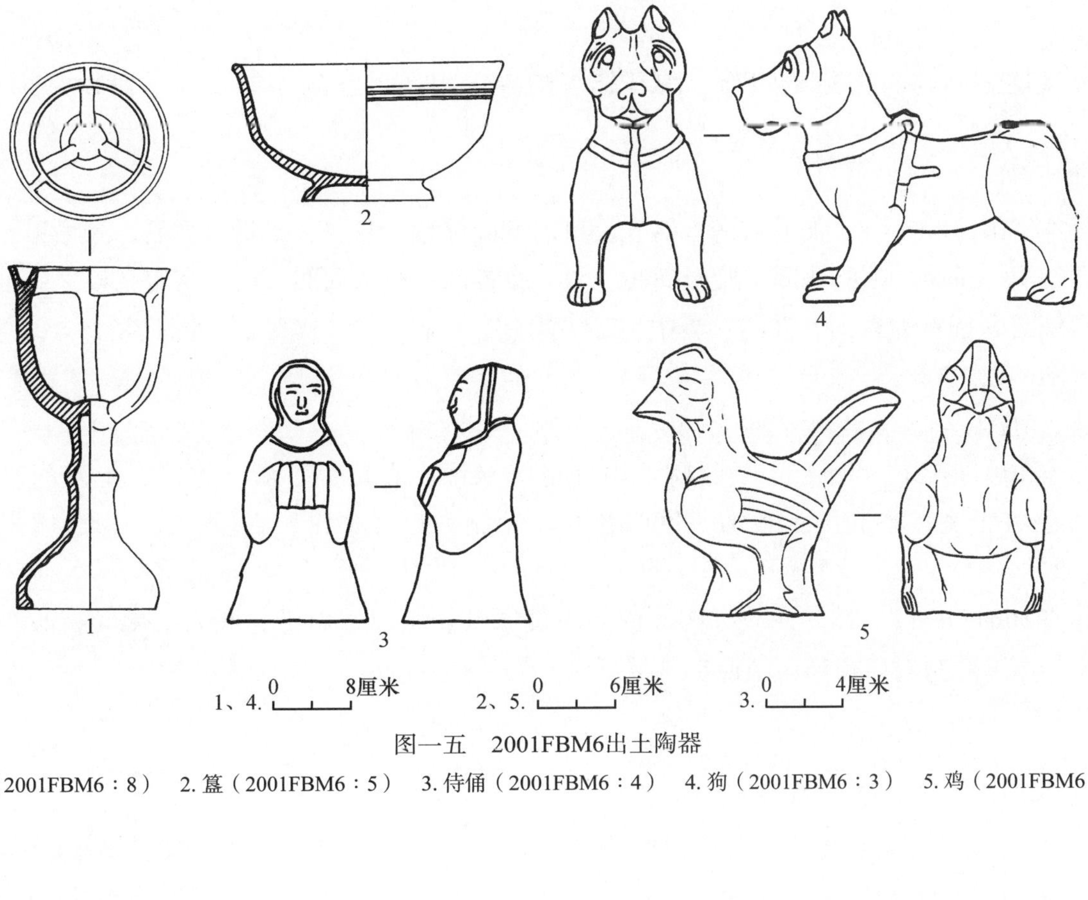

图一五　2001FBM6出土陶器

1. 灯（2001FBM6：8）　2. 簋（2001FBM6：5）　3. 侍俑（2001FBM6：4）　4. 狗（2001FBM6：3）　5. 鸡（2001FBM6：13）

狗　1件。

标本2001FBM6：3，泥质红陶，通体施绿釉，脱落。体态肥硕，四肢站立，平首，做迎宾状。双尖耳上竖，长吻，瞪眼，闭嘴，圆腹内空，尾上卷贴于臀部。颈部系带，颈后有活扣。手模合制。长37.8、通高30厘米（图一五，4；图版三一，4）。

鸡　1件。

标本2001FBM6：13，泥质红陶。站立状，鸡身置于圆筒形座上，双脚饰于筒侧。高冠，尖嘴，垂耳，曲颈，身肥，腿细。尾斜后翘，羽翼清晰。模制。通高21.3、长21厘米（图一五，5；图版三〇，2）。

七、2001FBM7

（一）墓葬形制

2001FBM7，呈“甲”字形，墓向为73°，墓道口距地表深0.15～0.2米，墓道底距地表1.18～2.5米，墓道口及底均为1.22米，南壁3.52、北壁3.92米。墓道中部排水沟宽0.1～0.16、深0～0.24米。墓门宽度为“八”字形，前宽0.9、后宽1.04、进深0.74米。墓室为四方形，长2.58、宽3.34米。墓门两侧均有一龛。右侧两龛距墓底为0.38米。墓道填土为黄褐色粉砂土，墓室为红褐色淤泥，厚0.7～0.8米。墓室底部两端略高于中部，无人骨架及葬具（图一六）。

（二）随葬器物

该墓随葬器物有陶猪、陶鸡、陶耳杯、陶罐、陶俑、红陶钵等。标本器物7件，均为陶器。

锺　1件。

标本2001FBM7：8，泥质红陶，器表及口内壁施绿釉。盘口，平沿，方唇，颈微束，颈较瘦长，溜肩，垂腹，喇叭状圈足接于圜底。颈、腹各饰一组两周凹弦纹，两组弦纹之间饰对称两衔环铺首，铺首为兽面，高凸，鼻中衔环。轮制。口径14.2、腹径26、圈足径15.8、通高36厘米（图一七，3）。

钵　2件。

标本2001FBM7：16，泥质红陶，内外施黄绿釉。直口，平沿，方唇，上腹斜直，下腹斜折急收至底，平底。上腹饰一道凹弦纹。轮制。口径17.8、底径6.2、高4.2厘米（图一七，2）。

标本2001FBM7：28，泥质红陶，内外施黄绿釉。敞口，斜沿，圆唇，斜腹折收，盘较浅，小平底。轮制。口径16、底径4、高4厘米（图一七，1）。

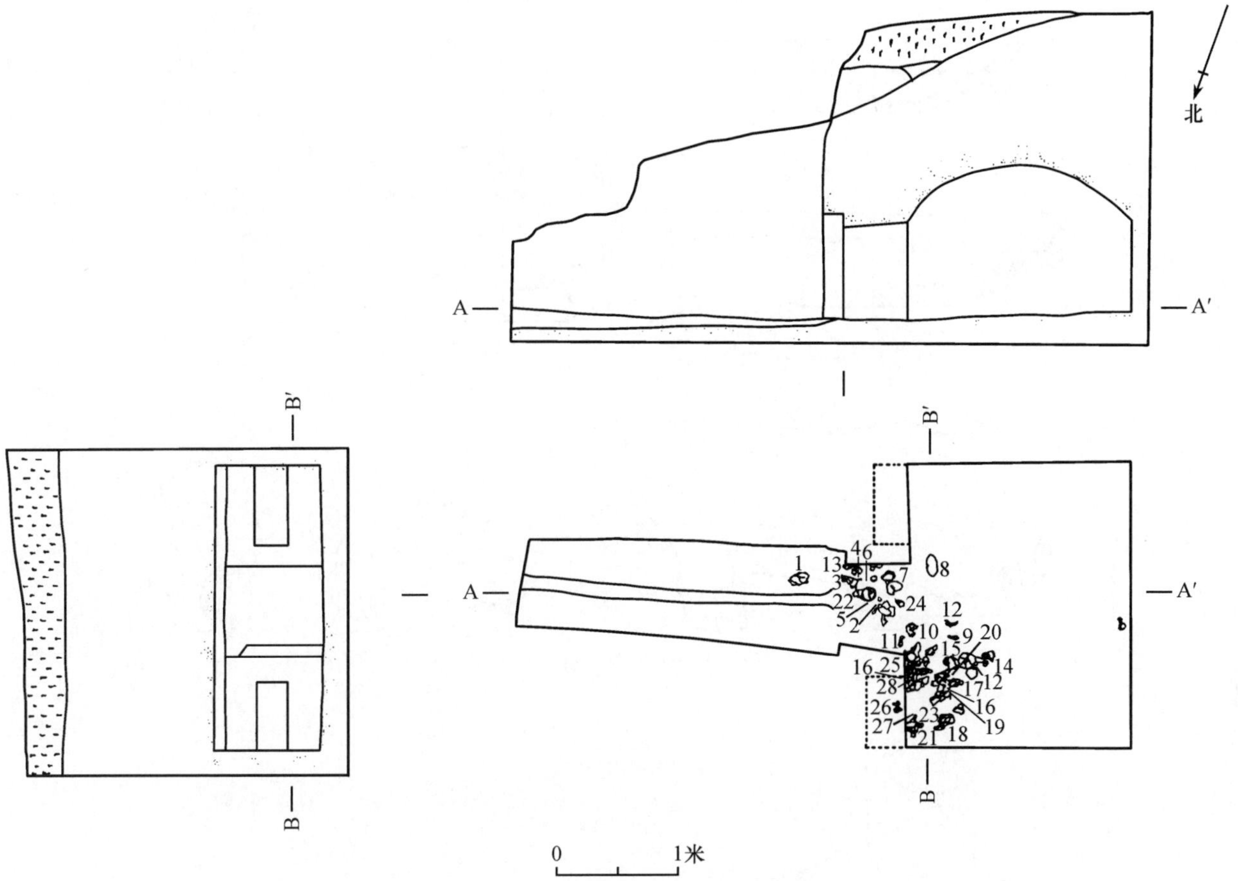

图一六　2001FBM7平、剖面图

1、25. 陶猪　2、9、15、17、18、20、27. 陶罐　3、11、24. 陶鸡　4、6. 陶耳杯　5、12、22. 陶盖　7、16、23、28. 陶钵　8. 陶锺　10. 铜钱　13. 陶打水罐　14. 陶碗　19. 陶勺　21. 陶灯　26. 陶俑

耳杯　1件。

标本2001FBM7：6，泥质红陶，施黄釉，脱落。敞口，圆唇，斜曲腹内收，双实耳微上翘，耳附于沿下，假圈足。模制。口部长径9、宽7.2厘米，底部长径4.6、宽2.6厘米，通高3.4厘米（图一七，4）。

猪　2件。

标本2001FBM7：1，泥质红陶。站立，四肢短粗，身体肥硕。两耳下垂，双目外凸，鼻上翘，张嘴露齿，卷尾，腹背浑圆。手模合制。长27.2、通高13.9厘米（图一七，5；图版三一，1）。

标本2001FBM7：25，泥质红陶，釉脱落。体态较瘦，四肢直立，头低，做拱食状，塌耳，长吻，嘴上翘，鼻眼模糊，卷尾，四肢粗短。手模合制。长24.3、通高11.2厘米（图一七，6）。

子母鸡　1件。

标本2001FBM7：11，泥质红陶。微蹲状，昂首曲颈，圆眼，尾斜后翘；母鸡胸、两翅下及背上各饰一只小鸡，筒状底座。手模合制。长13.8、通高12.6厘米（图一七，7；图版三〇，3）。

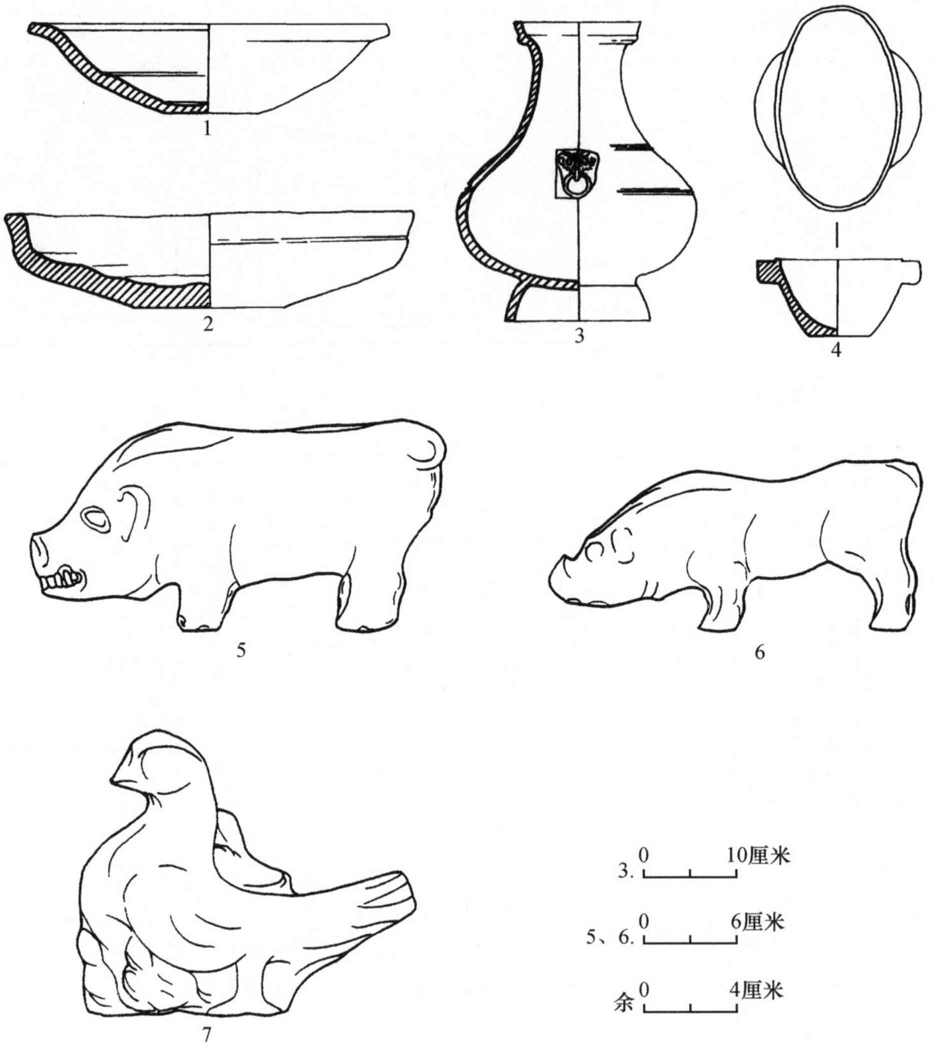

图一七　2001FBM7出土陶器

1、2. 钵（2001FBM7：28、2001FBM7：16）　3. 锺（2001FBM7：8）　4. 耳杯（2001FBM7：6）　5、6. 猪（2001FBM7：1、2001FBM7：25）　7. 子母鸡（2001FBM7：11）

八、2001FBM8

（一）墓葬形制

2001FBM8，墓口距地表深0.55～0.75、距墓底1.2～1.5米，墓砖基本紧靠圹壁。填土为砂石碎块。该墓墓门方向130°。保存较为完整。墓道墓顶被破坏，墓道残长1.1、宽1.5米，墓圹长5.3、宽2.04～4.4米，甬道长2.5、宽2、残高1.28米，墓室长4.4、宽2.8、残高1.2米。四壁用“几何纹”花边砖错缝平砌，花纹向内。墓室底与甬道底间由一排横向平砌的砖将其分隔，砖纹向墓门。墓底凹凸不平，用页岩填平，墓门用砖错缝平砌。在墓室西部靠近甬道处发现数颗人牙和棺木腐朽痕迹，头向不明（图一八）。

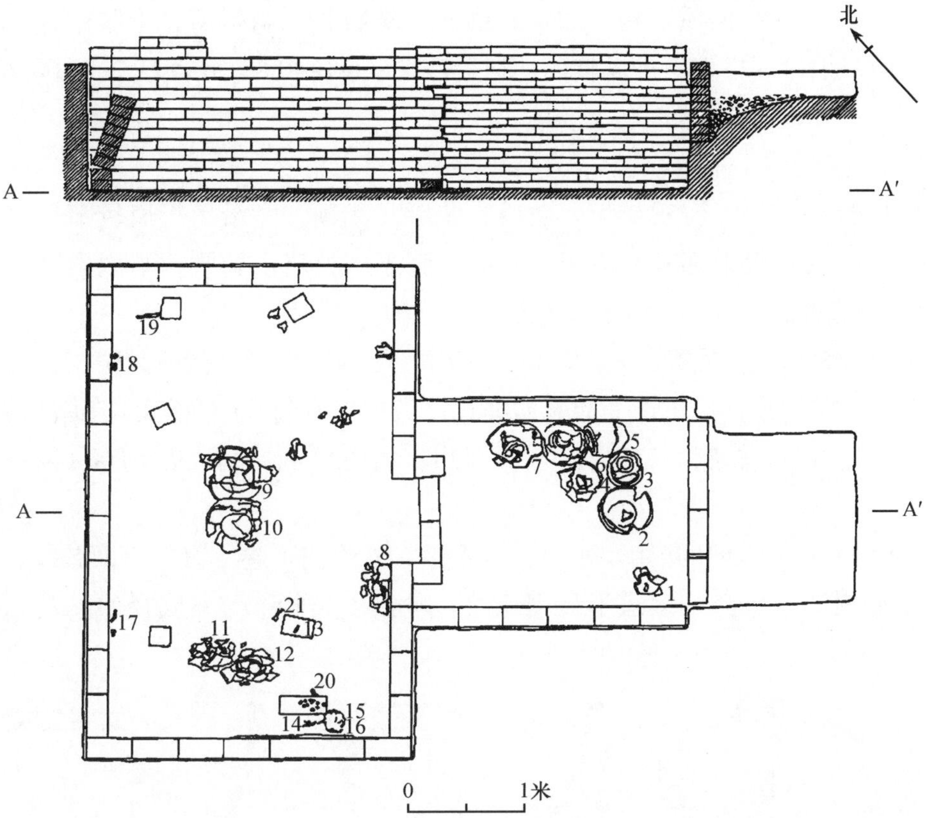

图一八　2001FBM8平、剖面图

1. 陶圜底罐　2、4、11. 陶盆　3、12. 陶井　5～10. 陶罐　13、14、17、18. 铜钱　15. 铁器　16. 铁剑　19. 铁匕首　20. 人牙齿　21. 铜器口沿

（二）随葬器物

随葬品主要分布于甬道和墓室中。甬道内均是陶罐、盆。墓室内则有陶罐、铜钱、铁剑、铁匕首、铜器口沿等。墓葬随葬品器形较大，共计21件。标本器物11件。

1. 陶器

罐　4件。

标本2001FBM8：1，泥质灰陶。口微侈，沿微外卷，尖唇，短束颈，斜溜肩，腹微鼓，内收成圜底。腹上部饰带状绳纹及弦纹，腹下饰绳纹至圜底。轮制。口径13.2、腹径33.1、通高21.7厘米（图一九，1）。

标本2001FBM8：5，泥质灰陶。直口，圆唇，直领溜肩，平底微凹。直颈上饰一周凹弦纹，腹上部饰竖向绳纹。火候较高，轮制。口径17.2、腹径30、底径17.1、通高24.5厘米（图一九，2）。

标本2001FBM8：6，泥质灰陶，夹石英颗粒。直口，圆唇，短束颈，溜肩，鼓腹斜收，平底微凹。肩上部饰三周凹弦纹。轮制。口径15.9、腹径38.8、底径26.4、通高30.5厘米（图一九，3）。

标本2001FBM8：9，泥质灰陶。敛口，圆唇，短斜领，斜折肩，上腹微弧，下腹壁近直斜收，平底。腹饰拍印网格纹。火候较高。口径25.2、腹径40.8、底径21.7、通高28.6厘米（图一九，4）。

井　2件。

标本2001FBM8：3-1，泥质灰陶。敛口，圆唇，无领，宽沿，折肩较窄。筒形腹，肩下饰两道凸轮，饰绳纹，腹中部有一道凹弦纹，下腹近底处略内斜收，平底微凹。轮制。口径22.6、腹径31.2、底径21、通高28.8厘米（图一九，7）。

标本2001FBM8：12，泥质灰陶。敛口，圆唇，无领，平沿，折肩较窄，筒形腹，腹内外及底有轮制留下的旋转痕，肩下饰一周竖向绳纹，腹中部有与下腹分隔的一道凸棱。下腹近底处略斜收，平底微内凹。轮制。口径21.5、腹径33、底径22.8、通高29.8厘米（图一九，9）。

盆　2件。

标本2001FBM8：4，泥质灰陶。敞口，宽平沿，外沿向下卷，有一道凹弦纹，斜腹较深，近底斜收，平底内凹。腹身饰多道不规则旋纹。轮制。口径40.7、底径21、高21.8厘米（图一九，5）。

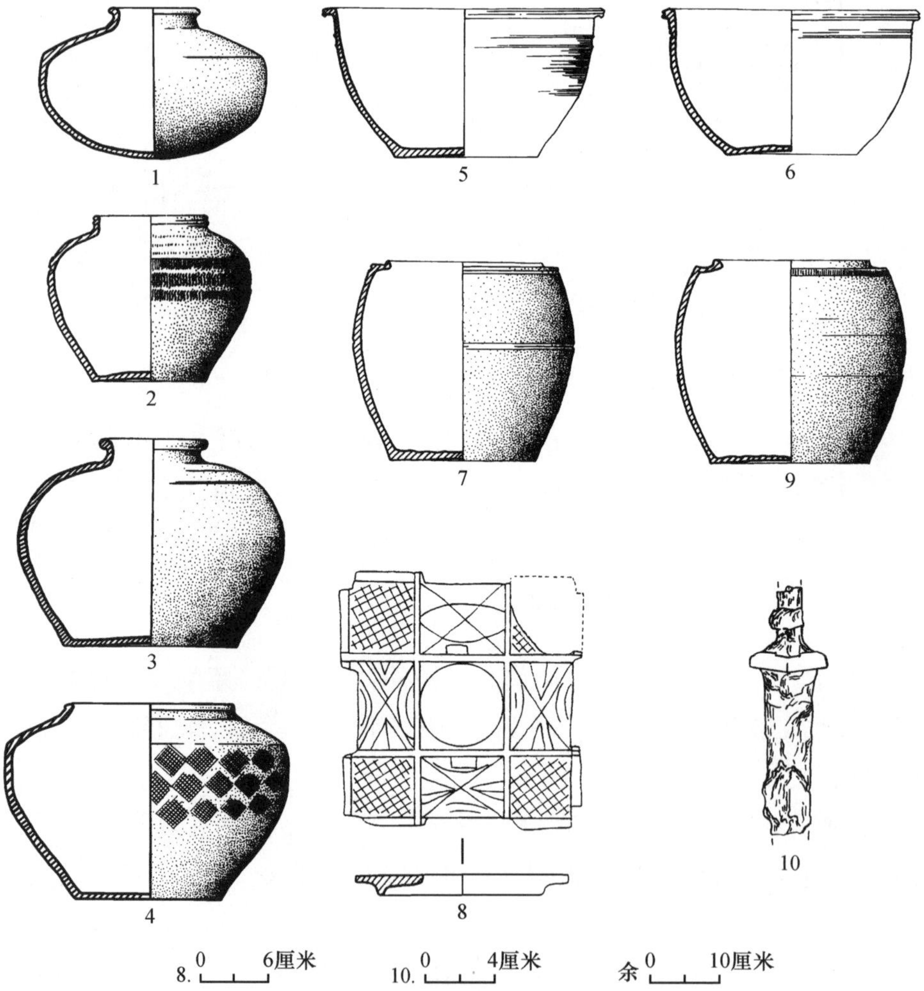

图一九　2001FBM8出土器物

1～4. 陶罐（2001FBM8：1、2001FBM8：5、2001FBM8：6、2001FBM8：9）　5、6. 陶盆（2001FBM8：4、2001FBM8：11）　7、9. 陶井（2001FBM8：3-1、2001FBM8：12）　8. 陶井盖（2001FBM8：3-2）　10. 铁剑（2001FBM8：16）

标本2001FBM8：11，泥质灰陶。敞口，平沿，外沿向下卷，有一道凹弦纹，腹部微鼓斜收，平底稍内凹。轮制。口径36.6、底径18.6、通高21.8厘米（图一九，6）。

井盖　1件。

标本2001FBM8：3-2，泥质灰陶。平面呈“井”字形。盖面中间有一圆形口，表面刻划分为9个区。各个区内分别刻有菱形网格与弧线几何纹。圆口两边各有一对称长方形镂孔，用于放插支架。盖底为一圈凸起作子隼，用于扣于井筒上。模制。长21.1、宽20.4、厚0.7厘米（图一九，8）。

2. 铜器

五铢　1件。

标本2001FBM8：18，“五”字中间两笔弯曲，“铢”字金字头呈“△”，朱字头圆折，钱文清晰，笔画较细，大小一致。直径2.7、穿径1、郭宽0.15、郭厚0.25厘米（图二〇）。

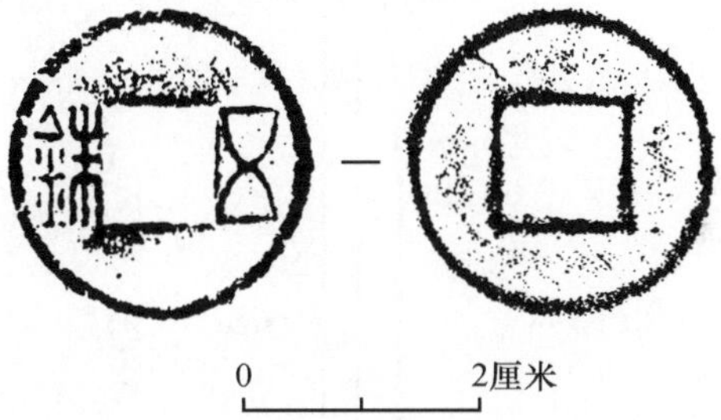

图二〇　2001FBM8出土铜五铢
（2001FBM8：18）

3. 铁器

剑　1件。

标本2001FBM8：16，双刃，石质菱形剑格。残长14.5、宽2.9、厚0.8厘米，剑格长4.5、宽1.2厘米（图一九，10）。

九、2001FBM9

（一）墓葬形制

2001FBM9，“凸”字形竖穴石坑砖室墓，方向118°。墓口距地表0.25～0.6、长2.18～3.6、宽1.06～3.06米，墓底距地表0.95～1.25、长2.18～3.6、宽1.06～3.06米；墓道位于甬道正前方，呈长方形，上口长0.8、宽1.5、深0.6厘米，下端宽1.5、深1.15、底坡长1.1厘米。墓圹四壁为黄褐色砂岩，填土为红褐色砂石土，券拱已垮，墓室的汉砖仅残留一部分，该墓葬早年被盗，扰乱严重，未发现葬具和骨架（图二一）。

（二）随葬器物

随葬品共有7件，全部为陶器，其中陶灯、陶钵较为完整，其余均为较碎残片。标本器物2件。

陶灯　2件。

标本2001FBM9：1，泥质灰陶。灯盘敞口，方唇，盘较浅，内底为平底。柱状柄，下增大为扁平喇叭状圈足。火候较低。素面。轮制。盘口径9.8、底座径10.2、通高11.6厘米（图二二，1）。

标本2001FBM9：2，泥质灰陶。灯盘敞口，方唇，斜腹，盘较浅，内底为平底。圆柱状柄，喇叭形座。素面。轮制。盘口径10.8、底座径9、通高11.4厘米（图二二，2）。

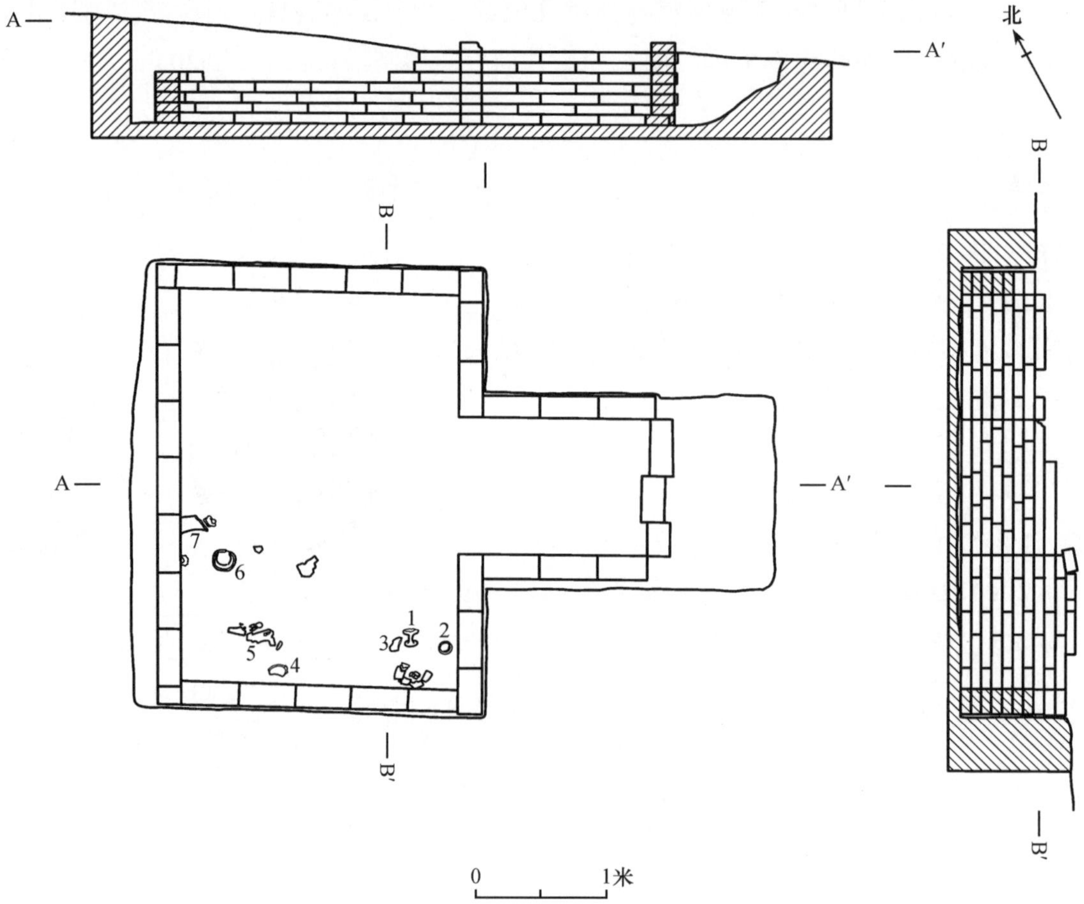

图二一　2001FBM9平、剖面图

1、2. 陶灯　3. 陶甑　4、6. 陶钵　5. 陶井盖　7. 陶盆

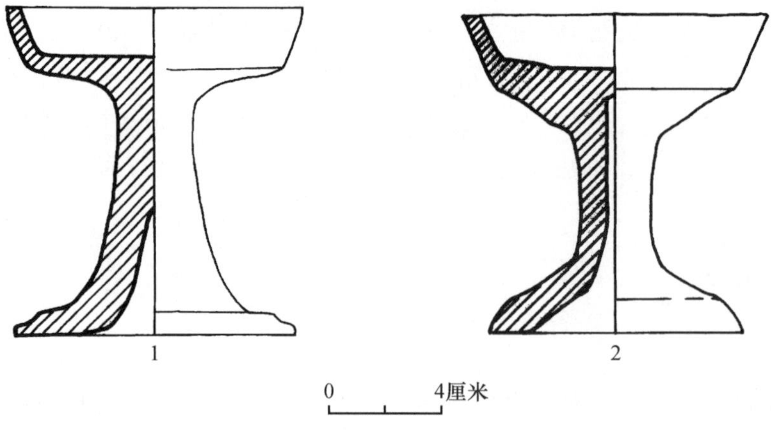

图二二　2001FBM9出土陶灯

1. 2001FBM9：1　2. 2001FBM9：2

十、2001FBM10

（一）随葬器物

2001FBM10，平面呈刀形，墓门方向145°。保存较差，墓道因扰无存。墓圹长4.6、宽1.8～2.92米，墓口距地表0.25～0.6、距墓底1～1.7米，墓圹与砖室间距0.06～0.1米，墓室填土为泥岩、碎页岩。甬道长1.7、宽1.32、残高0.1～0.4米，墓室长2.36、宽2.36、残高0.4～1.1米。墓底无铺地砖，只铺一层泥岩垫平。墓室内未发现人骨朽痕，葬式不明，未见葬具痕迹。四壁、甬道均用“钱币几何纹”花边砖错缝平砌，花纹向内。甬道、墓室内均放置随葬品，盗扰严重（图二三）。

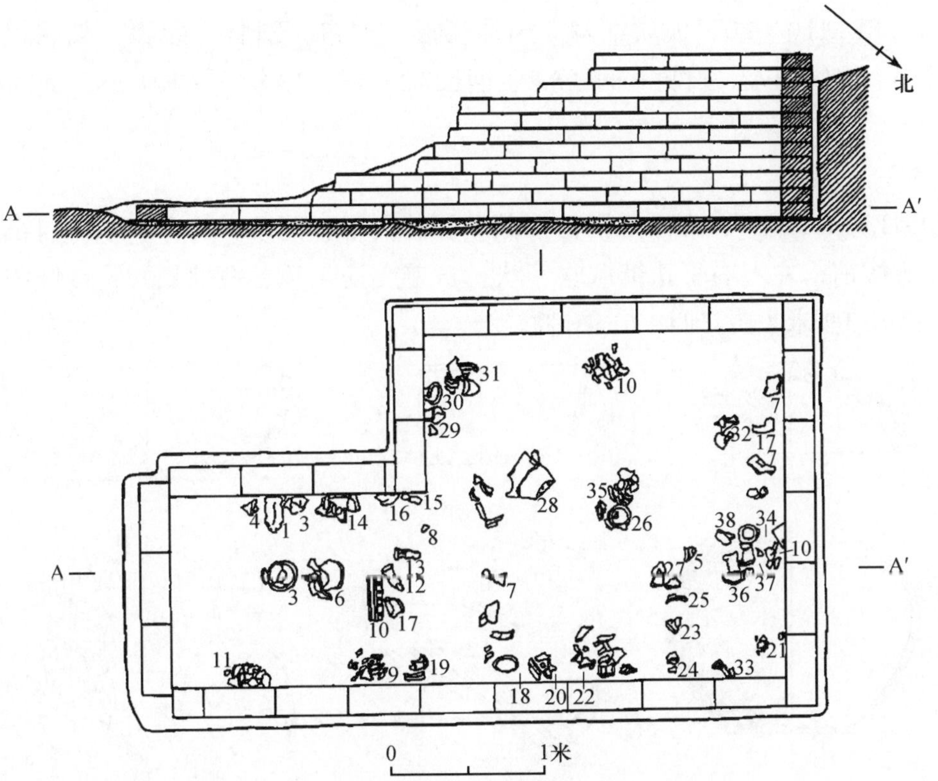

图二三　2001FBM10平、剖面图

1. 陶猪　2. 陶镇墓兽　3. 陶碗　4～8、11、22、34、35. 陶罐　9、12、13、15、16、19、23、27、29、30、32、37、38. 陶俑　10. 陶房　14. 陶狗　17. 铁削　18. 陶博山炉盖　20. 陶勺　21、24、33. 陶俑头　25. 陶锺　26. 陶灯　28. 陶甑　31. 陶钵　36. 陶盖

（二）随葬器物

主要随葬品有陶罐、房、俑、狗、熊等，共计38件。未见铜器。标本器物7件，均为陶器。

罐　1件。

标本2001FBM10：4，泥质灰陶。敛口，圆唇，斜领，折肩，鼓腹斜收，平底。轮制。口径15.2、腹径22.6、底径12.2、通高17厘米（图二四，4）。

钵　1件。

标本2001FBM10：31，泥质红陶。口微敛，圆唇，弧腹微折至底，平底。火候较低。口沿下有一凹槽。轮制。口径16.2、底径8.4、高6.6厘米（图二四，3）。

碗　1件。

标本2001FBM10：3，泥质红陶。敞口，斜沿，圆唇。弧腹下部折收，平底。器形较大，内外壁有轮制留下的凸棱，内外施釉，脱落。轮制。口径17.2、底径9.8、高8.7厘米（图二四，2）。

博山炉盖　1件。

标本2001FBM10：18，泥质红陶。盖呈半球形，较浅，盖边凸起一周，平沿。器表饰五周凸起火焰纹，施酱黄釉。手模合制。盖径14.2、通高5.3厘米（图二四，1）。

勺　1件。

标本2001FBM10：20，泥质红陶。勺体瓢形。侈口，圆唇。曲腹，圜底，圆柱弧形短柄，弧度较小。火候较差。模制。柄径5.8、柄长7.2、通长13.8、勺体高3.8、通高6.1厘米（图二四，5）。

乐俑　1件。

标本2001FBM10：19，泥质红陶。头戴鸡冠状高冠，凹眼，高鼻，双颧骨凸出，呈胡人相。双手于胸腹前，左上右下执箫做吹奏状。身着交衽尖领、短袖长袍，双腿跪坐，遮于袍内。模制。高20.3厘米（图二四，6；图版二六，4）。

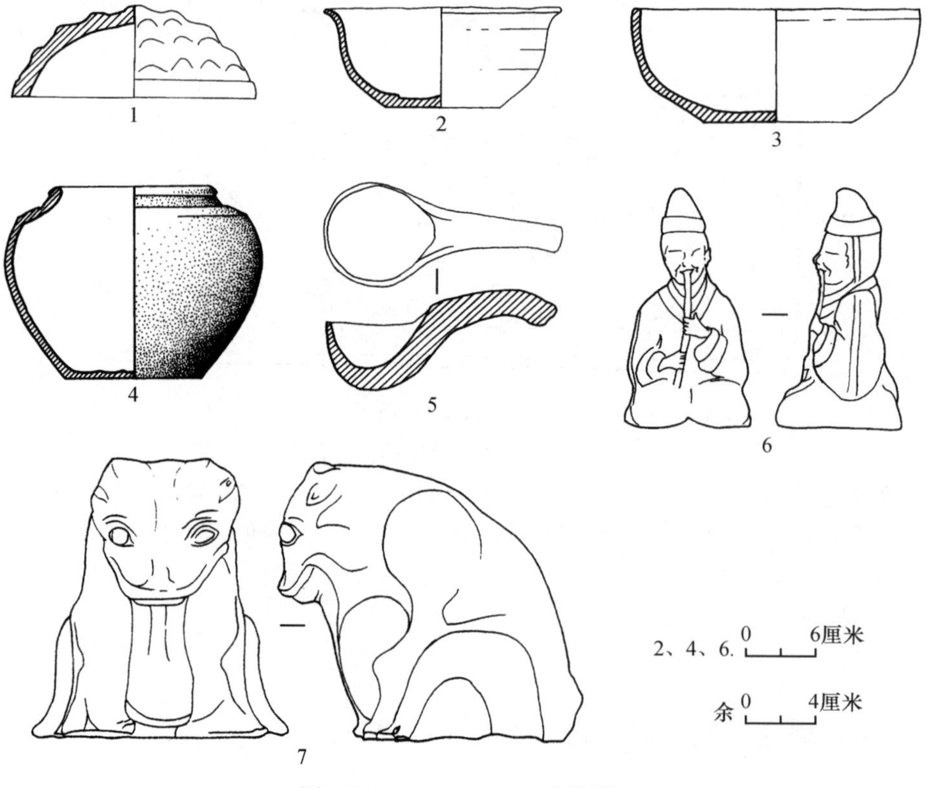

图二四　2001FBM10出土陶器

1. 博山炉盖（2001FBM10：18）　2. 碗（2001FBM10：3）　3. 钵（2001FBM10：31）　4. 罐（2001FBM10：4）　5. 勺（2001FBM10：20）　6. 乐俑（2001FBM10：19）　7. 镇墓兽（2001FBM10：2）

镇墓兽　1件。

标本2001FBM10：2，泥质红陶。做蹲踞状。尖耳微凸，眼球凸出，低头，阔口，长舌及地，短尾，面目狰狞，四肢强劲有力。模制。底宽15、通高16.3厘米（图二四，7；图版三二，1）。

十一、2001FBM11

（一）墓葬形制

2001FBM11，墓门方向150°，为砖石结合墓，保存较为完好。由于土地改造，券顶已暴露。墓底距地表深2.46米。墓道呈斜坡状，位于墓室正前端，上端口长4.3、宽0.14～0.5、底坡长6.35、深1.96米。墓圹长8、宽0.5～4.14米。墓室用长2、厚0.24米的青砂石错缝砌成；券顶则根据弧度用长宽不等的楔形条石纵砌而成。墓室长3.68、宽1.78、高2.1米，其内壁用小凿细修；墓室后壁修有长0.54、宽0.5、高0.56米的龛。墓底用长1.24、宽0.92、厚0.12米的两块青砂石作棺台平铺而成；棺台与墓室四周间距0.14米。墓室与墓道结合处有长1.4、宽0.11、厚0.06米的门槛。墓门由两块长2、宽0.7、厚0.1米，顶为弧形的石板组成，门外有四条长宽不等的青石作抵门石。再用青色汉砖残块错缝平砌一道比墓室左右各宽1.4米的翼墙。墓室内未发现人骨架，只发现少量的棺木腐朽痕迹，故头向不明（图二五）。

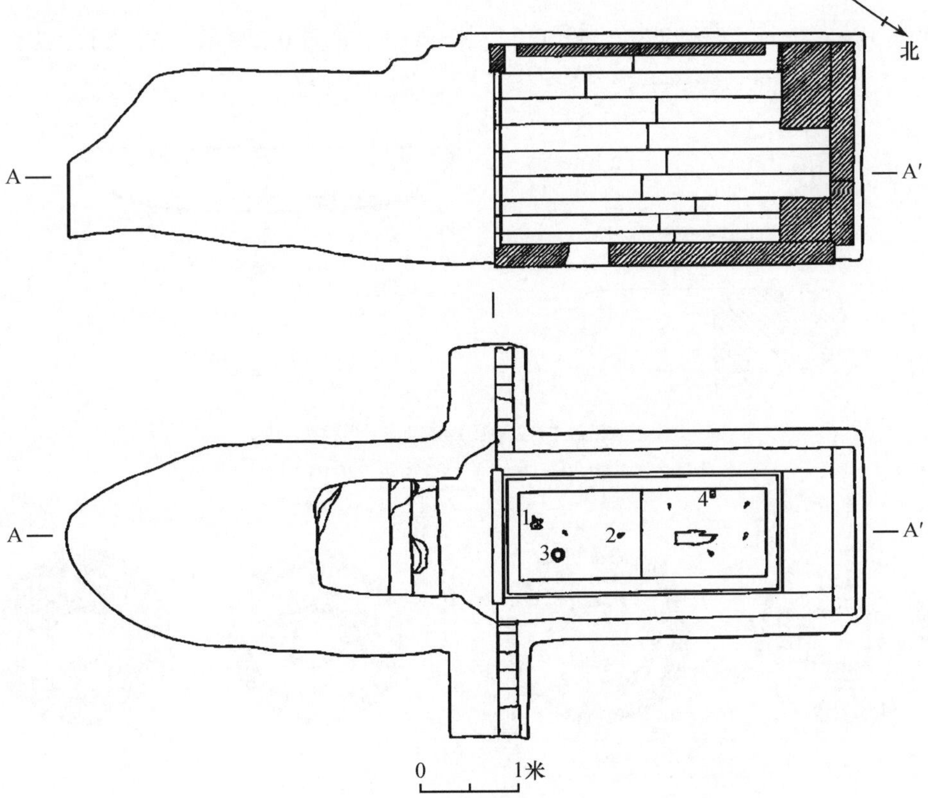

图二五　2001FBM11平、剖面图

1. 陶砚台　2、4. 铜钱　3. 瓷碟

（二）随葬器物

随葬品较少，只有1件影青瓷碟及1件小陶砚台。出土铜钱2枚，为“开元通宝”“嘉祐元宝”，共计4件随葬品。标本器物4件。

1. 陶器

砚台　1件。

标本2001FBM11：1，泥质红陶。手制。平面一端有一长方形凹槽砚池，砚面微凹。整体呈长方形实体。长6.4、宽3.9、厚2.1厘米（图二六，1）。

2. 瓷器

碟　1件。

标本2001FBM11：3，白瓷胎，影青。敞口，尖唇，斜弧壁，平底微内凹，内凹部分露胎，大开片。口径9、底径3.8、高1.6厘米（图二六，2；图版三四，1）。

3. 铜器

开元通宝　1件。

标本2001FBM11：2，直径2.4、穿径0.8、郭宽0.2厘米（图二七，1）。

嘉祐元宝　1件。

标本2001FBM11：4，直径2.3、穿径0.7、郭宽0.3、郭厚0.2厘米（图二七，2）。

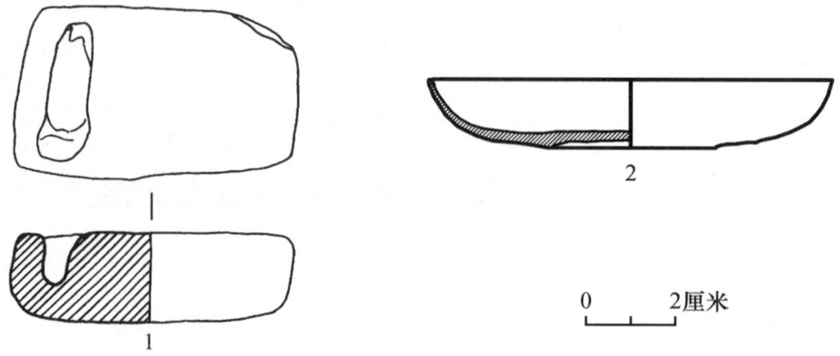

图二六　2001FBM11出土器物

1. 陶砚台（2001FBM11：1）　2. 瓷碟（2001FBM11：3）

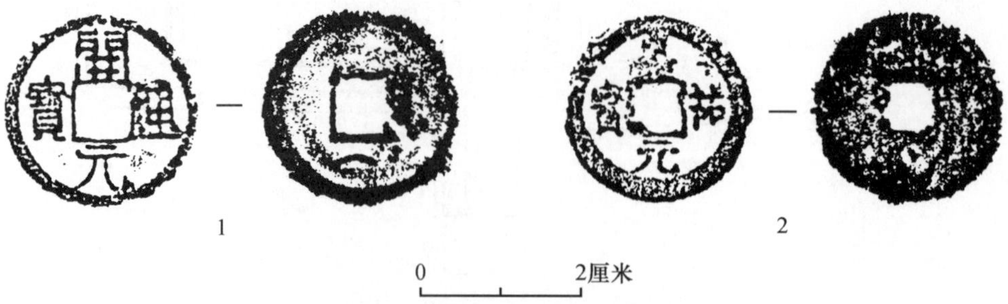

图二七　2001FBM11出土铜钱

1. 开元通宝（2001FBM11：2）　2. 嘉祐元宝（2001FBM11：4）

十二、2001FBM12

（一）墓葬形制

2001FBM12，长方形竖穴墓，方向65°。坑口被2001FBM11的墓道打破，故西南高东北低，其高差为0.9米。墓口距地表深0.1～0.2米，墓口以上为现代农耕土，墓口距墓底深2.9、长4.6、宽3.3米。坑壁基本垂直于墓底，壁上有明显的加工痕迹，根据这些痕迹观察，其开凿时使用大型的铁镐、锄之类工具，在修整坑壁时则用稍细的铁器进行修整。

墓坑东面深1.7米处凿有一棺台，宽1.3、高0.5米。墓坑底部基本水平，在南北两侧距坑壁0.2～0.4米处凿有两条凹槽，槽宽0.1～0.2、深0.1米，在坑底长3.14米，加上棺台的底部长度为1.16米，共长4.3米。这两道槽应是作为排水沟开凿的。墓葬未见封土，填土为以黄褐、红褐色页岩及灰褐色泥土为主的五花土，较为疏松，并夹有少量砾石。从墓口开始即发现东北部被2001FBM11的墓道打破。在填土内发现少量碎陶片，整个墓葬均被盗扰。该墓未见人骨（图二八）。

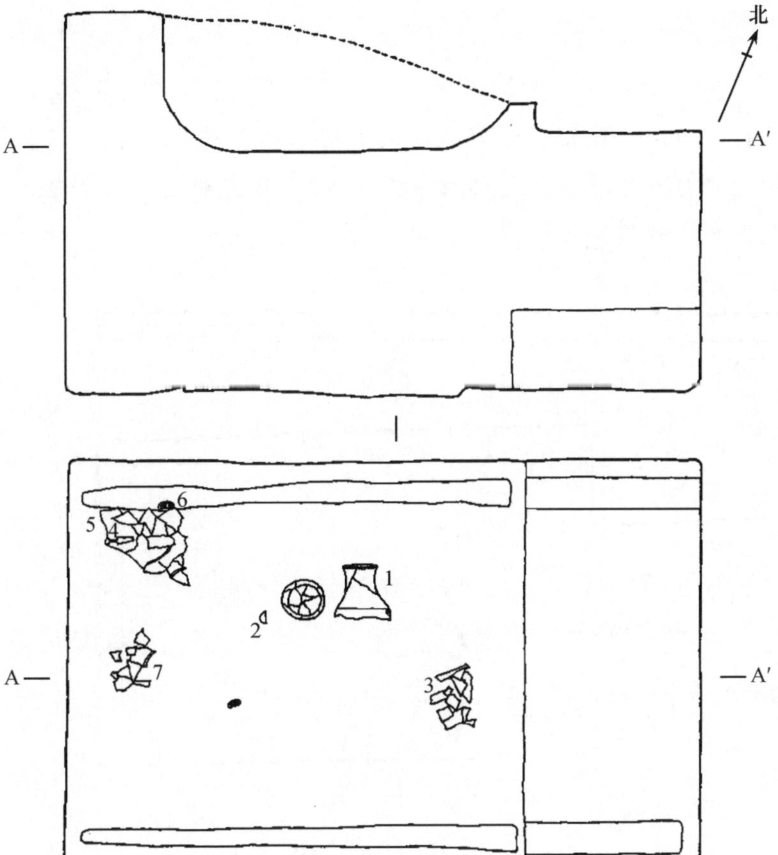

图二八　2001FBM12平、剖面图

1. 陶锺　2. 石器　3、5、7. 陶罐　4. 铁器　6. 铜钱

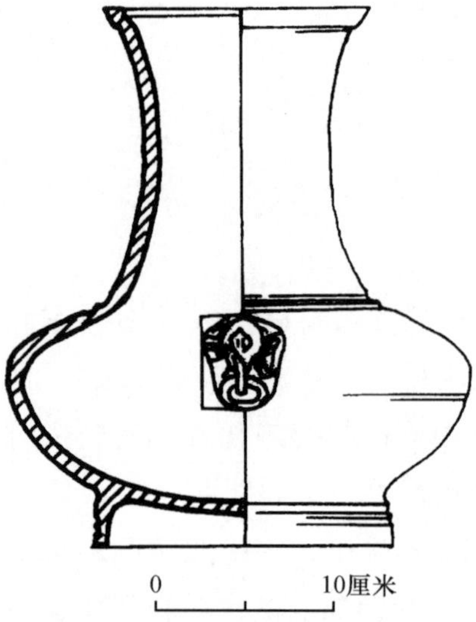

图二九　2001FBM12出土陶锺
（2001FBM12：1）

（二）随葬器物

随葬品因盗扰，放置无序。随葬品仅有陶锺、陶罐、铜钱残片、铁器残片及1件半圆形磨制石器。标本器物1件。

陶锺　1件。

标本2001FBM12：1，泥质红陶。浅盘状口，平沿，方唇，高颈，颈中部微束，溜肩，扁腹，矮圈足接于圜底。颈腹相交处、腹部、圈足上饰凹弦纹，上腹饰两对称铺首衔环。外部通体施酱釉，釉色干涩无光泽。轮制。口径15、腹径25.5、圈足径17.2、通高29.8厘米（图二九）。

十三、2004FBM13

（一）墓葬形制

2004FBM13，方向120°。墓口距地表深0.1～0.25、长5.75、宽1.4～2.75米，墓底距地表深0.3～0.45、长5.75米。2004FBM13为竖穴岩坑砖石结合墓，平面形状为“凸”字形，为先凿好一个岩坑后，再用烧制好的单面棱形花纹砖错缝平砌，墓底采用砂石垫平，填土为五花土，墓道不清，未发现人骨架及葬具（图三〇）。

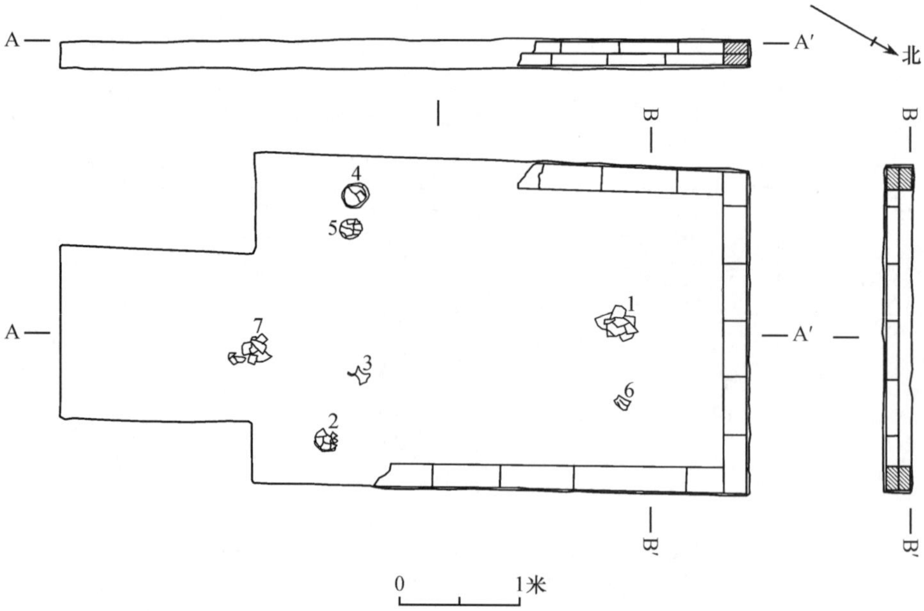

图三〇　2004FBM13平、剖面图
1. 陶罐　2. 陶钵　3. 陶灯　4、5、7. 陶盖　6. 陶俑头

（二）随葬器物

随葬品有陶罐、钵、灯、盖、俑头等。因扰乱严重，器物较残，共计7件。标本器物4件，均为陶器。

钵　1件。

标本2004FBM13：2，泥质灰陶。圆唇，敞口，沿外卷，束颈，鼓肩，下腹斜收。轮制。口径22、底径6.2、高6厘米（图三一，3）。

盖　2件。

标本2004FBM13：4，泥质红陶。弧顶，子榫。盖面有三颗乳钉状纽。盖径15.8、高3.2厘米（图三一，2）。

标本2004FBM13：7，泥质红陶。弧顶，子口，浅盘。口径14、高2.3厘米（图三一，1）。

灯　1件。

标本2004FBM13：3，泥质红陶。敞口，方唇，宽沿，高柄中空，喇叭状圈足，施酱釉，浅折盘。轮制。口径10.2、底径11.7、高13.5厘米（图三一，4）。

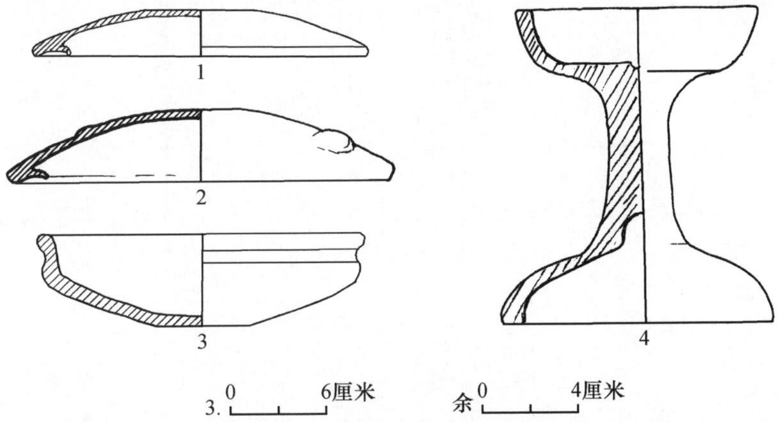

图三一　2004FBM13出土陶器

1、2. 盖（2004FBM13：7、2004FBM13：4）　3. 钵（2004FBM13：2）　4. 灯（2004FBM13：3）

十四、2004FBM14

（一）墓葬形制

2004FBM14，方向251°，墓室长5.44、宽4.5、深3.5米。开口距地表0.2～0.4米，其南壁被2004FBM13打破，扰乱严重。该墓早年被盗，在东、南、北三壁各有一个直径约1米的盗洞，均从开口直至墓底，打破二层台。盗洞填土呈深褐色，土质疏松，南壁盗洞中残留陶罐和陶片。二层台宽0.6～0.7、高1.7～1.8米，四壁有零星的木椁朽迹。二层台北部有一条长5.44、宽深0.1米的小沟，纵剖面略呈“U”形，应作排水之用。

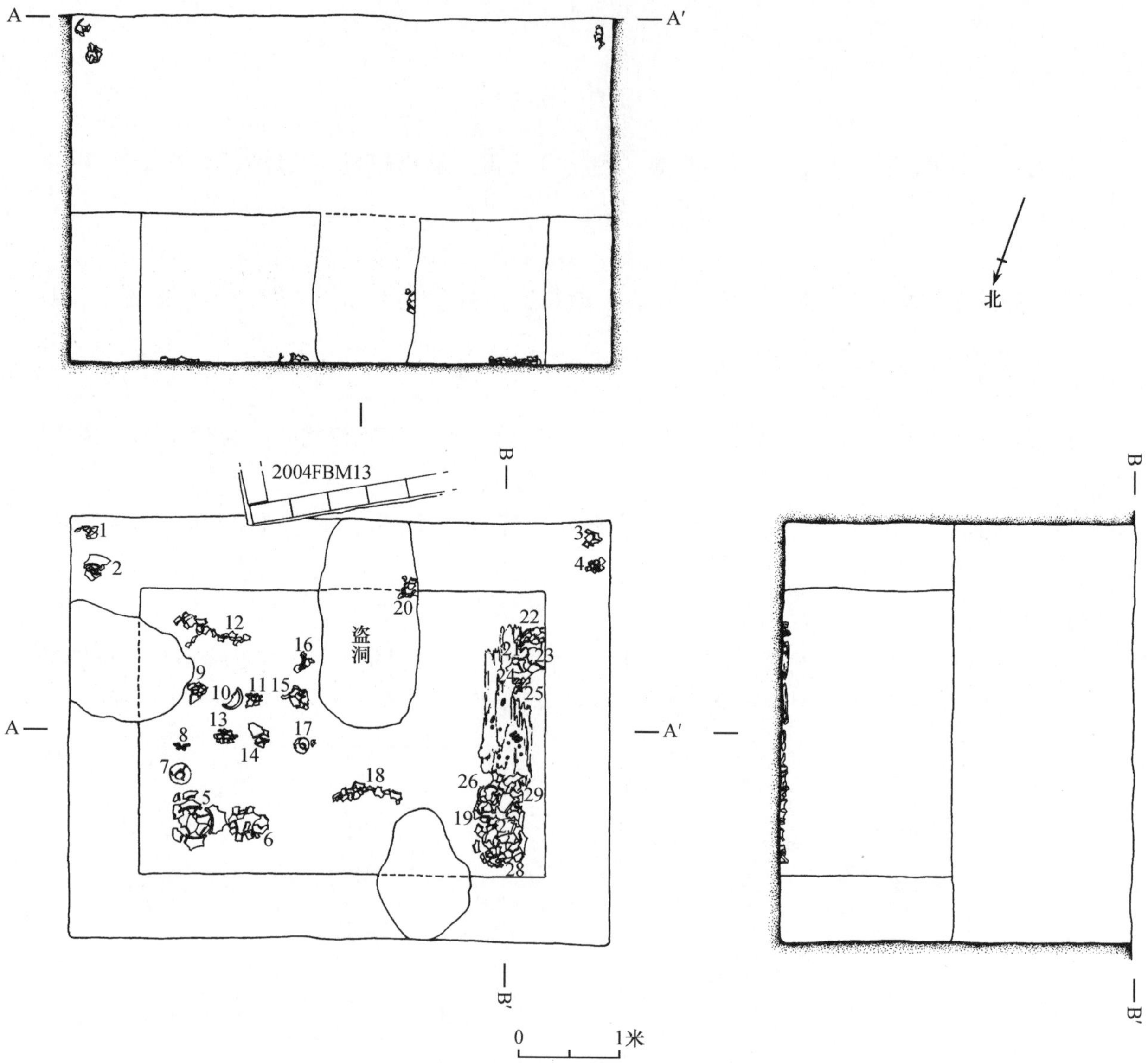

图三二　2004FBM14平、剖面图

1、4、5、12、13、15、20、22～25、27～29. 陶罐　2. 陶釜　3、7. 陶壶　6. 陶井　8. 铜钱　9. 陶盖、锺　10. 陶钵　11. 陶灯　14、16. 陶盆　17. 陶锺　18. 陶片　19. 陶井架　21. 陶井盖　26. 陶鼎

在墓底西部有大量的漆皮痕迹，棺木应是纵向紧贴椁壁放置。人骨保存差，葬式不明，棺部随葬数件陶器及铜钱（图三二；图版五，1）。

（二）随葬器物

该墓已被盗扰，随葬品散布于墓底东部，以陶盆、罐为主。标本器物6件，均为陶器。

罐　1件。

标本2004FBM14：22，泥质灰陶。口微侈，溜肩，鼓腹，下腹弧收，平底。肩部饰两周凹弦纹。火候较高，轮制。口径11、底径16、高18厘米（图三三，1）。

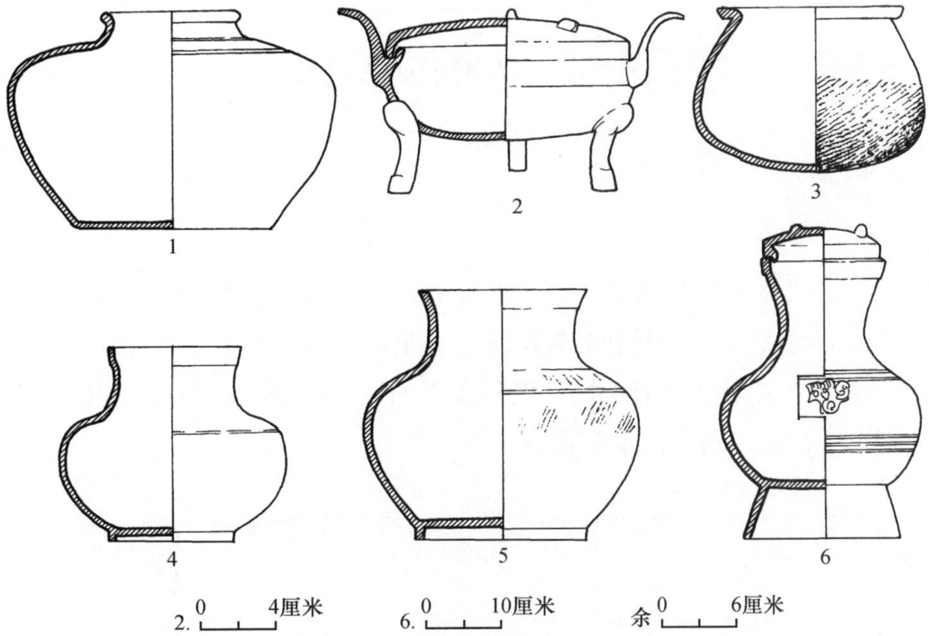

图三三 2004FBM14出土陶器

1. 罐（2004FBM14：22） 2. 鼎（2004FBM14：26） 3. 釜（2004FBM14：2） 4、5. 壶（2004FBM14：3、2004FBM14：7） 6. 锺（2004FBM14：9-1-2）

釜 1件。

标本2004FBM14：2，泥质灰陶。敞口，平沿，鼓腹下垂，圜底。腹及底部饰粗绳纹。火候较高，轮制。口径15.2、高13.8厘米（图三三，3）。

壶 2件。

标本2004FBM14：3，泥质灰陶。盘状口。圆唇，短领，扁鼓腹，平底。上腹饰一周凹弦纹。轮制。口径11、腹径18.2、底径10.4、高16.2厘米（图三三，4）。

标本2004FBM14：7，泥质褐陶。敞口，圆唇，短束领，球形腹。上腹饰绳纹及一周凹弦纹。轮制。口径14、腹径22.1、底径14、高20.6厘米（图三三，5）。

锺 1件（套）。

标本2004FBM14：9-1-2，泥质红陶，外部通体施绿釉。高束颈，方唇，扁圆腹，高大圈足外撇。颈、腹处饰两周凹弦纹，肩腹处有对称的两个铺首。有弧顶式盖，子母榫盖上有三个乳钉状纽。轮、手合制。口径16.5、腹径27.5、底径22、通高43.5厘米（图三三，6）。

鼎 1件。

标本2004FBM14：26，泥质红陶。鼎身子母榫，浅弧腹，圜底近平，下附三只短蹄足。有一对称附耳外撇。弧形盖，盖顶有三半圆形纽。盖、身扣合严实。轮、手合制。口径21.8、通高15.8厘米（图三三，2；图版三三，7）。

十五、2004FBM15

（一）墓葬形制

2004FBM15，长方形竖穴岩坑墓，开口距地表深0.3～0.65、长5.1、宽3米，墓底距地表深4.05～4.35、长5.1、宽3.3米，墓内填土为青灰色五花土，方向230°。葬具应为一棺一椁，但现仅存少量漆皮痕迹，人骨架已全部粉掉，仅剩极少的牙齿痕迹。在离墓底近1米处留有宽50厘米的二层台，在二层台的一角有大量鹅卵石（图三四）。

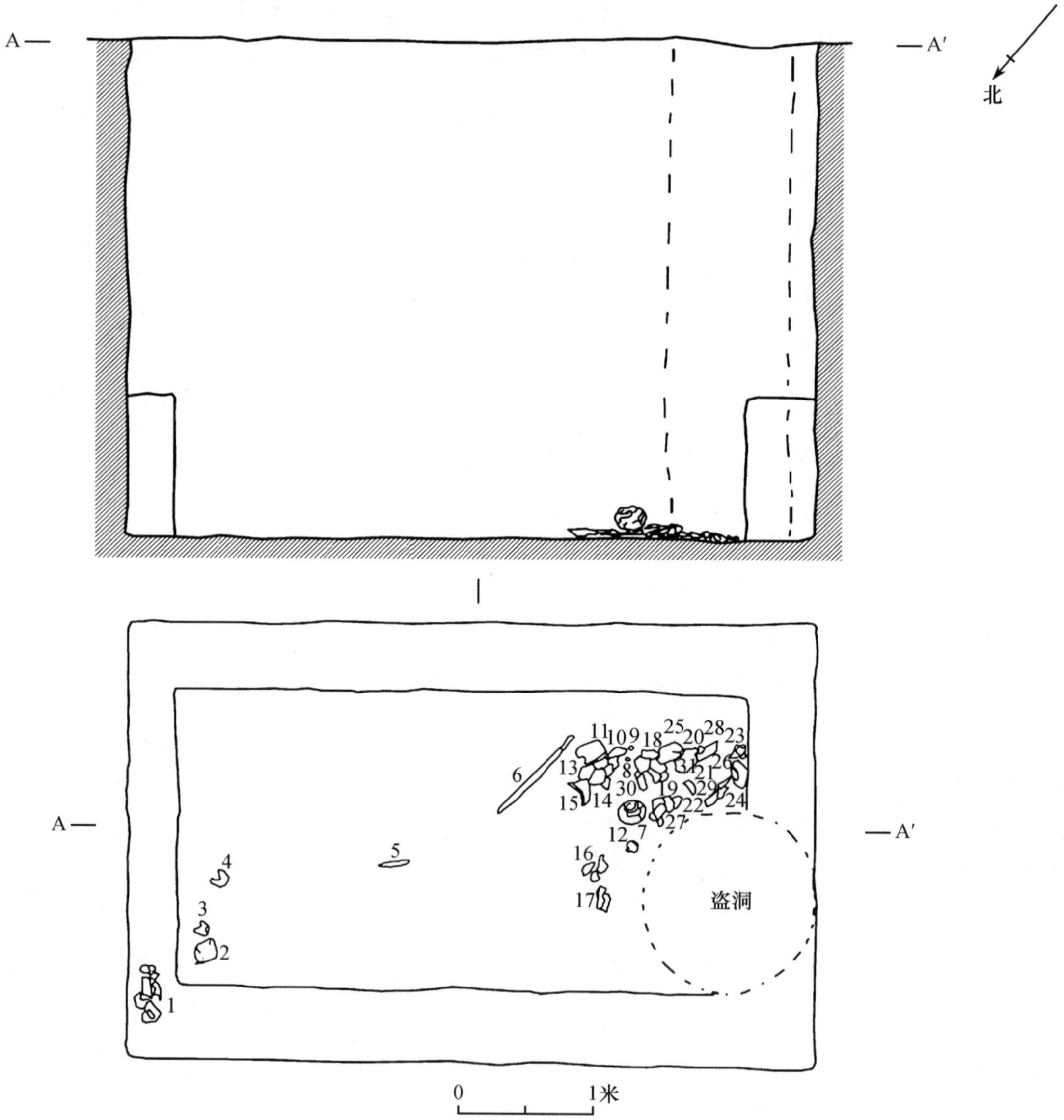

图三四　2004FBM15平、剖面图

1、7、14、15、18～21、28～30. 陶罐　2～4. 铁器　5. 铜矛　6. 铁剑　8. 铜镜　9. 铁削　10. 铜削　11. 铜钱　12. 陶博山炉（套）　13. 铜环　16. 陶盆　17. 陶钫　22～27. 陶钵　31. 陶盖

（二）随葬器物

2004FBM15共出土器物31件。在南部二层台发现1米宽的盗洞。出土器物有陶罐、陶盆、陶钵、陶盖、铜矛、铁剑、铜钱、铜镜、铜削、铜环等。标本器物9件。

1. 陶器

罐　3件。

标本2004FBM15：1，泥质褐陶。腹微鼓。轮制。口径13、底径18.4、高25.2厘米（图三五，1）。

标本2004FBM15：7，泥质灰陶。敞口，圆唇，卷沿，溜肩。颈部饰一道凹弦纹。轮制。口径11、底径10、高15.6厘米（图三五，3）。

标本2004FBM15：15，泥质褐陶。鼓腹。腹部及肩部饰绳纹。轮制。口径13.1、底径12.6、高16.7厘米（图三五，2）。

钵　1件。

标本2004FBM15：22，泥质褐陶。敞口，无沿，厚圆唇，折腹，上腹较斜，下腹微凹，小平底。素面。口径19.4、底径6、高6厘米（图三五，5）。

博山炉　1件（套）。

标本2004FBM15：12，泥质灰陶。外壁通体呈黑色，子母榫，折壁较直，外壁饰一周镂空菱形棂格，柄中空较矮，喇叭状座。带盖，盖表饰镂菱形棂格，其间戳有穿孔。轮、手合制。口径11.5、底径8.3、通高14.5厘米（图三五，6）。

盖　1件。

标本2004FBM15：31，泥质灰陶。喇叭状，器盖壁斜直，方唇，粗矮圆形捉手。盖径27.9、高10.4厘米（图三五，4）。

2. 铜器

矛　1件。

标本2004FBM15：5，刃部锈蚀严重，圆弧形高脊。身窄为柳叶形，双弓形耳位于骹上部，两侧紧接叶基，骹较长呈圆形，骹内残存木柄碎末。骹长5、骹径2、矛身最宽处2.9、通长23厘米（图三五，8）。

镜　1件。

标本2004FBM15：8，部分残缺。圆形，面微凸，背中心饰一桥形纽，外圈饰忍冬花纹。直径10.5、厚0.2厘米（图三五，7）。

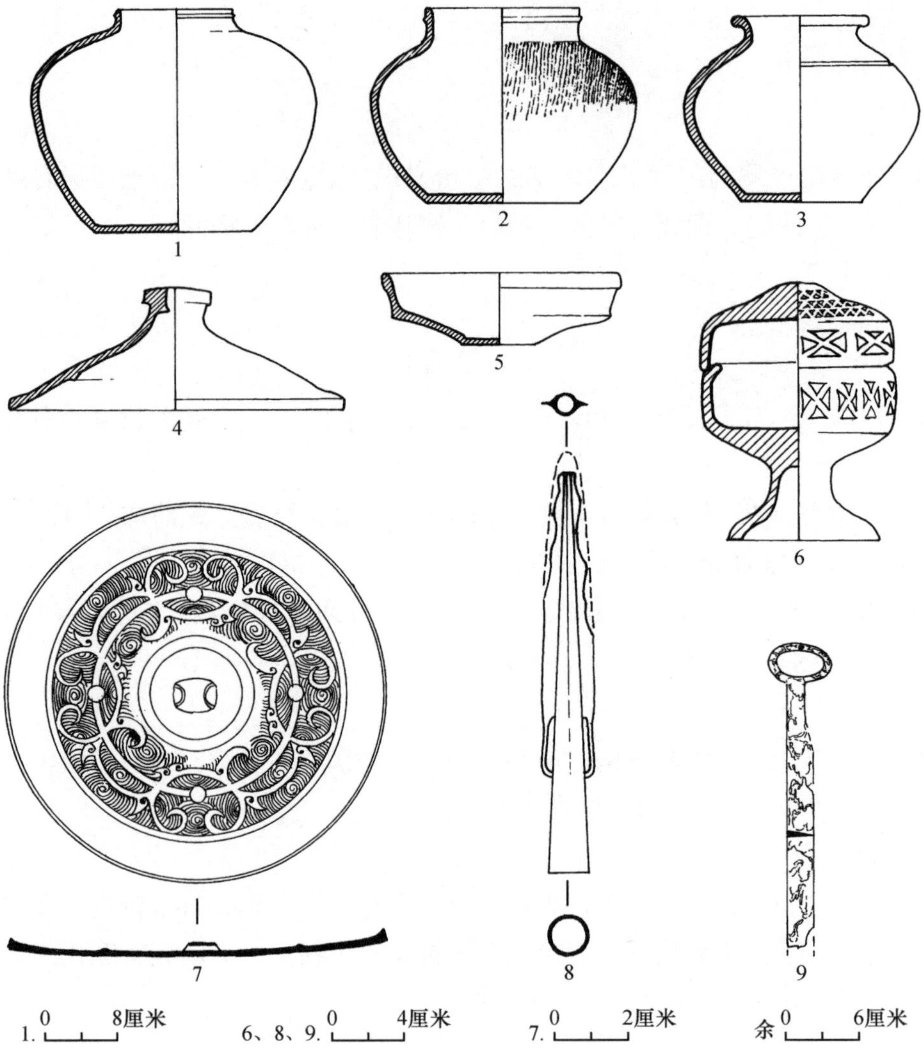

图三五　2004FBM15出土器物

1～3. 陶罐（2004FBM15：1、2004FBM15：15、2004FBM15：7）　4. 陶盖（2004FBM15：31）　5. 陶钵（2004FBM15：22）　6. 陶博山炉（2004FBM15：12）　7. 铜镜（2004FBM15：8）　8. 铜矛（2004FBM15：5）　9. 铁削（2004FBM15：9）

3. 铁器

削　1件。

标本2004FBM15：9，环手、长方形柄。削尖残缺，刃部残为两段。整体呈长方条形，背略弧凹，断面呈三角形。素面。柄、首、身合制。锈蚀严重。残长16.6、环首直径1.6厘米（图三五，9）。

十六、2004FBM16

（一）墓葬形制

2004FBM16，方向257°，墓室开口距地表约0.8米。该墓应直接开口于耕土层下，因盗扰严重，仅存墓室底部。墓室长4.56、宽3.4、残高0.5米。该墓是先掘竖穴土坑，再继续向下凿成岩坑，墓底用细砂填铺平整。墓底中央有一层用素面砖错缝并排平铺的地砖，东西长4、南北宽2.6米。自西向东倾斜，大致可分东、中、西阶，应是地层下陷所致。未发现葬具、人骨，葬式不明（图三六）。

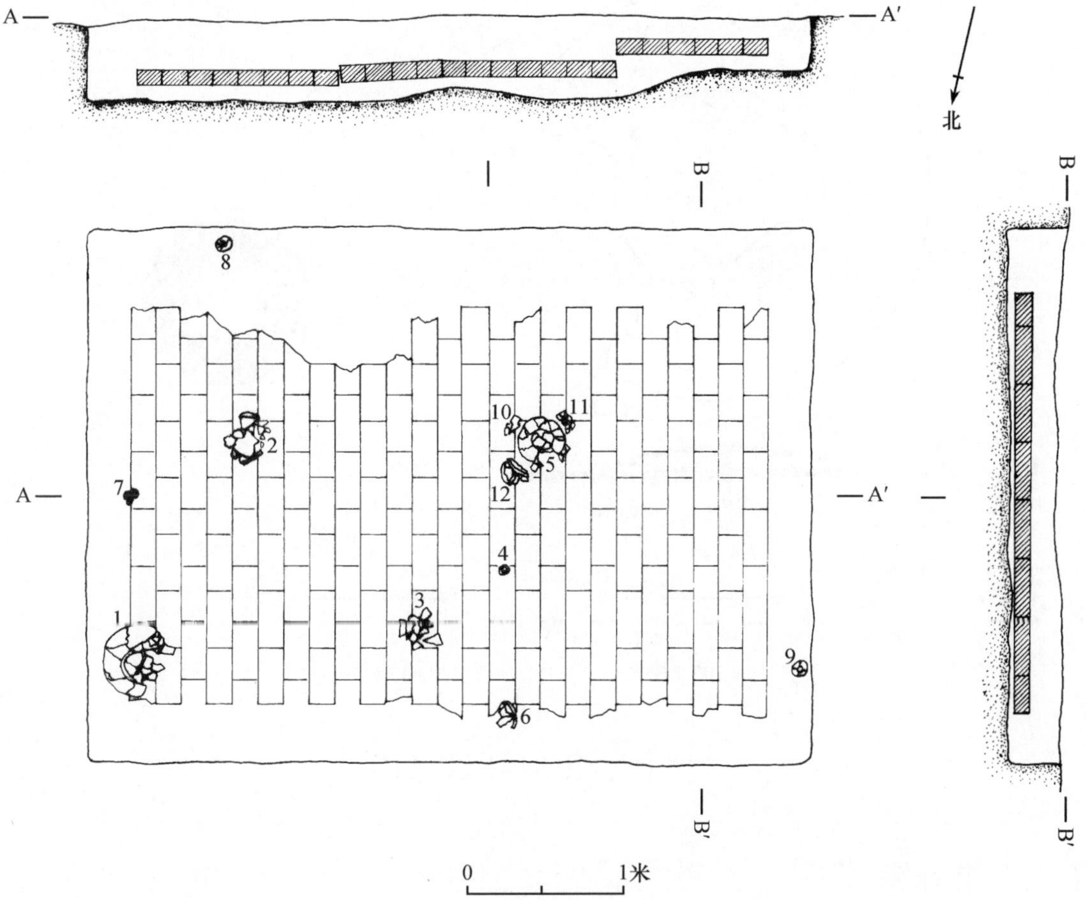

图三六　2004FBM16平、剖面图

1、7. 铜钱　2. 铜泡　3、5. 陶盆　4. 铜钉　6、10、11. 陶钵　8、9. 铜器　12. 陶罐

（二）随葬器物

随葬品中陶器有罐、钵、盆等。铜器主要散布在地砖边缘。标本器物2件，均为铜器。

泡　1件。

标本2004FBM16：2，由圆形盖与钉组合，泡表面呈弧形体，鎏金。直径11.2、高2厘米（图三七，1）。

半两　1件。

标本2004FBM16：1，钱文清瘦规范，铸工精良。圆形方穿，绝大多数内外无郭，穿两侧对列篆书“半两”二字。钱径2.5、穿径0.9厘米（图三七，2）。

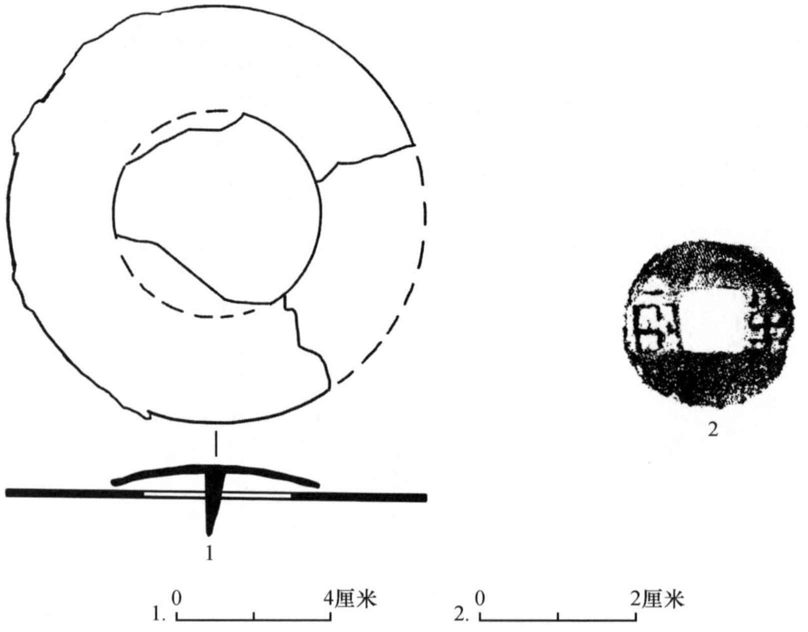

图三七　2004FBM16出土铜器

1. 泡（2004FBM16：2）　2. 半两（2004FBM16：1）

十七、2004FBM17

（一）墓葬形制

2004FBM17，竖穴土坑砖室墓，平面呈“凸”字形，方向146°。开口距地表深0.2～0.3、长5、宽1.9～4米，墓底距地深表2～2.45米，由墓室、甬道、墓道组成，墓道长1.2、宽1.9米，呈斜坡状，墓室由烧制的单面花纹子母砖错缝平砌，顶部就见券拱痕迹，墓室内填土为五花土，无铺地砖，底部为天然页岩，不平整。整个墓葬扰乱严重，未发现人骨架及葬具。

该墓因早年被盗扰，器物分布不规则，较零乱，在盗洞填土里发现许多碎陶片（图三八；图版五，2）。

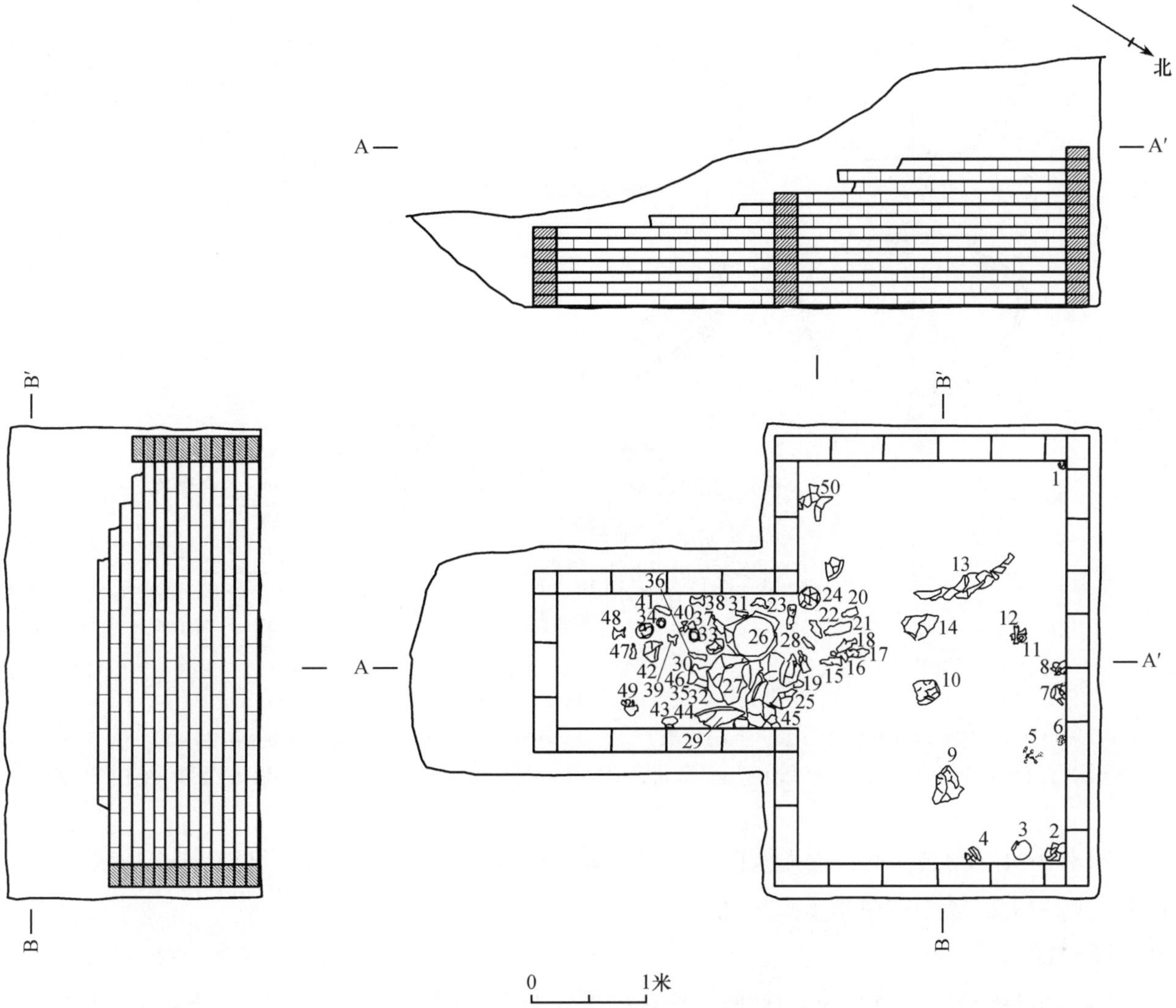

图三八 2004FBM17平、剖面图

1. 铁器 2～4、7～11、13、14、24、26、27、33、37、49. 陶罐 5. 铜摇钱树枝 6. 铜钱 12. 陶碟 15～20、22、28、30、31、34、36、40、47. 陶俑 21. 陶猪 23、29、42、43、45. 陶钵 25. 陶盆 32、41、46. 陶鸡 35. 玻璃耳珰 38、39. 陶灯 44. 陶盖 48. 陶熏炉 50. 陶片

（二）随葬器物

出土器物较多，可辨认器形的有陶罐、陶钵、陶俑、陶灯，铜摇钱树枝，玻璃耳珰等。标本器物15件。

1. 陶器

罐 3件。

标本2004FBM17：13，泥质褐陶。敛口，短领，圆唇，圆肩，鼓腹。素面。轮制。口径10.5、底径7.4、高13.6厘米（图三九，2）。

标本2004FBM17：24，泥质灰陶。圆唇。轮制。口径10.2、底径9、高12.6厘米（图三九，1）。

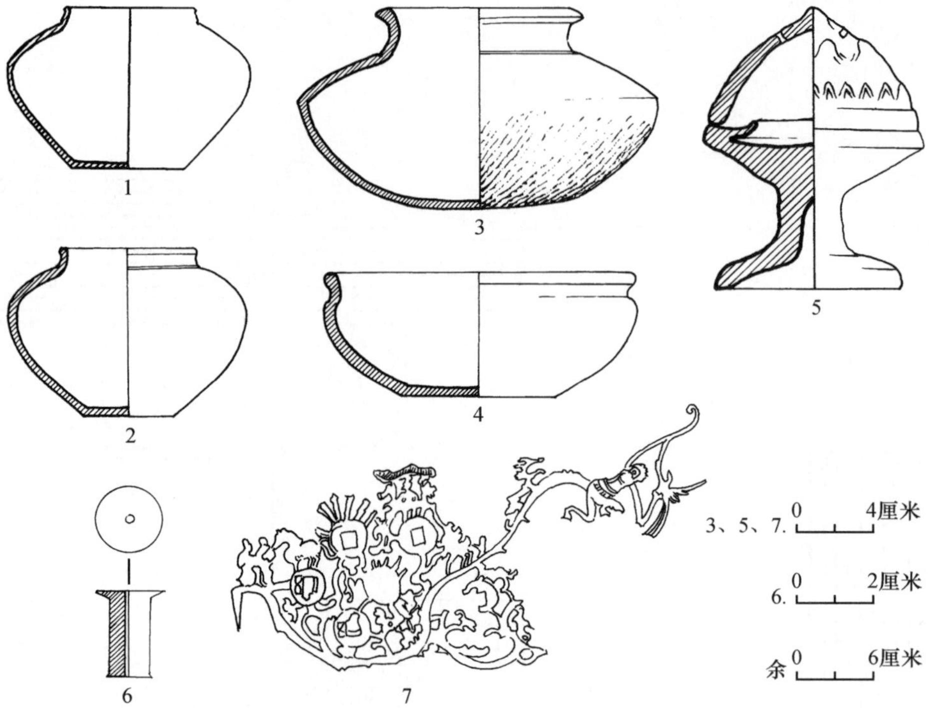

图三九　2004FBM17出土器物

1～3. 陶罐（2004FBM17：24、2004FBM17：13、2004FBM17：49）　4. 陶钵（2004FBM17：42）　5. 陶熏炉（2004FBM17：44、2004FBM17：48）　6. 玻璃耳珰（2004FBM17：35）　7. 铜摇钱树枝（2004FBM17：5）

标本2004FBM17：49，泥质灰陶。直口，矮领，束颈，卷沿，圆唇，腹呈仰半球状。口径11.2、腹径19.2、高10.2厘米（图三九，3）。

钵　1件。

标本2004FBM17：42，泥质褐陶。腹部浑圆，敞口，圆唇，束颈短直，鼓肩，腹斜收，小平底。素面。轮制。口径25、底径 12.1、高 9.9厘米（图三九，4）。

熏炉　1件（套）。

标本2004FBM17：48，泥质红陶。盘较浅，圆唇，盘壁较斜，柄部内曲，盘状座。柄中空较矮。轮、手合制（图三九，5）。

标本2004FBM17：44，泥质红陶，施黄绿釉。盖表饰乳突，其间戳有穿孔。口径11.2、底径9.8、通高15厘米（图三九，5）。

俑　5件。

女侍俑　标本2004FBM17：30，头着方巾，脑后正中留有一小发辫，面目清楚，内着圆领，外罩交衽宽袖，裙摆拖于地。高19.8厘米（图四〇，4；图版二七，2）。

男侍俑　标本2004FBM17：17，头着方冠，面部眉目不清，身着宽袖交领长袍，袍拖于地，较胖，足尖露于袍外。高23.2厘米（图四〇，2）。

顶罐俑　标本2004FBM17：19，泥质红陶。立姿，面目不清，右衽宽袖长裙，足尖外露。右手扶罐顶于头上，左手放于胸前。高18.2厘米（图四〇，3；图版二七，1）。

持袋俑　标本2004FBM17：22，泥质红陶。立姿，圆顶冠，面目不清，右衽宽袖长袍，可见袍内裙摆及双足尖，左手持袋于胸前，右手紧握袋口。高 19.2厘米（图四〇，5）。

宽衣俑　标本2004FBM17：47，泥质红陶。立姿，裹发，面部模糊，右衽宽袖及地长袍，足尖外露，双手放于胸前衣领处做宽衣状。高14厘米（图四〇，1；图版二七，3）。

鸡　2件。

泥质红陶，均为左右两部分分制合成。

标本2004FBM17：32，泥质红陶。子母鸡，昂头，翘尾，俯卧。鸡背，双翼及前腹共有4只小鸡，俯卧状。高10.2、长13.4厘米（图四〇，8；图版三〇，4）。

标本2004FBM17：41，泥质红陶。雄鸡，昂头，翘尾，双足分开，站立。高14.4、长15.4厘米（图四〇，7；图版三〇，5）。

猪　1件。

标本2004FBM17：21，站立状，耸耳，嘴部张开，齿部外露，卷尾，前背高脊，体肥似家猪。高12.2、长22.2厘米（图四〇，6；图版三一，2）。

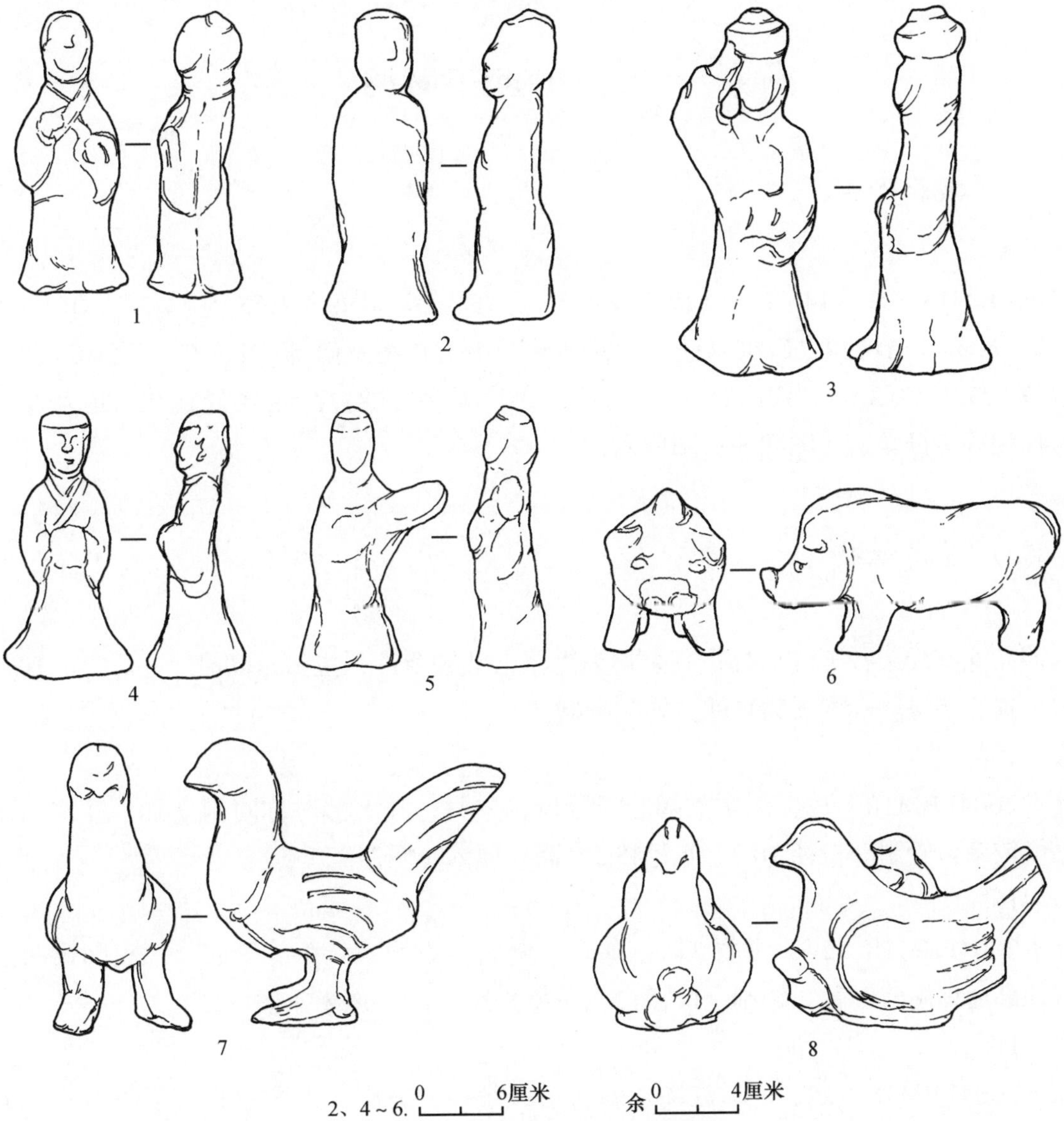

图四〇　2004FBM17出土陶俑

1. 宽衣俑（2004FBM17：47）　2. 男侍俑（2004FBM17：17）　3. 顶罐俑（2004FBM17：19）　4. 女侍俑（2004FBM17：30）
5. 持袋俑（2004FBM17：22）　6. 猪（2004FBM17：21）　7、8. 鸡（2004FBM17：41、2004FBM17：32）

2. 铜器

摇钱树枝　1件。

标本2004FBM17：5，均断裂，残存树枝，为青铜浇铸。各枝叶茂盛，果实累累。各枝叶缀满五铢钱币和人物、动物图案，有西王母、伎乐，同时也有牛羊、凤鸟和表现凡人的农耕、杂耍等生活图案。残高15、宽25 厘米（图三九，7）。

3. 其他

玻璃耳珰　1件。

标本2004FBM17：35，玻璃质，深蓝色。器形较大，束腰圆柱状，中间有一通穿，已接近于现代玻璃。模制。大台面径1.8、小台面径1.2、高2.3厘米（图三九，6；图版三八，2）。

十八、2004FBM18

（一）墓葬形制

2004FBM18，方向146°，竖穴岩坑墓圹。墓道呈斜坡状，长1.65、宽1.3、深0.1～1.26、坡长2米。砖券顶已垮塌，砖砌墓壁，无铺地砖。甬道在墓室南部，长1.96、宽1.65、残高0.8米。墓室长3.7、宽2.64、残高1.7米。葬具、人骨无存。随葬品主要分布在甬道及墓室西北部，器物相簇十分紧密（图四一；图版六，1）。

（二）随葬器物

随葬品除有10余枚五铢币外，其余均为陶器，共30余件，主要是陶罐、钵、盆、房、井、俑、鸡、狗、猪等。标本器物11件，均为陶器。

罐　1件。

标本2004FBM18：12，泥质灰陶。子母口，方唇，腹上部对称附两立耳，并饰三道凹弦纹，火候较高。轮制。口径 10.2、底径13.5、高12厘米（图四二，5）。

釜　1件。

标本2004FBM18：29，泥质红陶。侈口，圆唇，束颈，鼓腹，平底。颈腹间饰凹弦纹一道，器外部通体施酱红釉。轮制。口径12、底径 8.2、高10.5厘米（图四二，2）。

钵　1件。

标本2004FBM18：28，泥质红陶。斜折沿，敞口，方唇，上腹较直，下腹斜收。火候较低。轮制。口径24.8、底径7、高7.5厘米（图四二，1）。

匜　1件。

标本2004FBM18：30，泥质红陶，内外施酱黄釉，多削落。敛口，腹较浅。柄为手制。圆

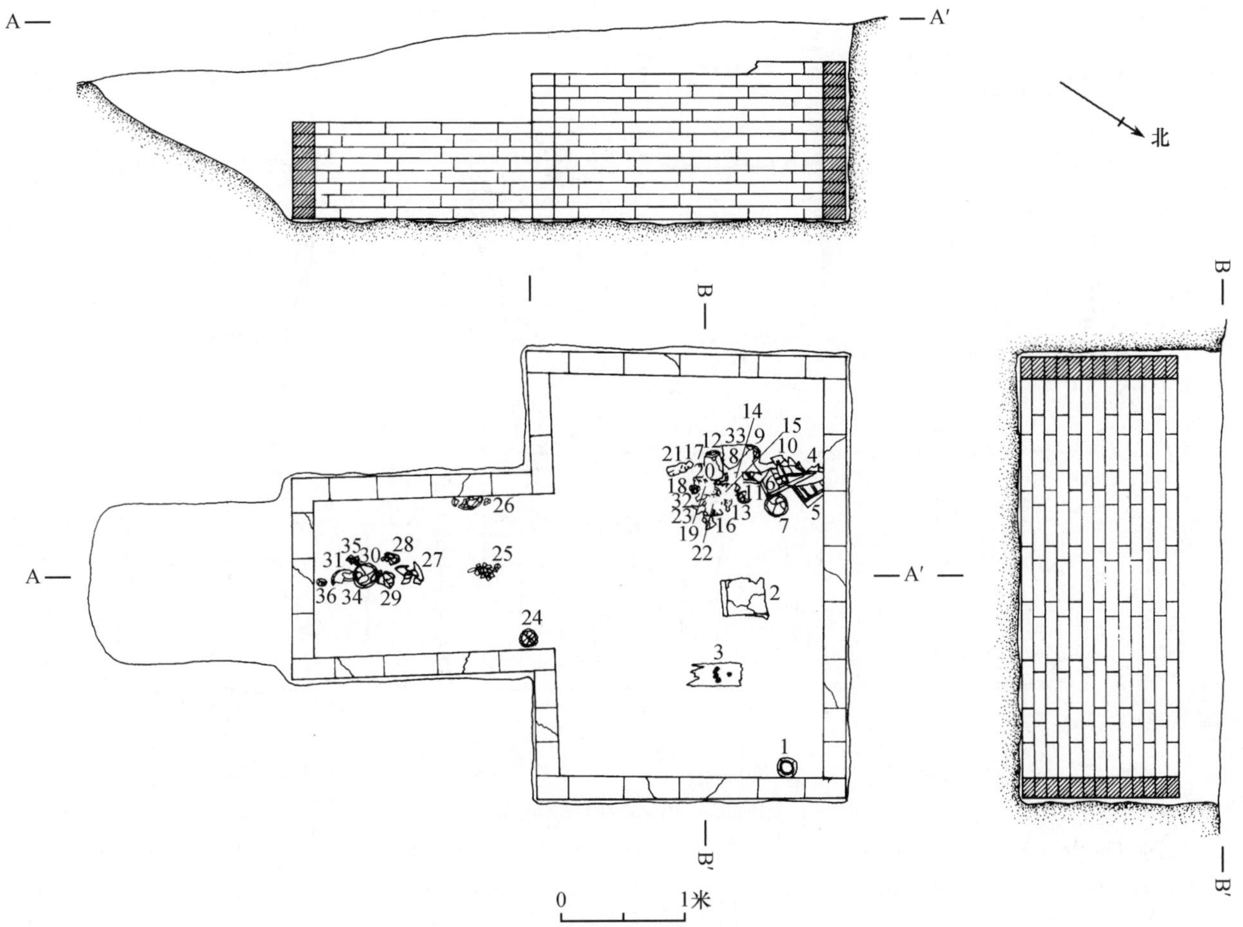

图四一　2004FBM18平、剖面图

1. 陶井　2、4、5、8. 陶房　3. 铜钱　6. 陶塘　7、9、19、25、28、33. 陶钵　10、12、31、35. 陶罐　11、27. 陶盆　13～18、26. 陶俑　20. 陶熏炉　21. 陶狗　22. 陶子母鸡　23. 陶鸡　24. 陶盖　29. 陶釜　30. 陶匜　32. 陶猪　34. 陶勺　36. 陶杯

唇，弧腹。口、腹部各有一周凹弦纹，带一兽头状柄。火候较低。轮制。口径17.2、底径5.6、高6.6厘米（图四二，4）。

杯　1件。

标本2004FBM18：36，泥质红陶。方唇，敛口，筒形腹，平底。上腹有一周凹弦纹。轮制。口径9.2、底径6.4、高8厘米（图四二，6；图版三三，6）。

井　1件。

标本2004FBM18：1，泥质灰陶。圆唇，敛口，无领，平折肩，肩较窄，筒形腹，下腹近底处略斜收，平底。素面。轮制。口径12.6、底径13.5、高17.4厘米（图四二，8）。

熏炉　1件。

标本2004FBM18：20，泥质红陶。柄中空较高。盘较浅，圆唇，盘壁微鼓，喇叭状座。轮制。口径7.8、高8.5、底径13厘米（图四二，7）。

盖　1件。

标本2004FBM18：24，泥质红陶，外壁施酱釉。平顶，覆钵状，平口，盖身较浅。口沿下有两道凹弦纹。轮制。盖径17.4、高6.3厘米（图四二，3）。

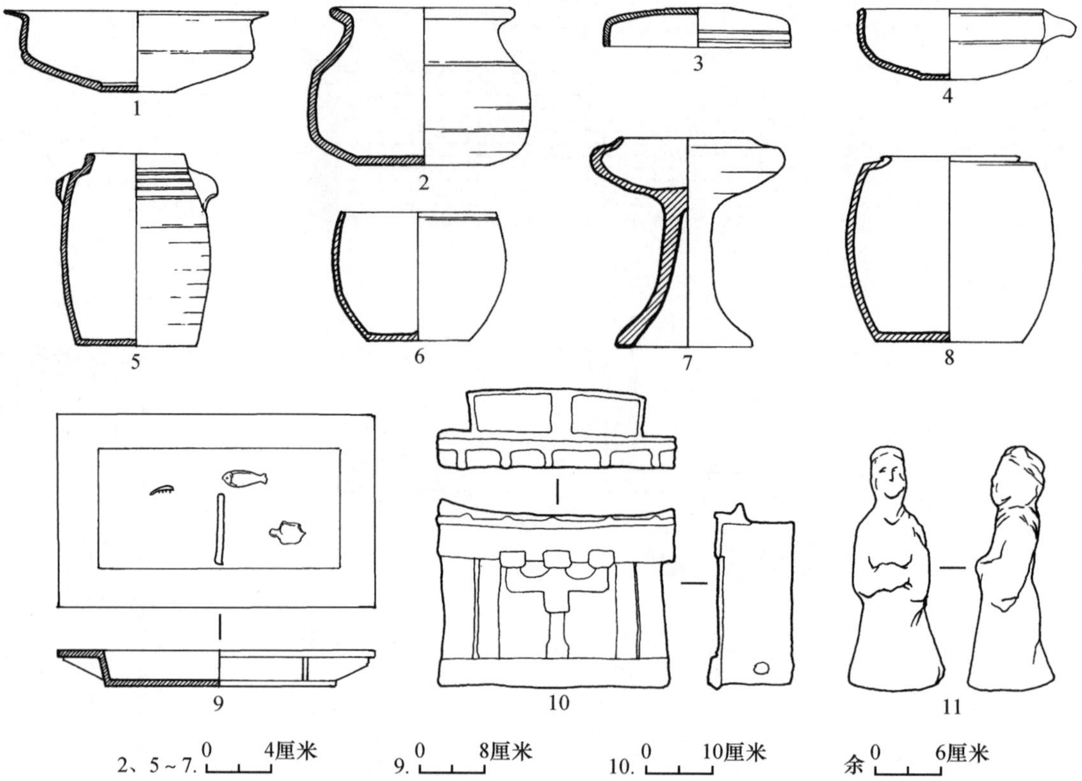

图四二　2004FBM18出土陶器

1. 钵（2004FBM18：28）　2. 釜（2004FBM18：29）　3. 盖（2004FBM18：24）　4. 匜（2004FBM18：30）　5. 罐（2004FBM18：12）　6. 杯（2004FBM18：36）　7. 熏炉（2004FBM18：20）　8. 井（2004FBM18：1）　9. 塘（2004FBM18：6）　10. 房（2004FBM18：4）　11. 女侍俑（2004FBM18：14）

房　1件。

标本2004FBM18：4，泥质灰陶。残剩底层。剖面呈横长方形，三柱二开间，平台基。平檐伸出屋面，檐面横列脊一条，两领上翘，纵施筒瓦五组，屋面左、右各立一角柱，中立一柱，柱上一斗三升承檐。火候较高，先制成各部构件后拼接而成。长37.5、宽12.5、残高29厘米（图四二，10）。

塘　1件。

标本2004FBM18：6，泥质红陶。长方形，口大底小，中用堤半分，塘内泥塑鱼、螺、鳖各一，平底。口、底、壁分制后拼接而成。火候较低。口长 39.4、宽24、底长28.8、宽16、高5厘米（图四二，9）。

俑　1件。

女侍俑　标本2004FBM18：14，左后脑有一小发辫，面部眉目清楚，内着圆领衫，外罩交衽宽袖及地长裙。高23厘米（图四二，11）。

十九、2004FBM19

（一）墓葬形制

2004FBM19，竖穴土坑砖石结合墓葬，平面呈“凸”字形，方向221°。开口距地表深0.2～0.4、长4.3、宽0.84～3.9米，墓底距地深表1.4～1.8、长4.3、宽0.84～3.9米。整个墓室是先挖一个竖穴土坑，再由单面花纹砖错缝平砌而成，无铺地砖。

由于扰乱严重，整个墓葬未发现人骨架和葬具，只有少量遗物（图四三）。

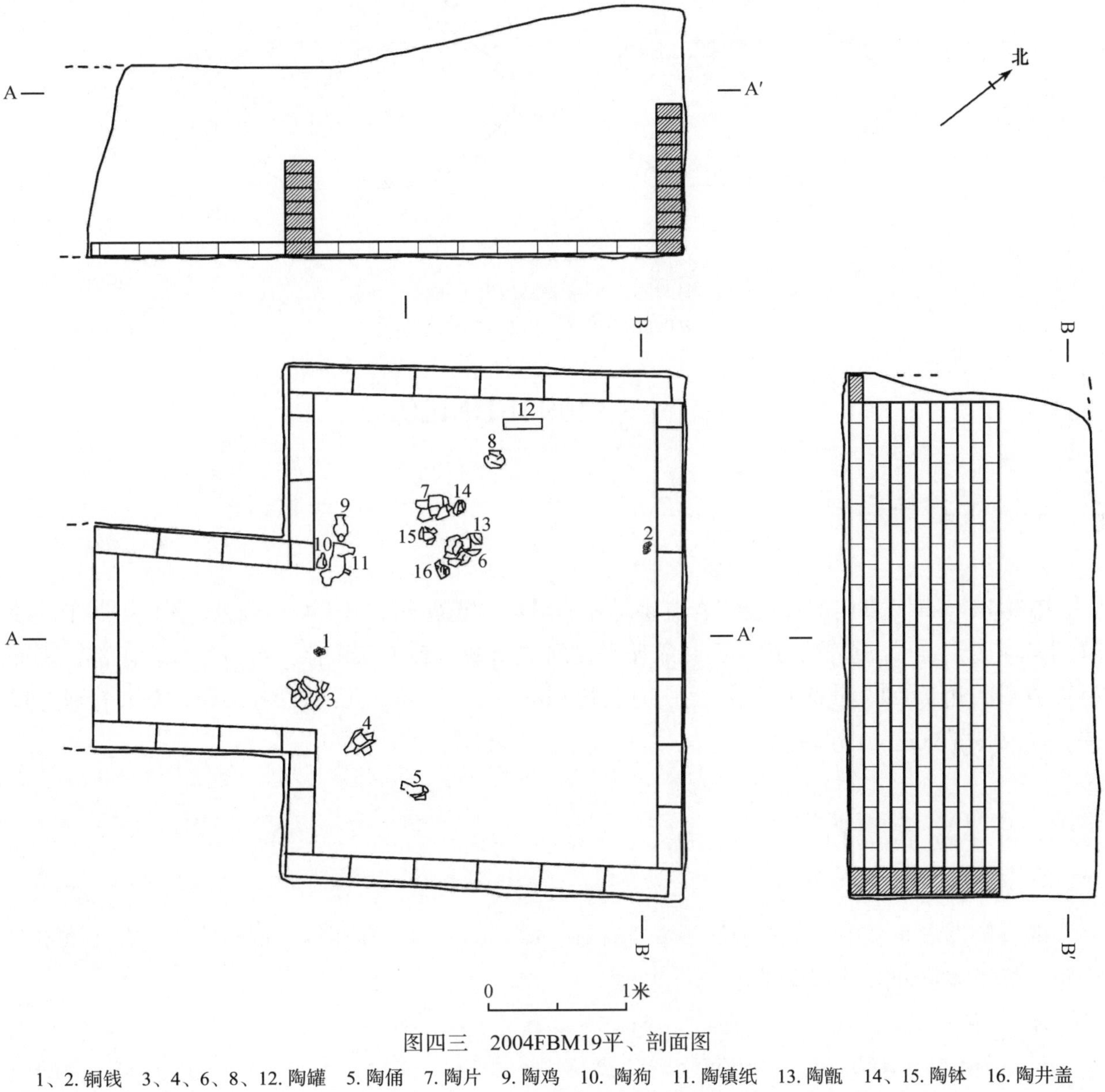

图四三　2004FBM19平、剖面图

1、2. 铜钱　3、4、6、8、12. 陶罐　5. 陶俑　7. 陶片　9. 陶鸡　10. 陶狗　11. 陶镇纸　13. 陶甑　14、15. 陶钵　16. 陶井盖

（二）随葬器物

该墓葬中随葬器物共16件，以陶器为主，另有铜钱。标本器物2件，均为陶器。

罐　2件。

标本2004FBM19：4，泥质灰陶。敞口，圆唇，卷沿，短领，圆肩，下腹斜收。肩部饰凹弦纹一周。轮制。口径10.5、底径7.2、高10.4厘米（图四四，2）。

标本2004FBM19：8，泥质褐陶。口微侈，圆唇，短领。圆肩，肩部饰三周浅印纹。轮制。口径10.5、底径7.3、高11.1厘米（图四四，1）。

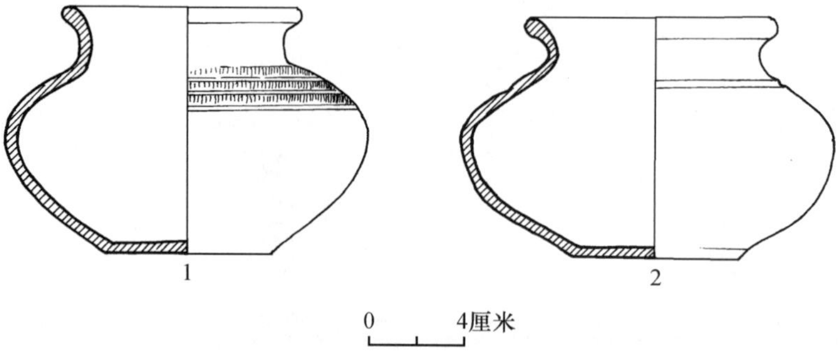

图四四　2004FBM19出土陶罐

1. 2004FBM19：8　2. 2004FBM19：4

二十、2004FBM20

（一）墓葬形制

2004FBM20，方向73°，竖穴岩坑墓圹。斜坡状墓道粗短，长1.4、宽1.9、深0～1.9米。该墓用素面砖错缝平砌墓底，用单面花纹砖平砌筑成墓壁，券顶已无存。甬道在墓室东部，平面呈正方形，边长1.9、残高1.3米。墓室南北长4.6、东西宽2.6、残高1.3米。葬具及人骨保存很差，仅见零星残迹（图四五）。

（二）随葬器物

随葬陶器散布墓中，共20余件。主要有罐、钵、案、勺、耳杯等。铜钱集中分布在墓室东南角。标本器物9件，均为陶器。

罐　1件。

标本2004FBM20：1，泥质灰陶。口微侈，肩微鼓，鼓腹，下腹斜收。肩部饰一周凹弦纹。轮制。口径12.3、底径15.9、高15.8厘米（图四六，1）。

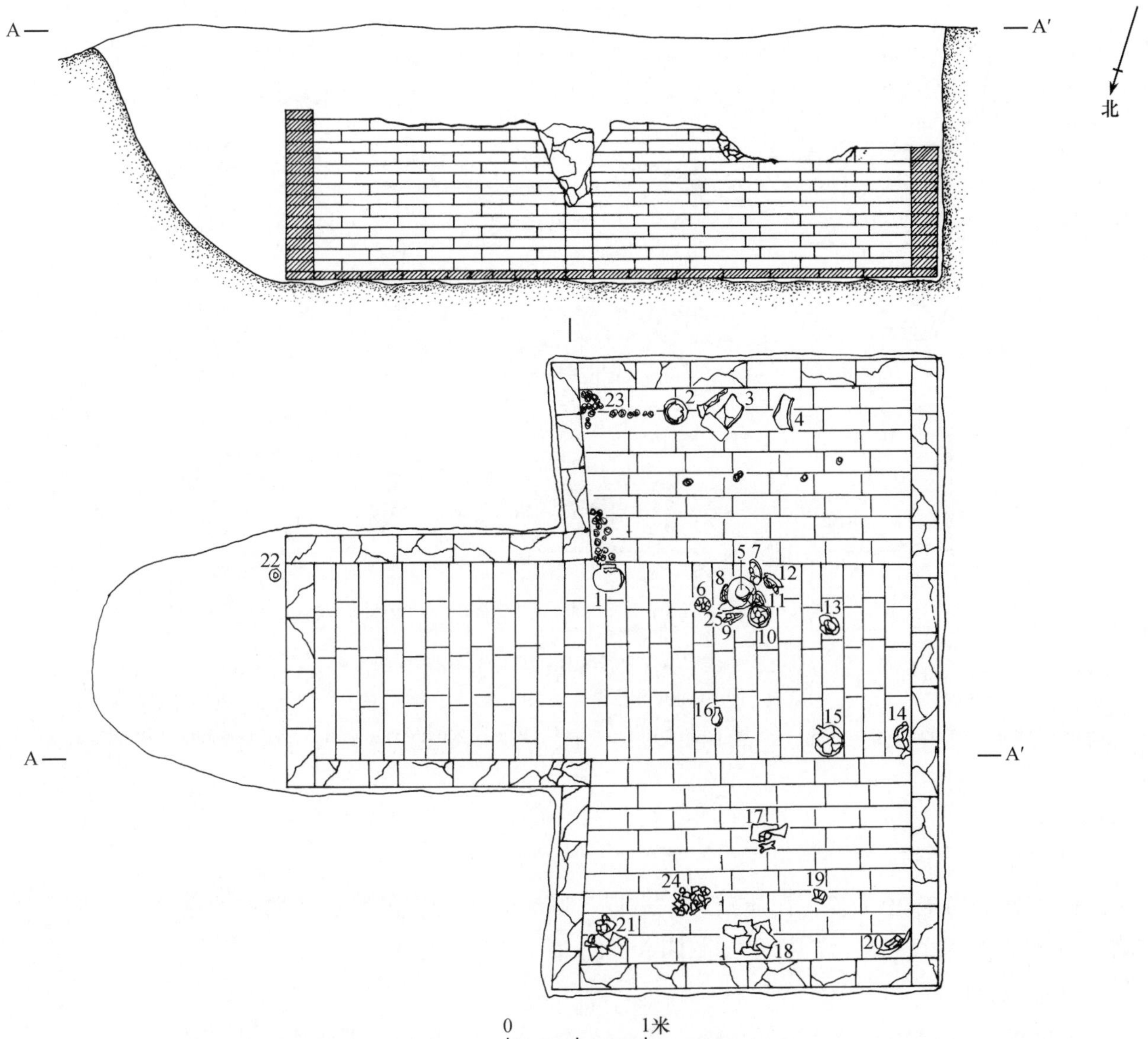

图四五　2004FBM20平、剖面图

1、4. 陶罐　2、11、25. 陶盖　3. 陶案　5、7、8、12、24. 陶钵　6. 陶碟　9、14、15、20、21. 陶洗　10. 陶盘　13. 陶耳杯　16. 陶勺　17. 陶井　18. 陶房　19. 陶杯　22. 陶打水罐　23. 铜钱

洗　1件。

标本2004FBM20：14，泥质红陶，内外通体施绿釉。侈口，平折沿，方唇，腹微鼓，平底略内凹。上腹饰多道凹弦纹和凸棱，并对称饰兽面衔环铺首一对。轮、手合制。口径 24.7、底径13.7、通高9.7厘米（图四六，7）。

盘　1件。

标本2004FBM20：10，泥质红陶，内外施酱黄釉。平折沿，方唇，折腹，平底内凹。轮制。口径22.7、底径8.9、高4.4厘米（图四六，8）。

杯　1件。

标本2004FBM20：19，泥质红陶，施酱黄釉。方唇，直口，直腹，上腹饰一立耳，平底。上、下腹部各有两周凹弦纹。耳为手制，其余为轮制。口径9.7、底径9.8、高10厘米（图

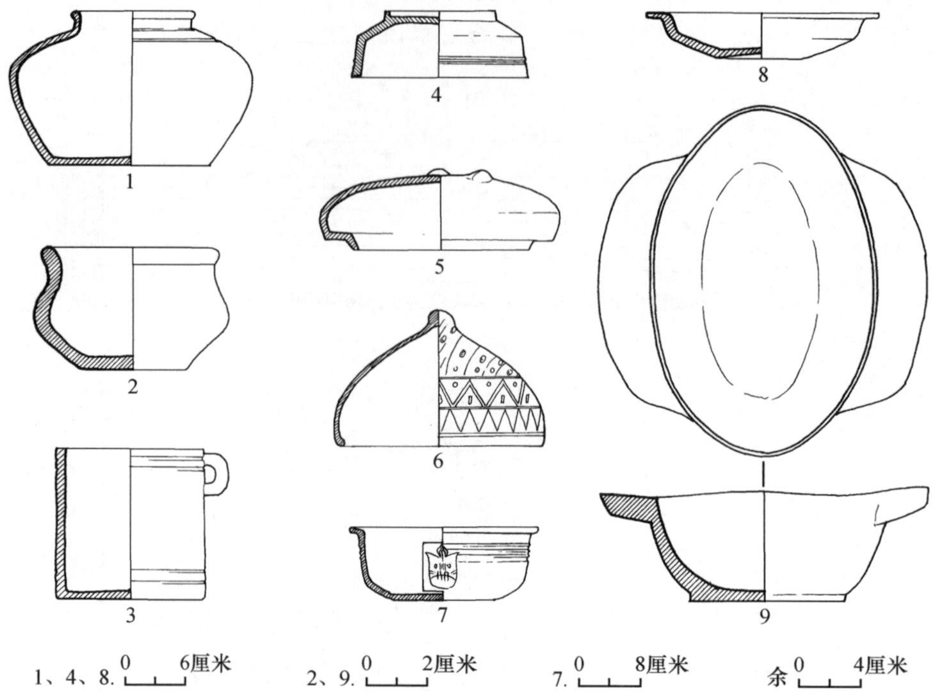

图四六　2004FBM20出土陶器

1. 罐（2004FBM20：1）　2. 打水罐（2004FBM20：22）　3. 杯（2004FBM20：19）　4～6. 盖（2004FBM20：11、2004FBM20：2、2004FBM20：25）　7. 洗（2004FBM20：14）　8. 盘（2004FBM20：10）　9. 耳杯（2004FBM20：13）

四六，3）。

打水罐　1件。

标本2004FBM20：22，泥质灰陶。敞口，圆唇，束颈，鼓腹，下腹曲收至底，平底。轮制。口径 5.5、底径 3.5、高4厘米（图四六，2；图版三三，2）。

耳杯　1件。

标本2004FBM20：13，泥质灰陶。器形较小。敞口，圆唇，弧腹内收，假圈足。素面。手制。口长11.6、口宽10、底长7.5、底宽 5、高 3.8厘米（图四六，9）。

盖　3件。

标本2004FBM20：2，泥质灰陶。球面、子榫。盖顶有三颗乳钉状纽，应为壶盖。轮制。盖径 11.6、高 5.4厘米（图四六，5）。

标本2004FBM20：11，泥质红陶，外壁施酱釉。子母榫。折腹，盖身较浅。外壁饰三道凸弦纹。轮制。盖径17.8、高6.5厘米（图四六，4）。

标本2004FBM20：25，泥质灰陶。近锥状。顶有一扁形小纽，平口。器表上部饰对称的四组树叶形和半月形图案，下部饰两组三角形组成的图案，其间有圆穿。轮、手合制。盖径14.2、高9.2厘米（图四六，6）。

二十一、2004FBM21

2004FBM21，开口距地表深0.2～0.4米，墓底距地表深0.45～0.55、长2.04、宽0.64米，底、口同长宽。墓内填土为五花土。2004FBM21属竖穴土坑墓，其墓底及墓壁用石灰涂刷过，方向63°，由于扰乱严重，墓内未发现人骨架及遗物。但可从其墓葬形制看出，2004FBM21埋葬较随意，而距地表面较浅（图四七）。

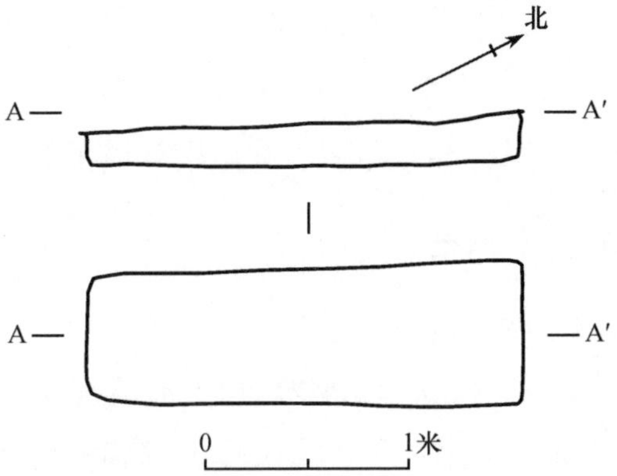

图四七　2004FBM21平、剖面图

二十二、2004FBM22

（一）墓葬形制

2004FBM22，方向260°。墓室长3.9、宽3.16、深0.5～0.9米，地表下0.2～0.4米即为墓室开口，保存较好，西北角被2004FBM21打破。棺木纵向紧靠墓室东壁放置，只见残迹。人骨一具，保存较差，仰身直肢葬，头向165°（图四八）。

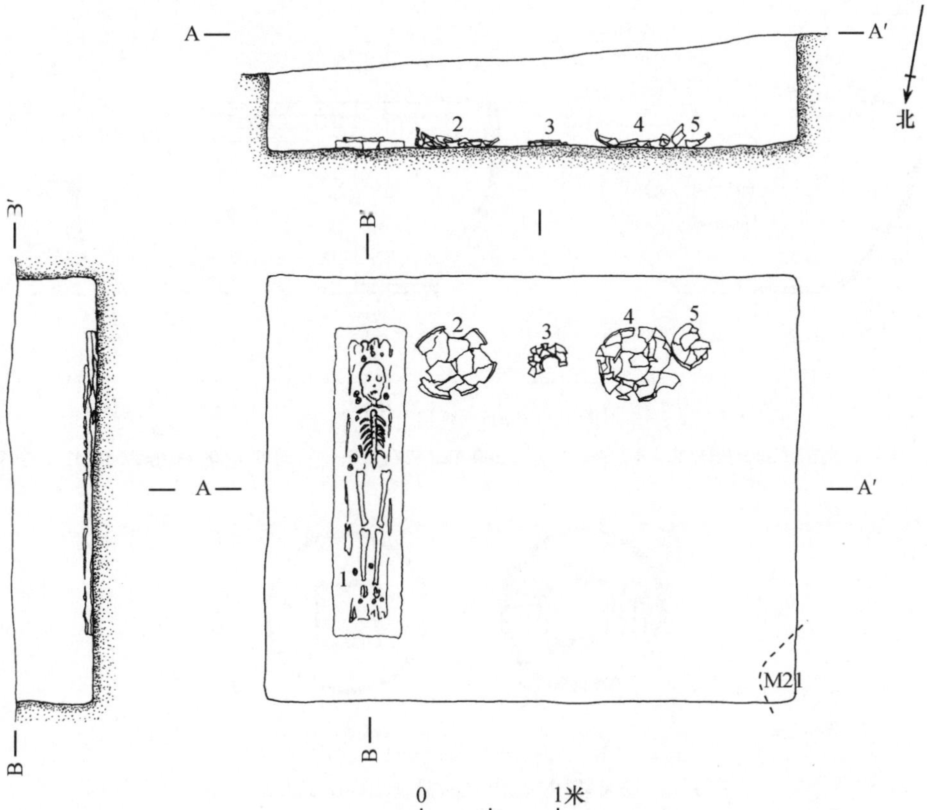

图四八　2004FBM22平、剖面图

1. 铜钱　2. 陶盆　3. 陶钵　4. 陶罐　5. 陶軎

（二）随葬器物

随葬品较单一，墓室南部横排陶罐4件，人骨周围散布大量货泉币。标本器物4件。

1. 陶器

罐　1件。

标本2004FBM22：4，泥质灰陶。圆唇，斜颈，平斜肩，弧腹。腹饰绳纹和菱形方格纹。轮制。口径25.6、底径22.5、高28.2厘米（图四九，1）。

盆　1件。

标本2004FBM22：2，泥质褐陶。敛口，圆唇，唇面外下斜，深弧腹，上腹斜直，饰两周凸弦纹，下腹斜直缓收至底。轮制。口径40、底径19、高25.4厘米（图四九，2）。

2. 铜器

軎　1件。

标本2004FBM22：5，中空，圆台形，近底处有三穿孔。上端直径1.1、下端直径2.1、通高3厘米（图四九，3）。

货泉　1件。

标本2004FBM22：1，有郭，大小两种。大者钱径2.3、穿径0.8厘米，小者钱径2.2、穿径0.7厘米（图五〇）。

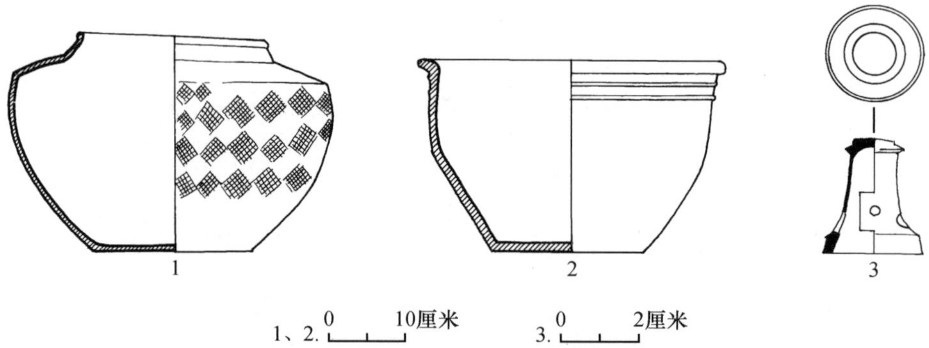

图四九　2004FBM22出土器物

1. 陶罐（2004FBM22：4）　2. 陶盆（2004FBM22：2）　3. 铜軎（2004FBM22：5）

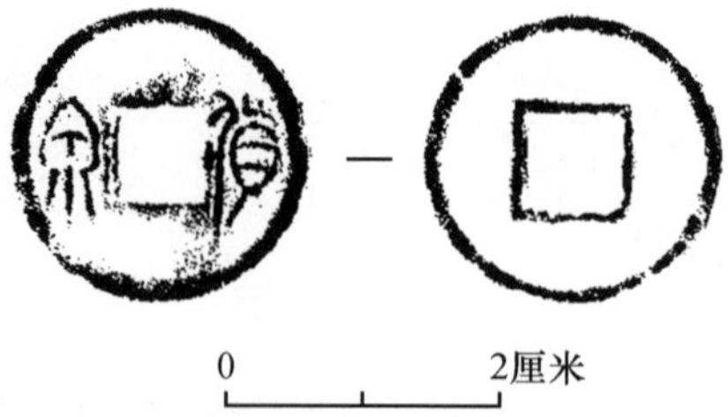

图五〇　2004FBM22出土货泉（2004FBM22：1）

二十三、2004FBM23

（一）墓葬形制

2004FBM23，方向53°，竖穴土坑墓圹。斜坡状墓道较平缓，长1.7、宽1.4、深0.15～0.78米，坡长1.84米。券顶已毁，残留由单面花纹砖砌成的墓壁，高1.22米。甬道在墓室东部，长1.8、宽1.5米，墓室长3.9、宽2.7米。墓室内有排水沟一条，由墓室北部向东蜿蜒伸出甬道外，并且用两列花纹砖封盖（仅在甬道口残存两块）。未见葬具及人骨（图五一；图版六，2）。

（二）随葬器物

随葬品较丰富，墓室的东北、东南、西北角和甬道是集中分布地。器物共计38件。陶器以陶俑最多，排列在甬道靠壁处，其次为罐、钵、房、灯、井等，另外还有铜洗、耳杯、鸟饰以及铜钱、铁器。标本器物12件。

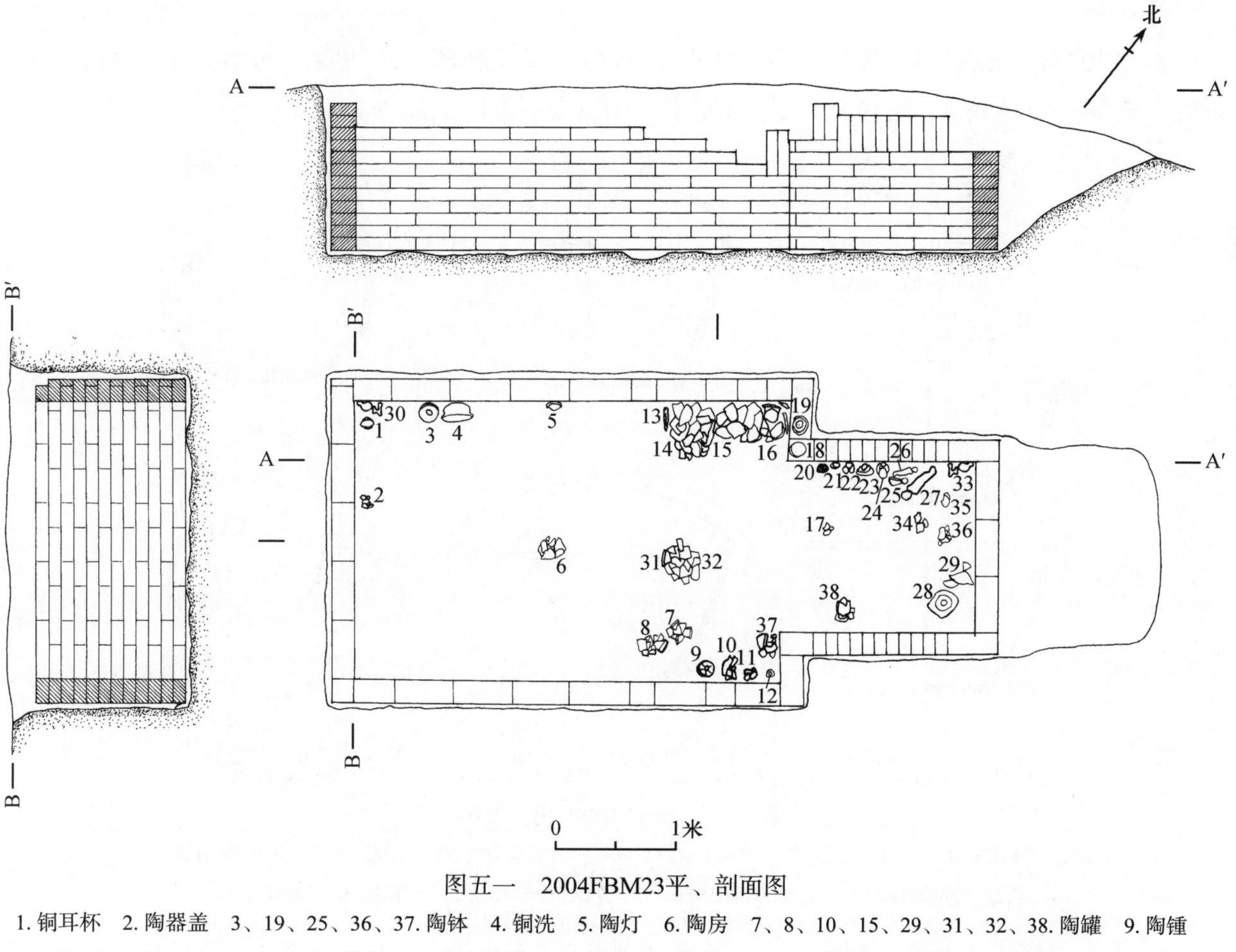

图五一　2004FBM23平、剖面图

1. 铜耳杯　2. 陶器盖　3、19、25、36、37. 陶钵　4. 铜洗　5. 陶灯　6. 陶房　7、8、10、15、29、31、32、38. 陶罐　9. 陶锺　11、20～24、26、27、34、35. 陶俑　12. 陶打水罐　13. 铁器　14. 陶房　16、33. 陶盆　17. 铜钱　18. 铁器　28. 陶井盖　30. 铜鸟饰

1. 陶器

罐　3件。

标本2004FBM23：8，泥质灰陶。双环耳，盘状微侈口，方唇，束颈弧曲，溜肩，鼓腹略垂，底微凹。腹上部饰细密的纵向间断绳纹并抹平，下部饰横而粗的绳纹。口径14、高23厘米（图五二，7）。

标本2004FBM23：15，泥质灰陶。溜肩，下腹斜收。个体较大，侈口，圆唇，束颈，斜腹微鼓。腹饰一道凹弦纹，并有刮削痕。轮制。口径16.8、底径21.5、高28厘米（图五二，6）。

标本2004FBM23：38，泥质灰陶。侈口，沿外卷，短斜领，鼓肩，斜腹微鼓。肩部饰两周旋纹，肩、腹各饰一周戳印纹。轮制。口径17、底23、高31厘米（图五二，5）。

盆　2件。

标本2004FBM23：16，泥质灰陶。敛口，沿外翻，圆唇，浅弧腹。素面。轮制。口径26.8、底径12.2、高12.2厘米（图五二，3）。

标本2004FBM23：33，泥质灰陶，外壁施黑釉。敛口，圆唇，外翻沿，沿下饰凸棱纹，上腹斜直，饰绳纹，下腹斜直缓收至底。火候较高。轮制。口径42.5、底径20、高25.5厘米（图五二，4）。

钵　1件。

标本2004FBM23：3，泥质红陶，内外施酱釉，多已削落。腹较深，折沿近平，圆唇，圆折腹。轮制。口径16.8、底径4.5、高5.1厘米（图五二，1）。

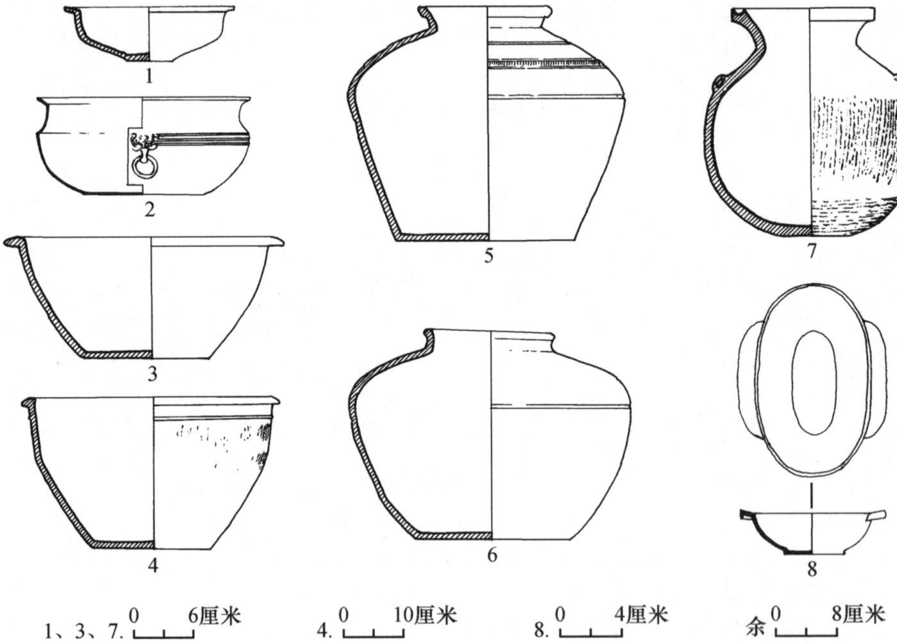

图五二　2004FBM23出土器物

1. 陶钵（2004FBM23：3）　2. 铜洗（2004FBM23：4）　3、4. 陶盆（2004FBM23：16、2004FBM23：33）
5～7. 陶罐（2004FBM23：38、2004FBM23：15、2004FBM23：8）　8. 铜耳杯（2004FBM23：1）

俑　5件。

抚琴俑　标本2004FBM23：23，泥质红陶。坐式，头戴圆顶冠，面部不清，身着长袍，右衽，长袖。双腿盘坐，琴置腿上，双手抚琴。高 18.4厘米（图五三，4）。

击鼓俑　标本2004FBM23：24，泥质红陶。坐式，头戴方冠，面带微笑，身着长袍，右衽，长袖，双腿盘坐，鼓置腿前，左手覆抚于鼓面，右手执槌做击鼓状。高16.2厘米（图五三，1）。

抚耳俑　标本2004FBM23：22，泥质红陶。坐式，头戴圆巾，扎双髻，面部眉目不清，身着长裙，右衽。上身右倾，右手抚耳做聆听状，左手置于左膝上，盘腿席坐。高19.3厘米（图五三，3；图版二八，2）。

舞蹈俑　标本2004FBM23：21，泥质红陶。立姿，头戴圆巾，扎双髻，眯眼，嘴微张做微笑状，身穿右衽裙服，右手抬起后扬，左手提裙。左脚向左前跨，做舞蹈状。裙下摆有百褶花边，波动状。高25厘米（图五三，2；图版二八，1）。

驾驭俑　标本2004FBM23：20，泥质红陶。跪式，头戴圆形平顶冠，微抬首，前视，身着宽袖长袍，右衽，腰束带，跪坐，两手举起，略高于肩。高19.2厘米（图五三，5；图版二七，4）。

2. 铜器

耳杯　1件。

标本2004FBM23：1，敞口，圆唇，斜腹微弧，内收，假圈足，双实耳，耳与杯沿交接处有一凹槽。口长12.4、宽9.4、底长11、宽3.8、通高2.7厘米（图五二，8）。

图五三　2004FBM23出土陶俑

1. 击鼓俑（2004FBM23：24）　2. 舞蹈俑（2004FBM23：21）　3. 抚耳俑（2004FBM23：22）　4. 抚琴俑（2004FBM23：23）　5. 驾驭俑（2004FBM23：20）

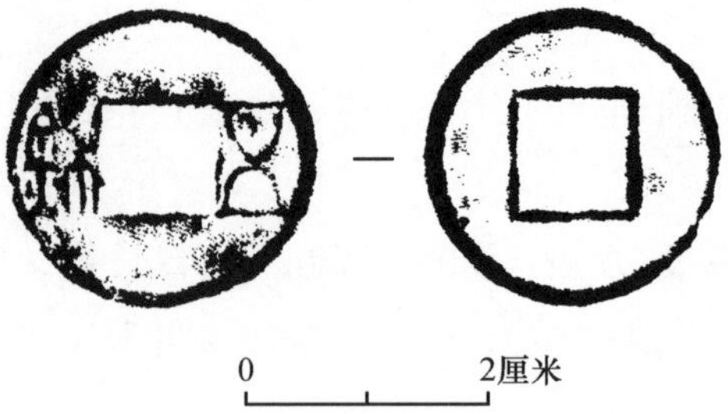

图五四　2004FBM23出土五铢
（2004FBM23：17）

洗　1件。

标本2004FBM23：4，敞口，圆唇，束颈，溜肩，弧腹，平底。肩部饰两对称铺首衔环，肩部饰三组弦纹。口径27.9、底径15.8、高12.9厘米（图五二，2）。

五铢钱　1件。

2004FBM23：17，钱文趋细，“铢”字“金”字头较大，内无郭。钱径2.6、穿径1厘米（图五四）。

二十四、2004FBM24

（一）墓葬形制

2004FBM24，长方形竖穴岩坑墓，平面呈长方形，开口距地表深0.35～0.4、长4.6、宽3.6米，墓底距地表深3.6、长4.6、宽3.6米，墓内填土为五花土，结构紧密，方向27°。未发现人骨架，只发现葬具的痕迹，应是一棺一椁。整个墓壁由于不平整，有人工用碎石加工抹平的痕迹（图五五）。

（二）随葬器物

出土器物主要为陶器和铜器，包括陶盆、陶钵、陶罐、陶盘、铜钱、铜帽、铜环等。标本器物3件。

1. 陶器

钵　1件。

标本2004FBM24：35，泥质灰陶。上腹斜直，折腹处圆折。敞口，无沿，厚圆唇，折腹下腹急收，小平底。素面。轮制。口径16、底径4.6、高5.2厘米（图五六，2）。

耳杯　1件。

标本2004FBM24：21，泥质褐陶。敞口，圆唇，弧腹内收，假圈足。素面。器形较大，手制。口长14.9、口宽7、底长9.2、底宽4.2、高4厘米（图五六，1）。

2. 铜器

五铢　1件。

标本2004FBM24：26，钱文趋粗，较规范。“五”字交叉两笔弯曲，“铢”字“金”字头较小，为三角形，四点较长，“朱”字头圆折，内外有郭。钱径2.5、穿径1厘米（图五七）。

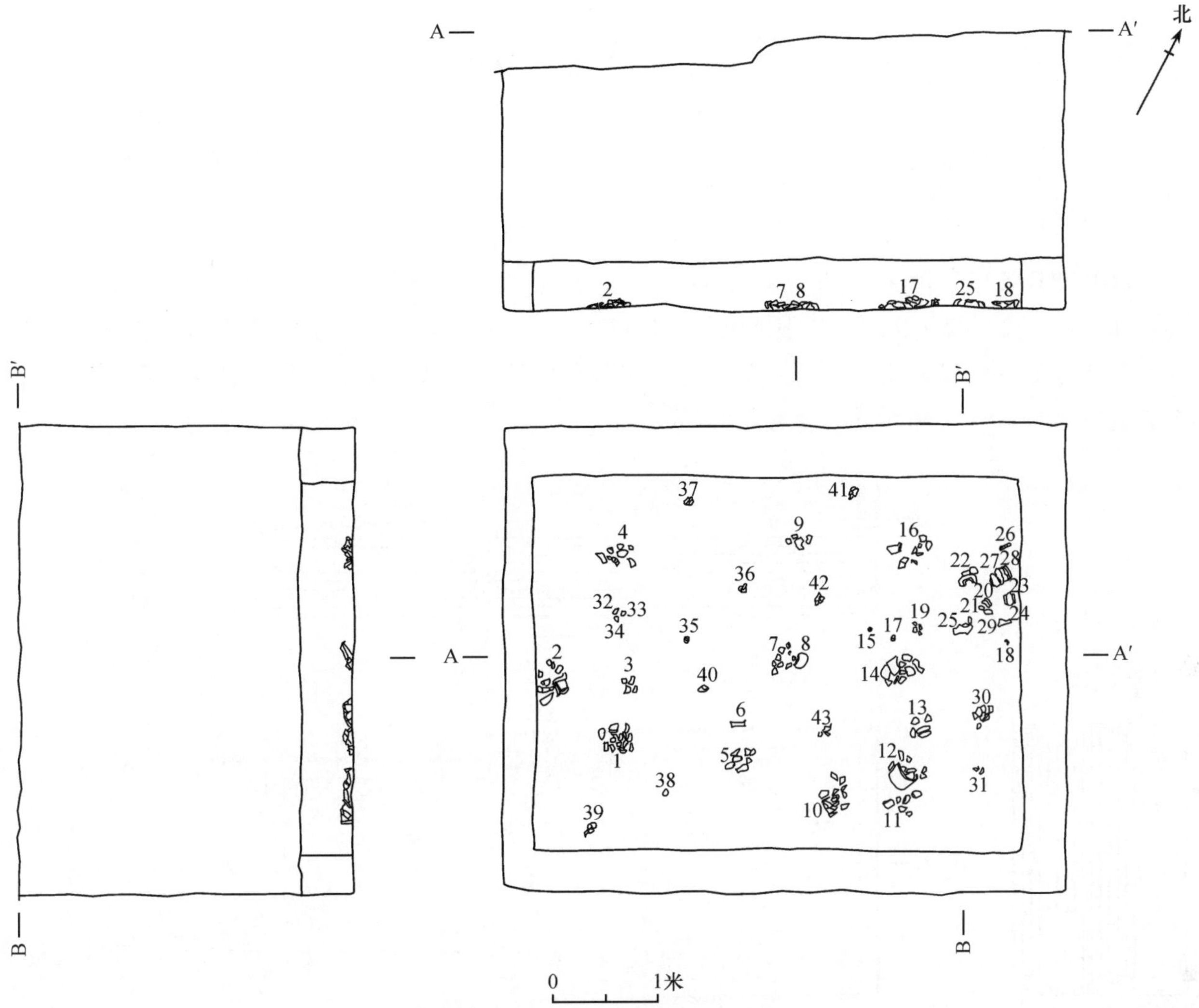

图五五　2004FBM24平、剖面图

1、10、13、16、19、30、36～39、41～43. 陶片　2、4、7、12、40. 陶盆　3、5、9、11、14、22、23、25、29. 陶罐　6. 陶鼎足　8. 陶盆　15、26. 铜钱　17. 铜帽　18. 铜卟　20、21、24、27、28、32～34. 陶耳杯　31. 铜器　35. 陶钵

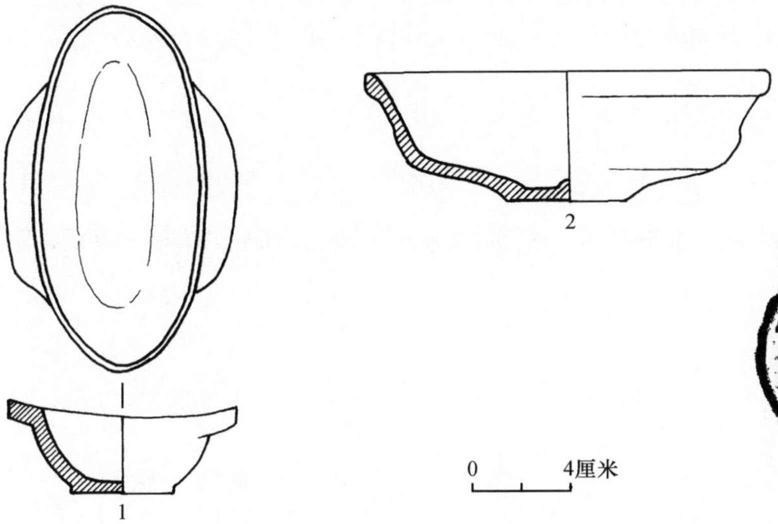

图五六　2004FBM24出土陶器

1. 耳杯（2004FBM24：21）　2. 钵（2004FBM24：35）

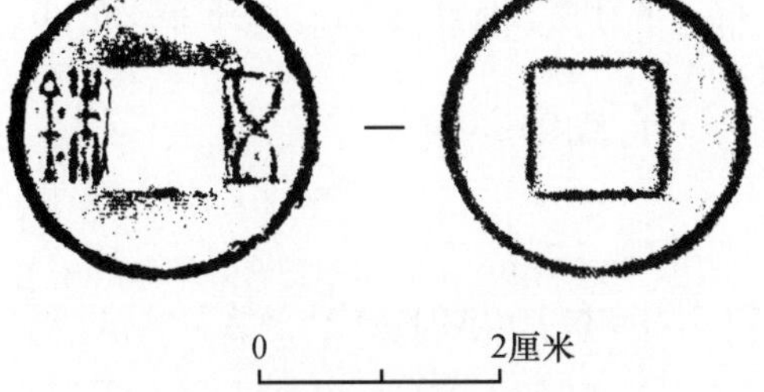

图五七　2004FBM24出土铜五铢

（2004FBM24：26）

二十五、2004FBM25

（一）墓葬形制

2004FBM25，竖穴岩坑砖石结合墓，平面呈“凸”字形，方向64°。开口距地表深0.6～1、长4.3、宽2.8米，墓底距地表深1.4～3.6、长4.3、宽2.8米，墓内填土为五花土，整个墓室是先挖好一个竖穴土坑，再用单面花纹烧制而成的砖砌成，无铺地砖。由于扰乱严重，整个墓葬未发现人骨架和葬具（图五八）。

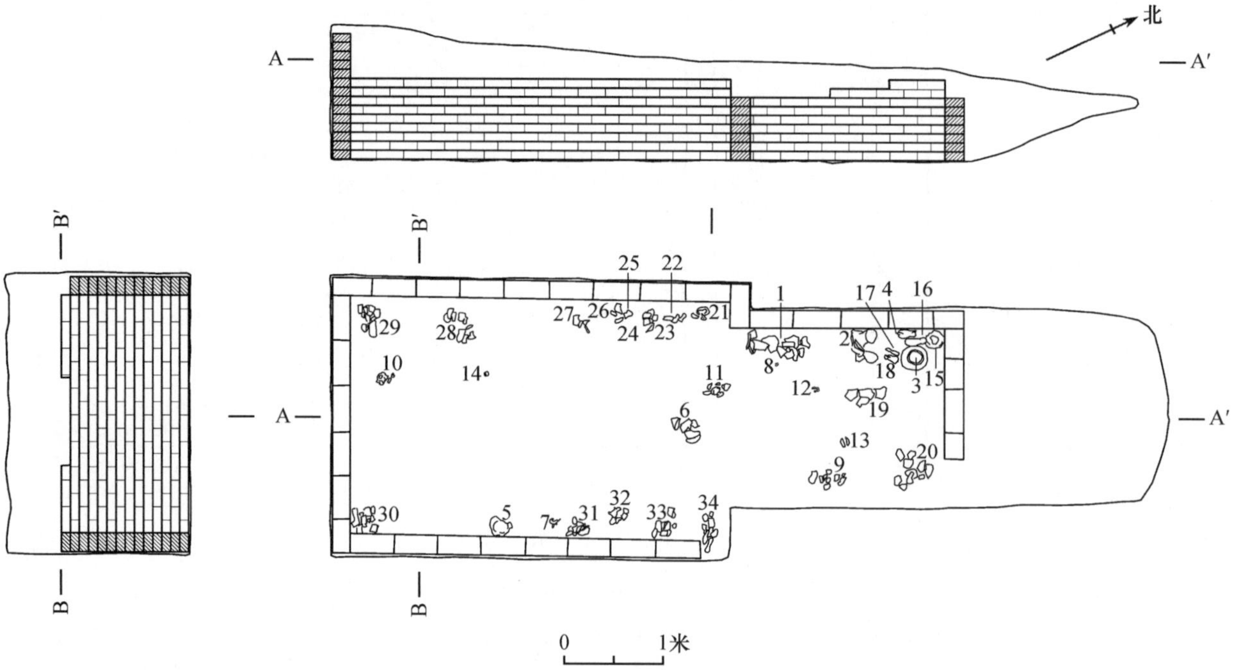

图五八　2004FBM25平、剖面图

1. 陶房　2. 陶锺　3、5、6、22、31. 陶罐　4、7. 陶鸡　8、12. 铜钱　9. 陶案　10、17、18. 陶俑　11、21. 陶灯　13. 铜耳瑱　14. 铁剑珌　15. 铁器　16. 陶猪　19、28、34. 陶钵　20、23、27、29、30、33. 陶片　24～26. 陶俑头　32. 陶马

（二）随葬器物

该墓出土器物有陶器、铜器、铁器、釉陶器等，包括陶房、陶锺、陶罐、陶鸡、陶案、陶俑、陶灯、铜耳瑱等。标本器物6件。

1. 陶器

罐　2件。

标本2004FBM25：3，泥质褐陶。敛口，圆唇，鼓腹，下腹内收。素面。轮制。口径13.6、底径14.8、高14.8厘米（图五九，1）。

标本2004FBM25：5，泥质灰陶。敛口，圆唇，束斜颈，斜折肩，鼓腹。轮制。口径

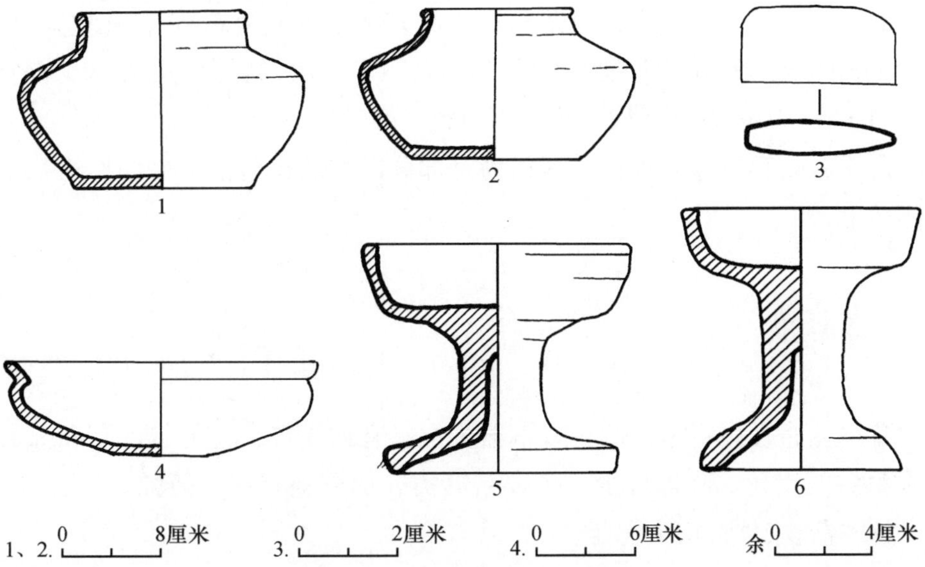

图五九　2004FBM25出土器物

1、2. 陶罐（2004FBM25：3、2004FBM25：5）　3. 铁剑珌（2004FBM25：14）　4. 陶钵（2004FBM25：34）　5、6. 陶灯（2004FBM25：11、2004FBM25：21）

12.9、底径14、高12厘米（图五九，2）。

钵　1件。

标本2004FBM25：34，泥质灰陶。沿外卷，圆唇，敞口，束颈，鼓肩，下腹斜收。轮制。口径19.5、底径5.7、高6厘米（图五九，4）。

灯　2件。

标本2004FBM25：11，泥质红陶，施酱色釉。敞口，方唇，宽沿，柄较短中空，盘口形圈足。轮制。口径10.8、足径9.2、高9.7厘米（图五九，5）。

标本2004FBM25：21，泥质红陶，施酱色釉。敞口，方唇，宽沿，高柄中空，喇叭状圈足。轮制。口径10、足径8.8、高11.1厘米（图五九，6）。

2. 铁器

剑珌　1件。

标本2004FBM25：14，锈蚀严重。长方形，中空。素面。长3.2、宽1.6、厚0.8厘米（图五九，3）。

二十六、2004FBM26

（一）墓葬形制

2004FBM26，方向235°，开口距地表0.6～0.75米。该墓在此类墓葬中规模最大、形制级别最高，墓室、二层台和墓道均是在岩层中凿成。墓室长7.7、宽4、深2.5米，北壁略有不平。二层台高约0.78米，但宽度相差甚远，南壁和西壁宽0.5米，东壁宽0.7米，北壁宽度由后从0.6米向前逐渐变窄到0.16米。墓道呈平缓斜坡状，坡长7.8米，比二层台高0.25米，前宽2.56、后宽3.36、深0.15～1.5米，因前方是断坎，墓道不完整，残长7.7米。

墓具腐朽严重，仅存木椁底板，已残损为三部分，平铺在墓室中央，长约4.3、宽约1.66米（图六〇；图版七，1）。

（二）随葬器物

随葬器物集中分布在椁室东北侧，以铜器为主，有钫、灯、镜、釜、甑和蒜头壶等，其中盖弓帽散布在墓室西南角。陶器较少，主要是罐类，部分施有一层薄釉。另有1件铁器及10余枚铜半两钱。标本器物2件，均为陶器。

罐　2件。

标本2004FBM26：1，泥质灰陶。敛口，圆唇，卷沿，短立领，鼓肩，上腹微弧，下腹曲内收。火候较高。肩、腹上部饰绳纹，下腹饰横向划纹。轮制。口径12.7、底径14.1、高18.9厘米（图六一，1）。

标本2004FBM26：29，泥质灰陶。敛口，方唇，口较小，平折沿，短束颈，溜肩。颈部饰一道凹弦纹，腹部饰绳纹。口径12.5、最大腹径29.6、高25厘米（图六一，2）。

二十七、2004FBM27

（一）墓葬形制

2004FBM27，方向247°，墓室长5.36、宽3.2、深2.6～3.46米。二层台除北壁宽0.9米外，其余三壁均宽0.5米左右，高0.6米。因该墓底部由东向西倾斜，高低不平，在墓底中东部铺垫一层厚0～0.1米的细碎石。

葬具保存差，仅在二层台四壁有残木痕迹，墓底还有漆皮残迹（图六二；图版七，2）。

（二）随葬器物

随葬器物主要分布在墓室靠近东壁和北壁处，中部亦有少许。铜器较多，有盖弓帽、鼎、钫、勺、镜等。铁器有釜、剑等。陶器相对较少，主要是罐、钫、釜等。“半两”钱分大小两类。标本器物7件。

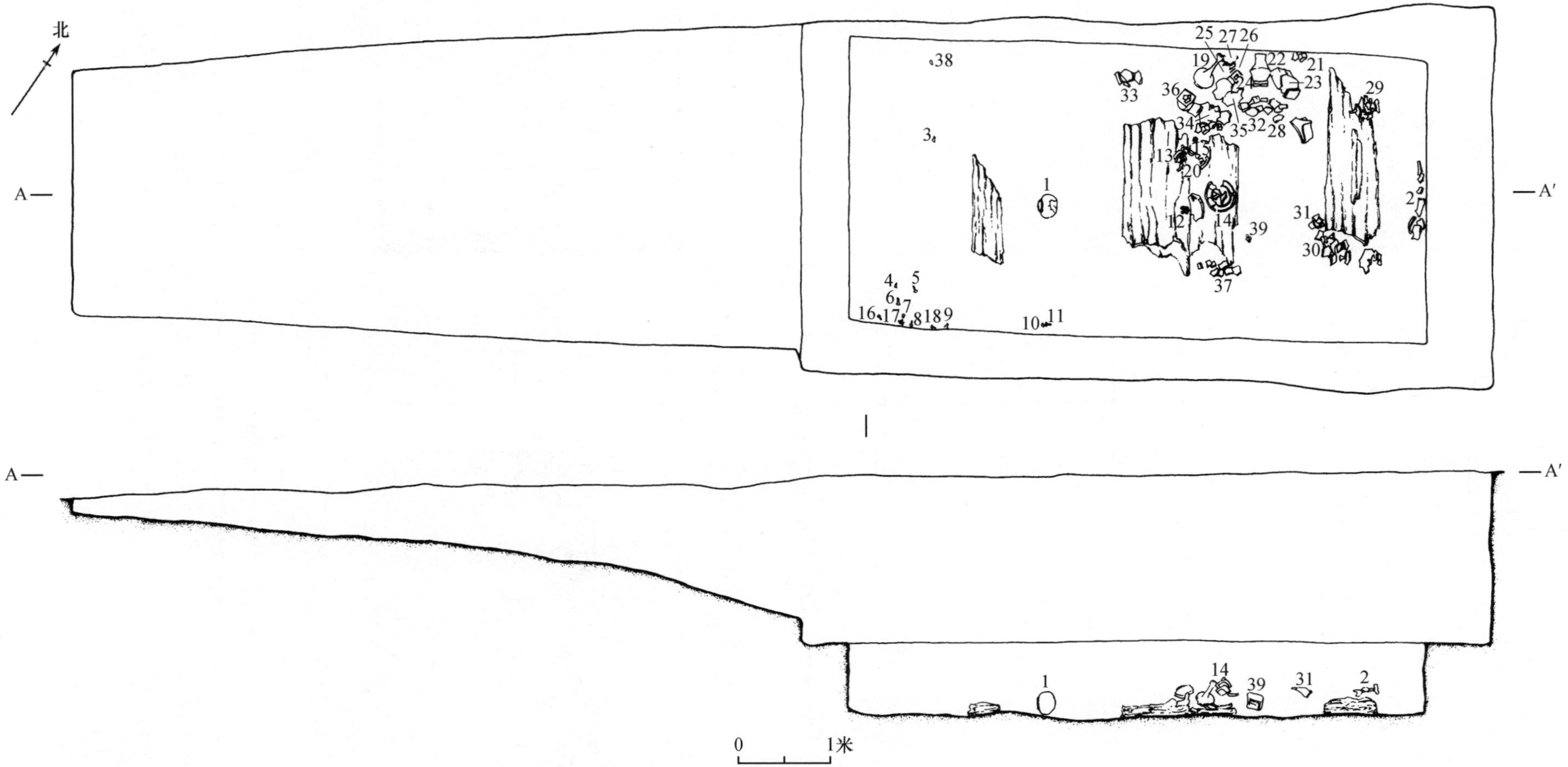

图六〇　2004FBM26平、剖面图

1、29. 陶罐　2. 釉陶罐　3～11、16～18. 铜盖弓帽　12. 铜钱　13. 铜鼎　14. 铜灯　15. 铜钺　19. 铜蒜头壶　20. 铜勺　21. 铜箭头　22、23、35、36. 铜钫　24～27. 铜钫盖　28. 铁器　30、31、33、37. 陶罐　32. 陶甑　34. 铜釜甑　38. 铜镜　39. 桃核

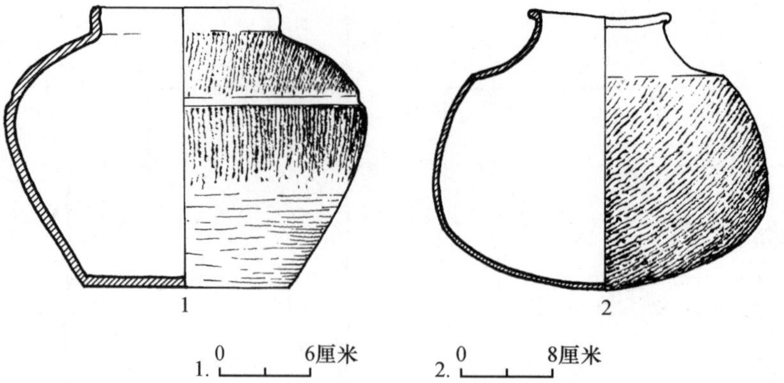

图六一　2004FBM26出土陶罐

1. 2004FBM26：1　2. 2004FBM26：29

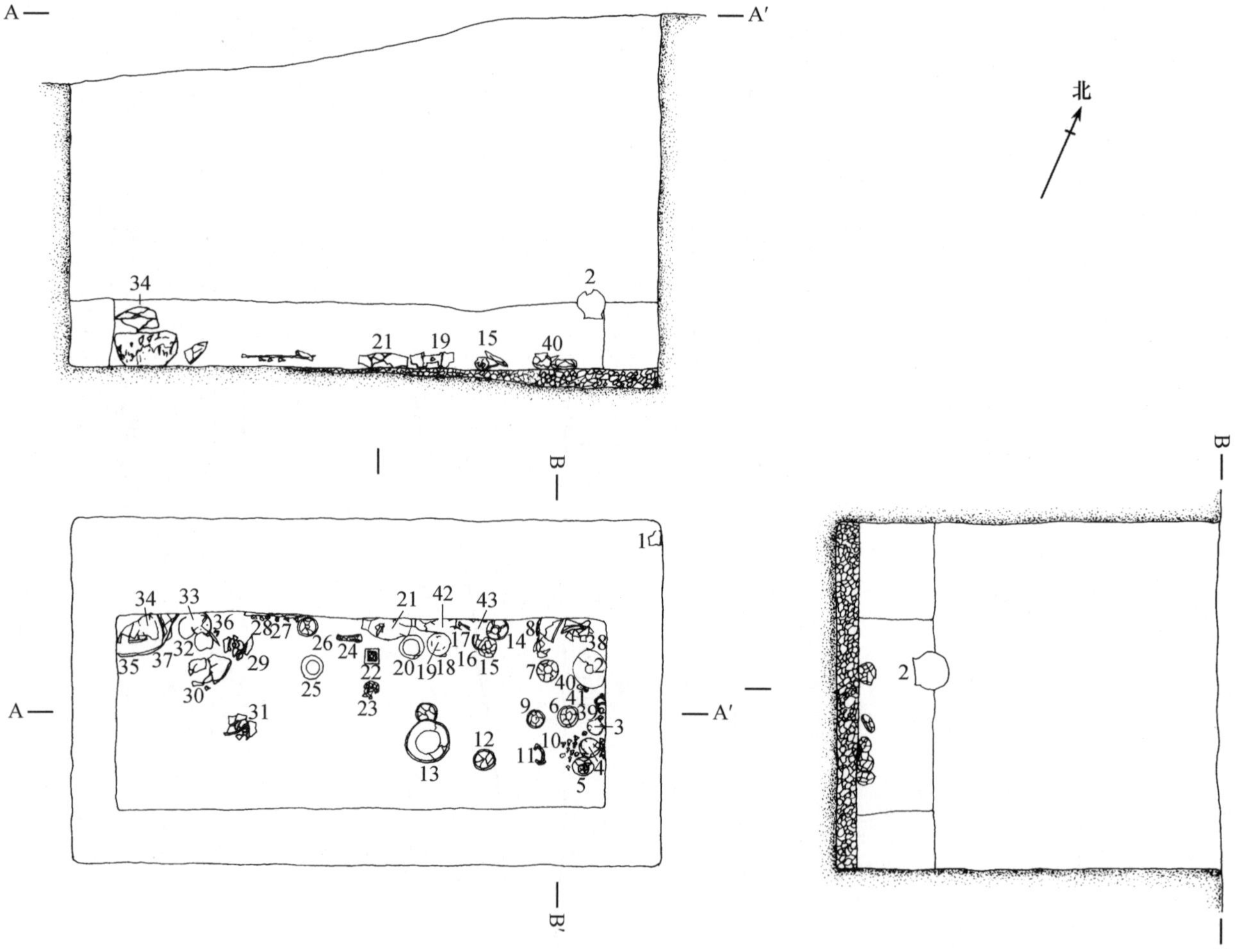

图六二　2004FBM27平、剖面图

1. 石斧　2～7、15、29、32、40、41. 陶罐　8. 陶盒　9、14. 铁灯　10. 铜盖弓帽（21）　11. 铜钱　12. 铜镜　13. 铜盆　16、35. 铁釜　17. 铜钫　18. 铜鼎　19. 铜勺　20、33. 铜釜　21. 陶钫　22. 陶钫盖　23、39. 陶盖　24. 铁器　25. 铜鼎盖　26. 陶豆　27. 铜盖弓帽（8）　28、36. 铁剑　30、31、34、38. 陶盆　37. 陶熏炉　42. 铜钫甑　43. 铜摇钱树枝干

1. 陶器

罐 3件。

标本2004FBM27：2，泥质褐陶。口微侈，卷沿，圆唇，短束颈，圆肩，鼓腹，下腹曲收。肩、腹饰粗绳纹，再抹成带状。火候较高。口径14.7、腹径31.5、高24厘米（图六三，1）。

标本2004FBM27：3，泥质褐陶，外壁通体施红色颜料，大部分已脱落。领较高，溜肩，鼓腹。沿外卷饰一周凹弦纹，肩、腹部饰三道凹弦纹。轮制。口径12.1、底径11.5、高15厘米（图六三，2）。

标本2004FBM27：7，泥质褐陶，外壁通体施红色颜料，大部分已脱落。领较高，鼓肩，鼓腹，肩腹部饰三周凹弦纹。轮制。口径10.5、底径10、高13厘米（图六三，3）。

熏炉 1件。

标本2004FBM27：37，泥质褐陶。腹较深。子母榫，折壁，外壁饰一周镂空“M”形纹饰，柄中空较矮，覆钵状座。轮、手合制。口径12.3、底径10.5、高11.5厘米（图六三，4）。

2. 铜器

摇钱树枝干 1件。

标本2004FBM27：43，圆柱形，呈竹结状，上部残缺，通体锈蚀，中空，外壁饰一竹结。长13.9、直径3.2厘米（图六三，5）。

半两 1件。

标本2004FBM27：11，钱文清瘦规范，铸工精。圆形方穿，绝大多数内外无郭，穿两侧对列篆书“半两”二字。钱径2.3、穿径0.7厘米（图六四）。

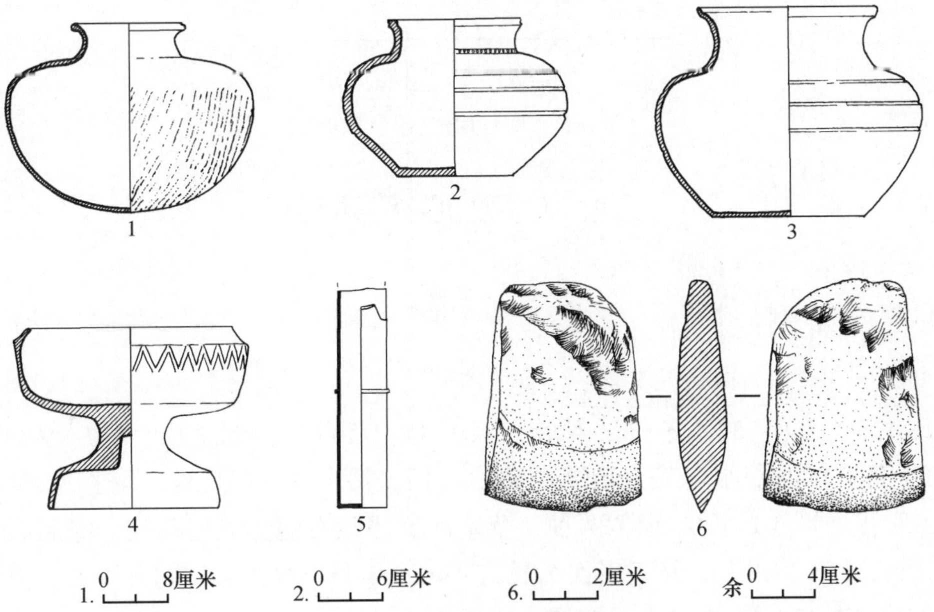

图六三 2004FBM27出土器物

1～3. 陶罐（2004FBM27：2、2004FBM27：3、2004FBM27：7） 4. 陶熏炉（2004FBM27：37） 5. 铜摇钱树枝干（2004FBM27：43） 6. 石斧（2004FBM27：1）

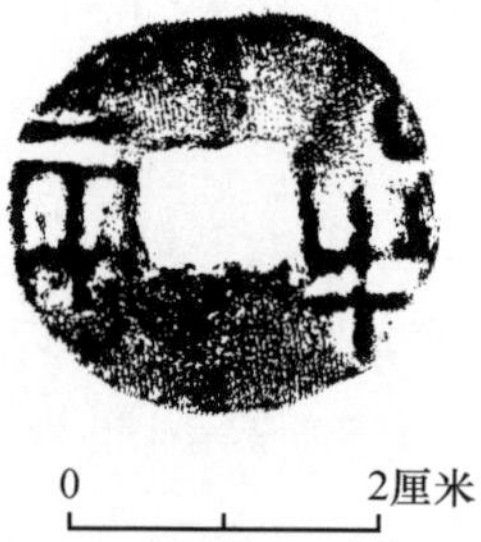

图六四　2004FBM27出土半两（2004FBM27：11）

3. 石器

斧　1件。

标本2004FBM27：1，青砂石质。宽扁形，磨制，双面刃，光滑锋利。长7.2、宽5、厚1.5厘米（图六三，6；图版三八，4）。

二十八、2004FBM28

2004FBM28，竖穴土坑墓，平面呈长方形，开口距地表深0.15～0.3、长3.4、宽1.8米，墓底距地表1.9、长5、宽2.6米。墓内填土为五花土，较紧密，方向62°。在填土和墓室内均未发现包含物（图六五）。

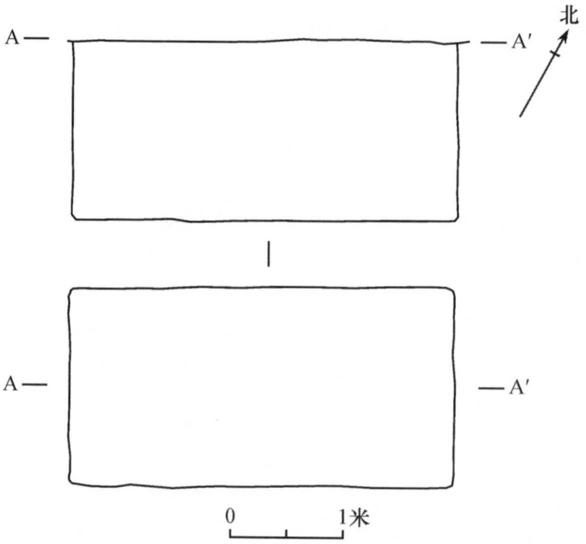

图六五　2004FBM28平、剖面图

二十九、2004FBM29

（一）墓葬形制

2004FBM29，方向53°，平面呈刀形。墓圹为竖穴岩坑，坑底填有一层厚约0.05米的细小碎石，用于墓室排泄积水。其上错缝平铺薄石板，厚0.02～0.04米，分长方形（长0.7、宽0.4～0.5米）和正方形（边长0.7米）两种。墓室四壁用条石错缝平砌而成，条石较规整，与该墓地砖室墓的青砖大小相近。墓室平面为长方形，长3.35、宽2.8、残高0.7米。甬道在墓室东北部，长1.95、宽1.85、残高0.7米。墓道位于甬道正前方，已被扰乱，大致呈半圆坑状。排水沟从甬道口向斜前方伸向墓外，长6.6、宽0.26、深0.42米。沟的开口由两列砖侧向覆盖，封口紧闭。未见葬具及人骨，葬式不明。该墓受扰严重，墓顶已毁，但墓室内部还保存完好（图六六；图版七，3）。

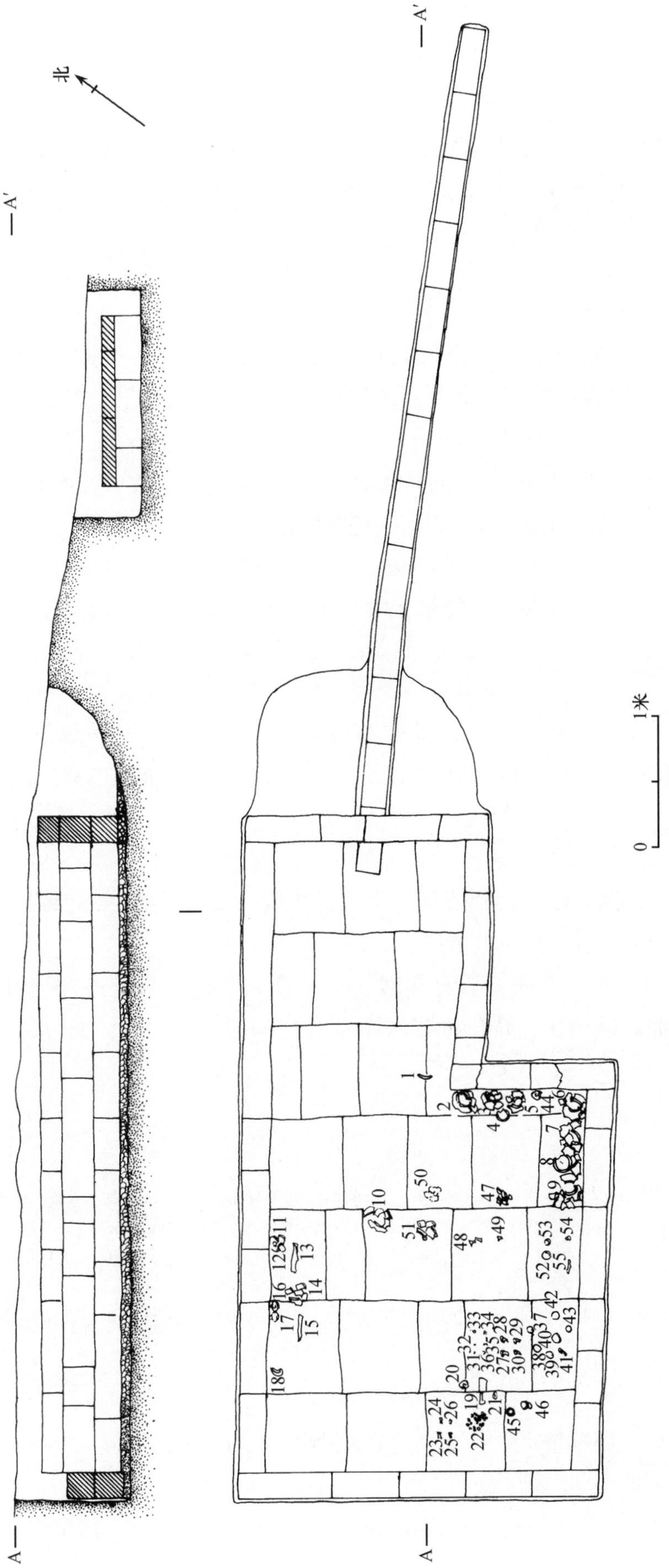

图六六 2004FBM29平、剖面图

1、3、6、7、9. 陶罐 2、10. 陶钵 4、8、11、14、44. 陶器盖 5. 陶簋 12、13. 铜条 15. 铜箸 16、17. 陶耳杯 18. 陶灯 19. 铁器 20、21. 彩绘陶罐 22. 石串珠 23～29、48、49. 琉璃耳珰 30. 铜凤鸟 31～36. 铜铃 37～43、53、54. 铜环 45、46. 铜指环 47. 铜珠（8颗） 50. 碎骨片 51、52. 铜顶针 55. 铜器

（二）随葬器物

随葬品分布较有规律，主要集中在墓底的东南角、西南角和靠近北壁附近。以陶器为主，有罐、钵、灯、耳杯等，铜器其次，还有铁器、料珠以及“五铢”币。标本器物11件。

1. 陶器

罐　2件。

标本2004FBM29：6，泥质红陶，外壁施黄绿釉，多剥落。敛口，圆唇，鼓肩，鼓腹，下腹曲内收。肩部饰一周凹弦纹。轮制。火候较低。口径11、底径9.4、高12.6厘米（图六七，2）。

标本2004FBM29：9，泥质红陶，外部通体施黄绿釉，多剥落。敛口，圆唇，斜折肩。轮制。火候较低。口径16.5、底径13.2、高18.9厘米（图六七，1）。

簋　1件。

标本2004FBM29：5，泥质红陶，内外施绿釉，多剥落。侈口，圆唇，深腹，圈足外撇。上腹有多道凹凸相间弦纹。轮制。口径22.7、足径15、通高14.1厘米（图六七，3）。

耳杯　1件。

标本2004FBM29：17，泥质红陶，内外施酱黄釉。半月形双实耳与口沿齐平。椭圆形敞口，圆唇器壁厚薄不匀。手制。口长10.2、口宽8.7、底长6.3、底宽3.9、高3.3厘米（图六七，6）。

盖　2件。

标本2004FBM29：4，泥质红陶，施酱釉。平口，折腹，盖身较深。外壁饰两道凸弦纹。轮制。盖径17.6、高7厘米（图六七，4）。

标本2004FBM29：8，泥质红陶。盖身较矮，小平顶，平口。外壁遍饰乳钉纹。呈覆钵状，应为博山炉盖。模制。盖径16、高4.7厘米（图六七，5）。

2. 铜器

凤鸟　1件。

标本2004FBM29：30，昂首，高冠，尖喙，大眼，曲颈高昂，腹较瘦，腹部两侧饰翅膀，尾呈扇形展开，双足分立，中空。模制。通长10、足径2.8、通高11.2厘米（图六七，10）。

箸　1件。

标本2004FBM29：15，细长条形，顶端呈方形向前逐渐过渡成圆形。整体锈蚀严重。长23.6、直径0.4厘米（图六七，11）。

环　1件。

标本2004FBM29：43，圆形较大。素面。直径5.5厘米（图六七，8）。

顶针　1件。

标本2004FBM29：52，圆筒形。表饰两圈凸棱，两棱间满施小凹点，内壁素面光滑。直径2、高1厘米（图六七，7）。

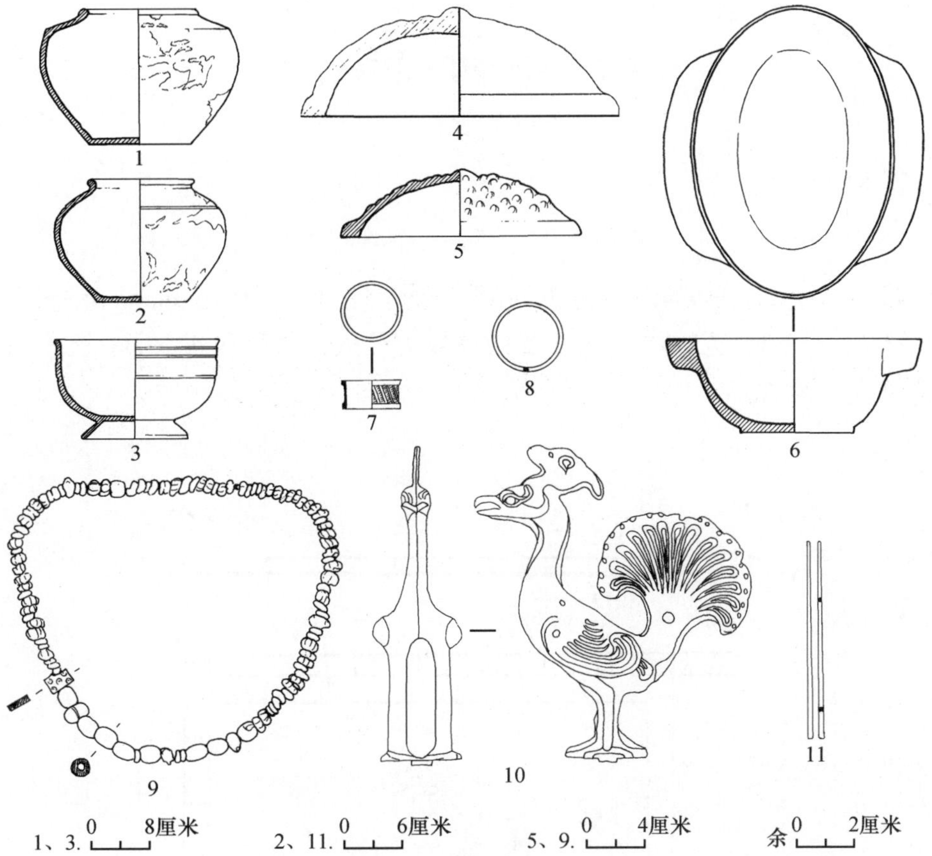

图六七　2004FBM29出土器物

1、2. 陶罐（2004FBM29：9、2004FBM29：6）　3. 陶簋（2004FBM29：5）　4、5. 陶盖（2004FBM29：4、2004FBM29：8）　6. 陶耳杯（2004FBM29：17）　7. 铜顶针（2004FBM29：52）　8. 铜环（2004FBM29：43）　9. 石串珠（2004FBM29：22）　10. 铜凤鸟（2004FBM29：30）　11. 铜箸（2004FBM29：15）

3. 其他

串珠　1件。

标本2004FBM29：22，乳白石质及骨质组合。有扁圆柱形、环形及方块形。穿孔，连成一串。通长64厘米（图六七，9；图版三八，3）。

三十、2004FBM30

2004FBM30，竖穴岩坑墓葬，平面呈长方形，长5.2、宽3.4、深为0.8米，方向158°。2004FBM30、2004FBM32墓顶同时被2004FBM16打破，其开口距地表深1.2～1.3米，墓底长5.2、宽3.4米，底部为基岩，填土为五花土，填土含少许汉砖碎片及碎陶片，未发现随葬品、葬具和人骨架等（图六八）。

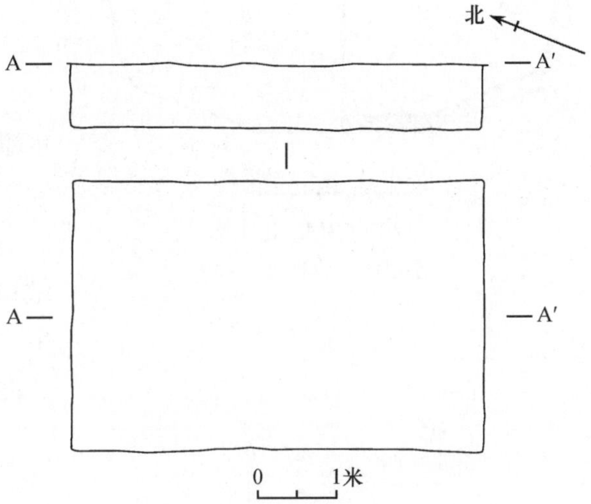

图六八　2004FBM30平、剖面图

三十一、2004FBM31

（一）墓葬形制

2004FBM31，竖穴土坑砖室墓葬，方向50°。墓口距地表深0.4～0.5、长3.3、宽2.6米，墓底距地表0.5～0.6、长3.3、宽2.6米。由于受破坏较为严重，墓道和墓室形状已不清楚，墓内填土为黄褐色花土（图六九）。

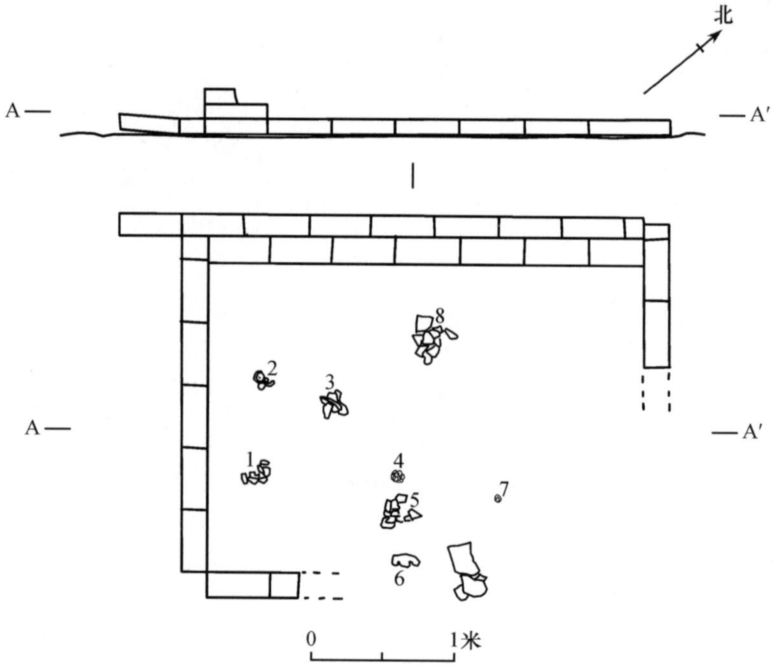

图六九　2004FBM31平、剖面图

1. 陶罐　2. 陶灯　3. 陶钵　4. 铜钱　5. 陶锺　6. 陶甑　7. 陶打水罐　8. 陶片

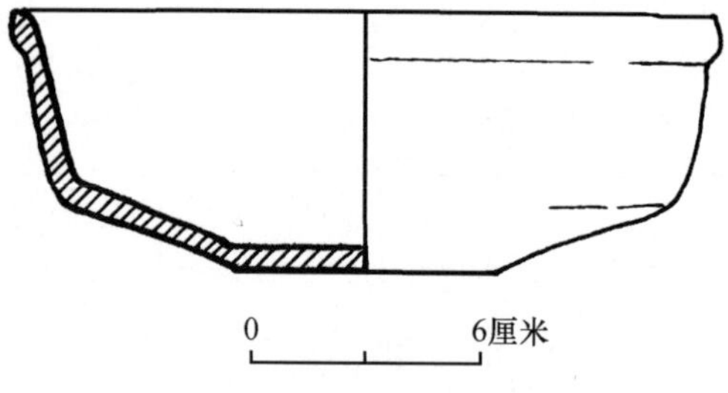

图七〇　2004FBM31出土陶钵（2004FBM31：3）

（二）随葬器物

该墓出土器物有陶罐、陶灯、陶锺、陶甑、陶打水罐、陶片及铜钱。标本器物1件。

陶钵　1件。

标本2004FBM31：3，泥质灰陶。上下腹斜直。敞口，厚圆唇，无沿，斜折腹，近直，下腹急收，小平底。素面。轮制。口径18.6、底径7.3、通高6.9厘米（图七〇）。

三十二、2004FBM32

2004FBM32，土坑墓，平面呈长方形，被2004FBM30打破，长1.3、宽1.74、深0.8米，方向67°。其开口距地表深1.2、墓底长1.64～1.74、宽1.3米，底部与2004FBM30重叠，只残留一部分，四壁和底部有人工凿痕，填土为五花土，未发现随葬品、葬具和人骨架等（图七一）。

三十三、2004FBM33

2004FBM33，竖穴岩坑墓葬，方向233°。墓口距地表深0.4～0.5、长4.1、宽3.05米，墓底距地表0.9～1.1、长4.1、宽3.05米。平面呈长方形，墓内填土为黄褐色花土。在2004FBM33内未发现任何器物，根据发掘情况初步判定2004FBM33为一座空墓或者未完成的墓（图七二）。

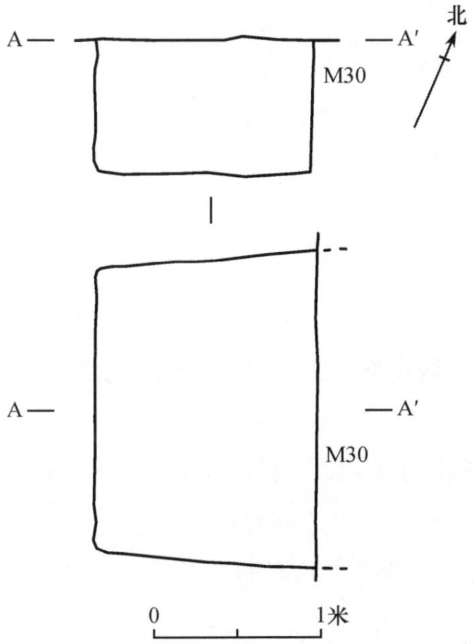

图七一　2004FBM32平、剖面图

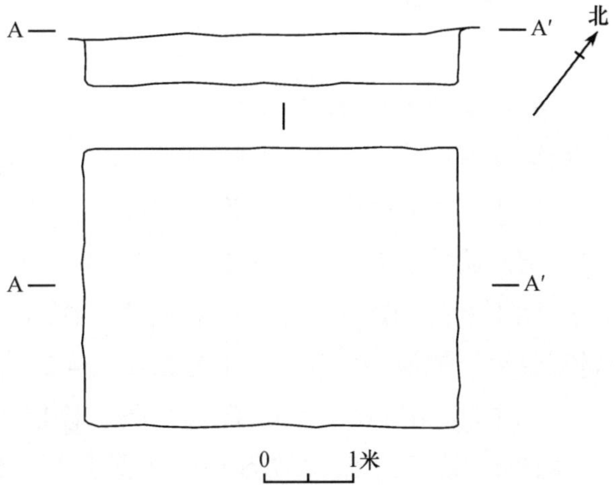

图七二　2004FBM33平、剖面图

三十四、2004FBM34

（一）墓葬形制

2004FBM34，竖穴岩坑墓葬，平面呈长方形，残长1.2、宽3.9米，方向63°。比2004FBM14深大约0.4米，与2004FBM14和2004FBM20相邻。器物分布于2004FBM34的东壁，因施工时严重破坏，墓葬长基本不清，未发现墓道、人骨架及葬具。填土为五花土（图七三）。

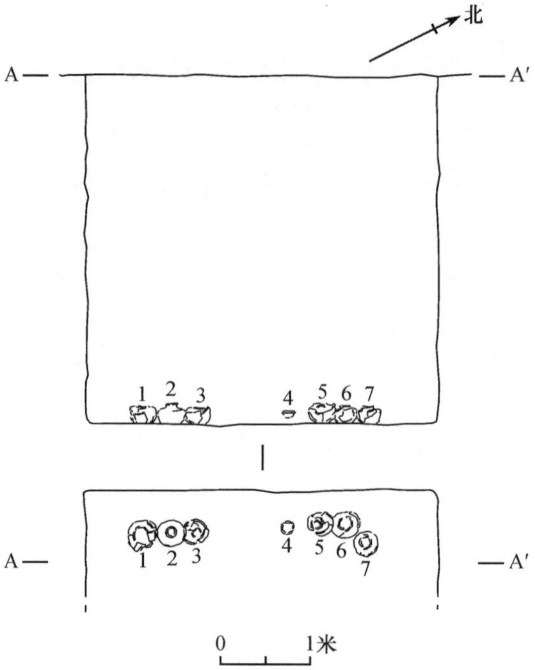

图七三　2004FBM34平、剖面图
1～3、5～7. 陶罐　4. 陶钵

（二）随葬器物

标本器物4件，均为陶器。

罐　4件。

标本2004FBM34：1，泥质褐陶。沿外卷，侈口，圆肩，斜直腹微鼓。肩部饰两周波浪纹及一道凸旋纹。轮制。口径14、底径21、通高 25.4厘米（图七四，1）。

标本2004FBM34：2，泥质灰陶。侈口，圆唇，短领，鼓肩，鼓腹，下腹弧收。肩部饰两周凹弦纹。轮制。口径13、底径23.8、高20.6厘米（图七四，2）。

标本2004FBM34：5，泥质褐陶。侈口，卷沿，折肩微鼓，斜腹。腹部饰细绳纹。轮制。口径18.4、底径21.5、高26.6厘米（图七四，4）。

标本2004FBM34：6，泥质褐陶。侈口，圆唇，微领，鼓腹。肩、腹部饰细绳纹后，再在肩部饰三道凹弦纹。轮制。口径22.8、底径22.6、高20.4厘米（图七四，3）。

三十五、2004FBM35

2004FBM35，因新建涪陵十三中校宅，机械出土石方时发现。2004FBM35北壁与2004FBM14南壁相邻，2004FBM35的北壁墓圹被2004FBM14打破。2004FBM35东壁残高1.05米，填土为五花土，墓底有棺椁底板，底板由五块组成，该墓扰乱严重。陶片较碎，无法修复。长4.65、宽3、残高1.05米，2004FBM35未发现墓道和人骨架，葬具为一棺一椁，方向348°（图七五）。

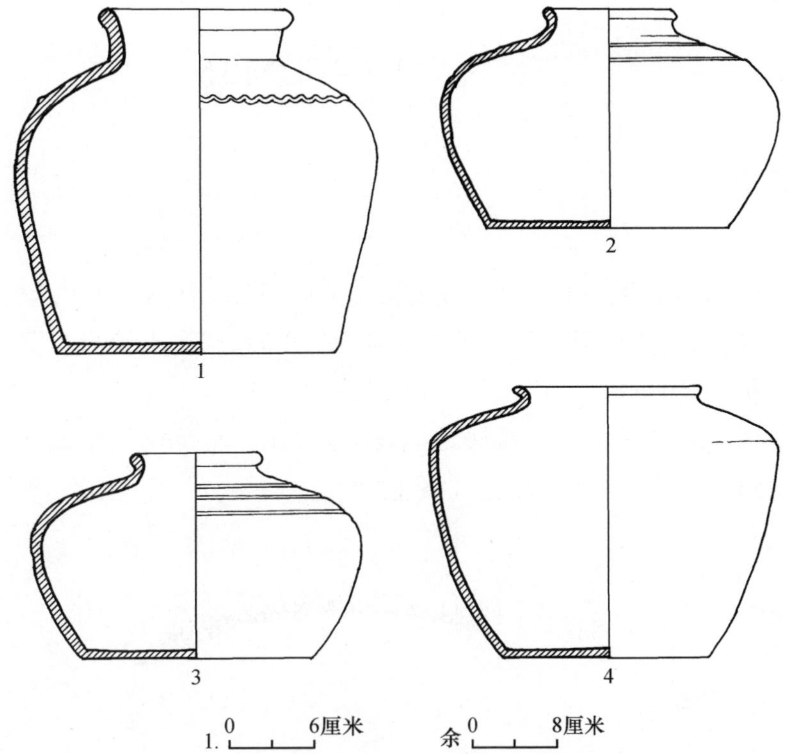

图七四 2004FBM34出土陶罐

1. 2004FBM34：1 2. 2004FBM34：2 3. 2004FBM34：6 4. 2004FBM34：5

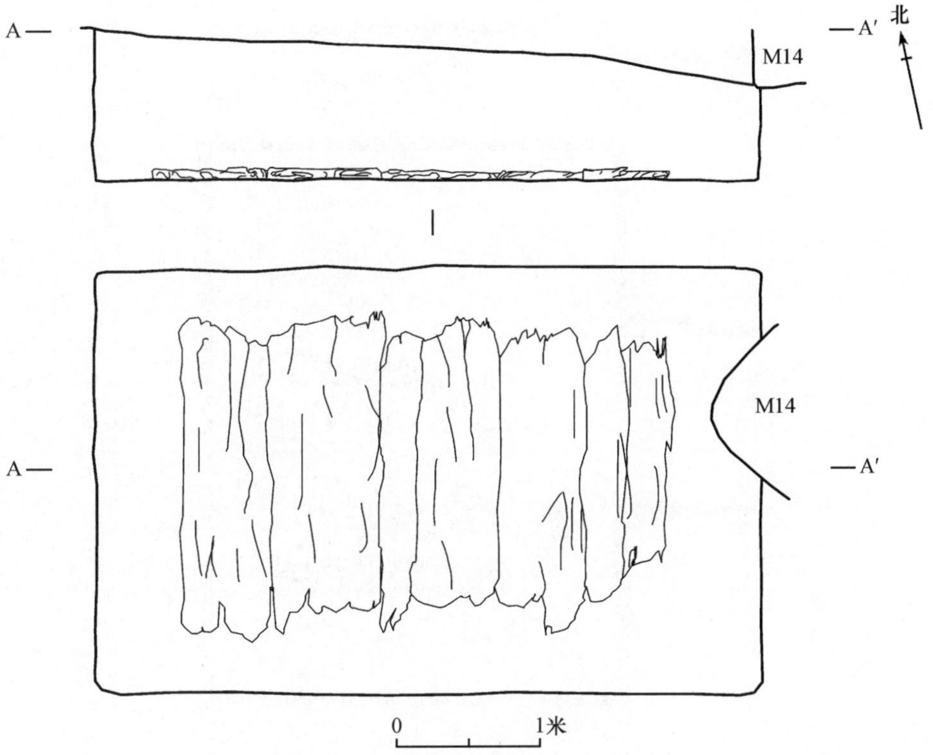

图七五 2004FBM35平、剖面图

三十六、2004FBM36

（一）墓葬形制

2004FBM36，穹隆顶，墓室长3.96、宽2.86、室内空高2.16米，室内积满水。墓顶距地表深6米，未揭顶，直接从沉井口下工作。沉井口径只有0.9米，泥土较稀。发现人骨、腿骨和肋骨等，较乱，葬具和葬式不明。

2004FBM36为人工凿成的洞室，墓底距地表深8.16米，在墓门处发现砾石和汉砖封门。墓门坐北向南，方向145°，该墓未被盗扰过（图七六）。

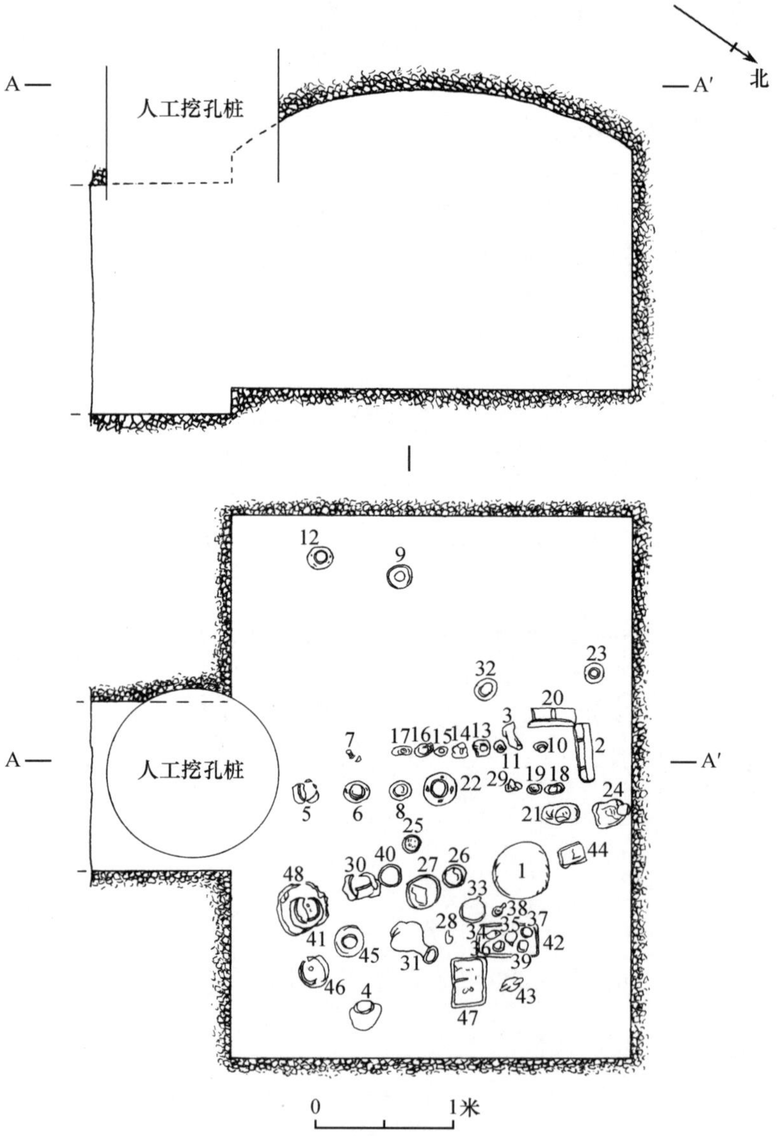

图七六　2004FBM36平、剖面图

1、4、45. 陶罐　2、20. 陶房　3、10、11、13～19、21、24、29. 陶俑　5. 陶盆　6、8、12、22、23、32. 瓷罐　7. 铜钱　9. 瓷钵　25、27. 陶盖　26、40. 陶盘　28、34～37、39. 陶耳杯　30、46. 陶钵　31. 陶锺　33. 陶匜　38. 陶勺　41. 陶甑　42. 陶案　43. 陶鸡　44. 陶仓　47. 陶塘　48. 铁釜

（二）随葬器物

出土器物有48件，其中有7件瓷器，东汉剪轮五铢30～40枚，铁釜1件残存碎片，其余均为陶器。标本器物25件。

1. 陶器

罐　2件。

标本2004FBM36：1，泥质灰陶。浅盘口，微有领，腹呈仰半球状，火候较高。肩部饰三道凹弦纹，腹部通体饰横向划纹。口径10、腹径31.6、高17厘米（图七七，1）。

标本2004FBM36：45，泥质褐陶。敛口，无沿，方唇，斜领，折肩，弧腹内收。轮制。口径15、底径10.2、高17.4厘米（图七七，2）。

盆　1件。

标本2004FBM36：5，泥质褐陶。敛口，圆唇，平折沿，斜腹较浅。素面。轮制。口径25.5、底17.5、高9厘米（图七七，4）。

锺　1件。

标本2004FBM36：31，泥质红陶。方唇，圈足外撇，高斜直领，扁鼓腹。肩、腹、底各饰一道凹弦纹。火候较低。轮制。口径12.5、腹径22.2、底径19.2、通高28.2厘米（图七七，3）。

钵　2件。

标本2004FBM36：30，泥质灰陶。敛口，圆唇，腹微鼓，腹部斜折不明显，下斜收，小平底。上腹饰一道凹弦纹。轮制。口径23.3、底径12.5、高9.2厘米（图七七，5）。

标本2004FBM36：46，泥质红陶，内外施黄釉。斜折沿，方唇，上腹较直，饰多道凹弦纹，下腹斜收，平底。轮制。口径19.8、底径11、高7.8厘米（图七七，6）。

盘　1件。

标本2004FBM36：26，泥质红陶。无沿，圆唇，折腹较浅。火候低。轮制。口径18.3、底径10、高3.5厘米（图七七，8；图版三三，1）。

匜　1件。

标本2004FBM36：33，泥质红陶，内外施酱黄釉。柄为手制。圆唇，直口，弧腹较深，腹部有一凹弦纹，兽头状柄。轮制。口径18.5、底径9、高7.2厘米（图七七，7）。

耳杯　1件。

标本2004FBM36：34，泥质红陶，内外施酱绿釉。半月形双实耳微凹。椭圆形敞口，器形较小，圆唇，器壁较厚。手制。口长9、带耳宽8、底长5、底宽2.8、高3厘米（图七七，11）。

勺　1件。

标本2004FBM36：38，泥质红陶，内外施绿釉。勺斗为椭圆形，敞口，斜腹，圜底。弧形柄。手制。口长7.6、口宽6.2、通长13.2、高4厘米（图七七，12）。

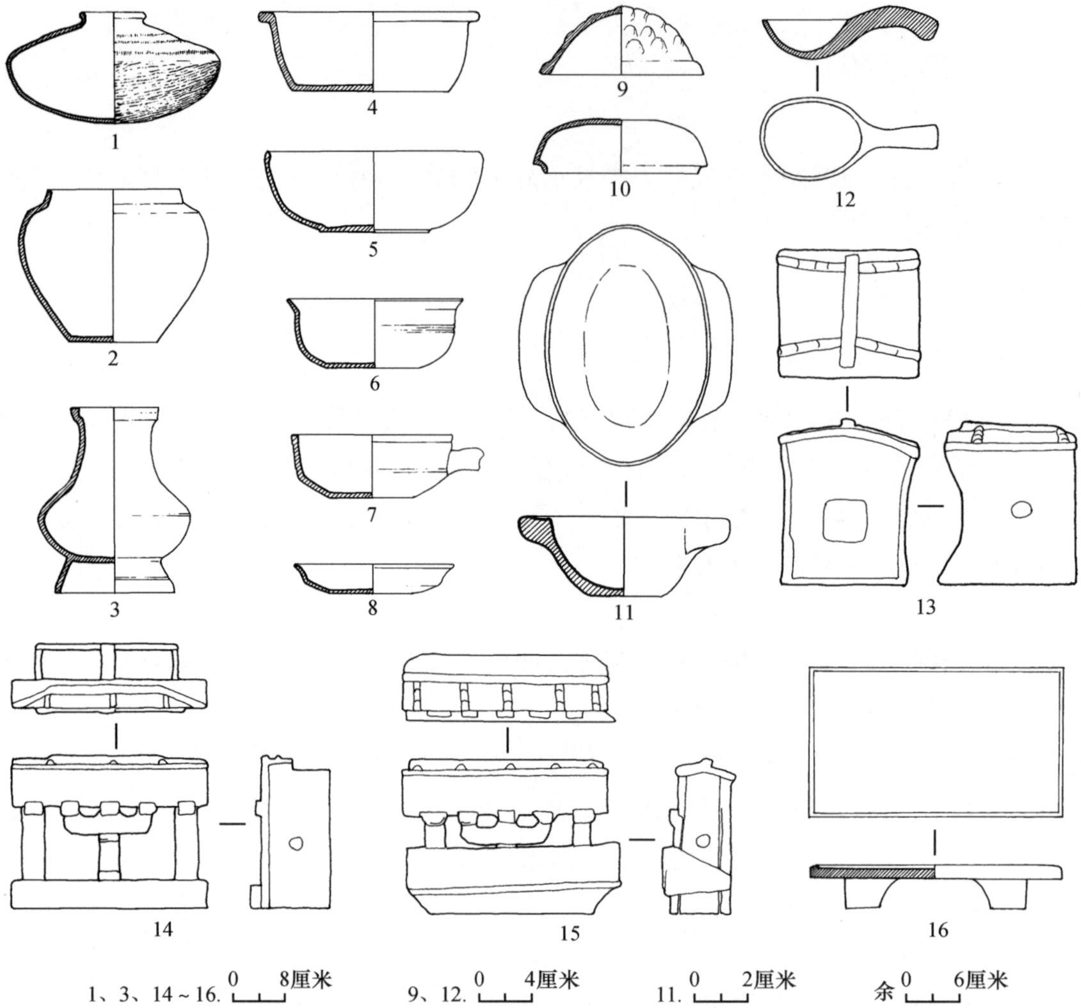

图七七　2004FBM36出土陶器

1、2. 罐（2004FBM36：1、2004FBM36：45）　3. 锺（2004FBM36：31）　4. 盆（2004FBM36：5）　5、6. 钵（2004FBM36：30、2004FBM36：46）　7. 匜（2004FBM36：33）　8. 盘（2004FBM36：26）　9、10. 盖（2004FBM36：25、2004FBM36：27）　11. 耳杯（2004FBM36：34）　12. 勺（2004FBM36：38）　13. 仓（2004FBM36：44）　14、15. 房（2004FBM36：20、2004FBM36：2）　16. 案（2004FBM36：42）

盖　2件。

标本2004FBM36：25，泥质红陶，外壁施酱绿釉。盖身较高，平口。外壁遍饰乳钉纹。模制。盖径11.8、高5.2厘米（图七七，9）。

标本2004FBM36：27，泥质灰陶。子榫，平顶。覆钵状，盖身较深。轮制。盖径17.4、高6.2厘米（图七七，10）。

房　2件。

标本2004FBM36：2，泥质红陶。陶楼，残存上层，屋面呈横长方形，三柱二开间，平台基。悬山式两面坡顶，顶正中施长条状脊两领上翘，前坡施五组筒瓦，屋面左、右列立角柱，柱上有一头，中立一柱，柱上一斗三开承檐，屋面下部为阳台结构，阳台面呈横长方形，护栏为封闭式，阳台下斜收呈三角形。火候较低，先制成各部构件后拼接而成。长32.7、宽9.5、残高23.3厘米（图七七，15）。

标本2004FBM36：20，泥质红陶。陶楼，残剩底层，屋面呈横长方形，三柱二开间，平台基，平檐与屋面齐平，檐面横列平脊一条，施五组筒瓦。屋面左、右立角柱。中立一柱，柱上一斗三开承檐。火候较低。先制成各部构件后拼接而成。长29.5、宽10.5、残高23.4厘米（图七七，14）。

仓　1件。

标本2004FBM36：44，泥质红陶。悬山式两面坡顶，顶部正中施纵脊一条，两坡各施两组筒瓦，仓面正中施一小仓门，两墙中部开一对称通风圆孔。火候较低，长方形平底，四墙与顶部分制后拼接而成。长 15.5、宽14.5、通高19厘米（图七七，13）。

案　1件。

标本2004FBM36：42，泥质红陶。长方形，圆唇，浅直壁，四立足。手制。火候较低。长37.5、宽22.5、高7.2厘米（图七七，16）。

俑　4件。

吹箫俑　标本2004FBM36：14，泥质红陶。双腿跪坐，头戴高冠，面部眉目不清，高鼻，呈胡人相，身着长袍，圆领，长袖，双手于胸前执箫做吹箫状。高15.6厘米（图七八，2）。

说唱俑　标本2004FBM36：13，泥质红陶。跪坐式，头戴圆顶冠，面部模糊，身穿右衽长袍，双手平放于双膝间的一平板上，做说书状。高 18.4厘米（图七八，1）。

执镜俑　标本2004FBM36：24，泥质红陶。个体较大，坐式，头戴凤冠，面带笑容，身着长裙，右衽，左手执镜于前胸，右手置于右膝上，双腿盘坐。高40.3厘米（图七八，4；图版二八，4）。

庖厨俑　标本2004FBM36：21，泥质红陶。个体较大，坐式，头戴平顶冠，面部较清，身着长袍，右衽，袖口高挽，盘腿席坐，案置腿前，左手按鱼头于桌上，右手执匕做欲剖鱼状。坐高 44.4厘米（图七八，3；图版二八，3）。

2. 瓷器

均为生活用具，有罐（四系、六系）、钵，器表施釉均不及底，均为灰白胎。

罐　4件。

标本2004FBM36：6，内外壁施釉，釉下遍饰布纹。器形较矮。直口，圆唇，领较高，圆肩，平底。肩部饰对称四桥形耳及一周凸棱纹。耳为手制黏接。口径9.4、底径10.2、高11.9厘米（图七九，1）。

标本2004FBM36：12，内外壁施釉，釉下遍饰布纹。器形较大。短立领，斜折肩、平底。肩上部饰对称四横桥耳，腹饰对称二桥形立耳。耳为手制黏接。口径17.4、底径18.5、高18.8厘米（图七九，4）。

标本2004FBM36：22，内外壁施釉，釉下遍饰布纹。器形较矮。直口，圆唇，领较高，斜肩，平底。肩部饰对称四桥形耳及一周弧形花瓣，腹部饰连续“山”形划纹。口径9.6、底径12、高12.7厘米（图七九，3）。

标本2004FBM36：32，内外壁施釉，釉下遍饰布纹。曲腹微鼓。直口，圆唇，领较高，斜肩微鼓，平底。肩部饰对称双桥形耳及一周莲花形花瓣，腹部饰连续“山”形划纹。口径9、

图七八　2004FBM36出土陶俑

1. 说唱俑（2004FBM36：13）　2. 吹箫俑（2004FBM36：14）　3. 庖厨俑（2004FBM36：21）　4. 执镜俑（2004FBM36：24）

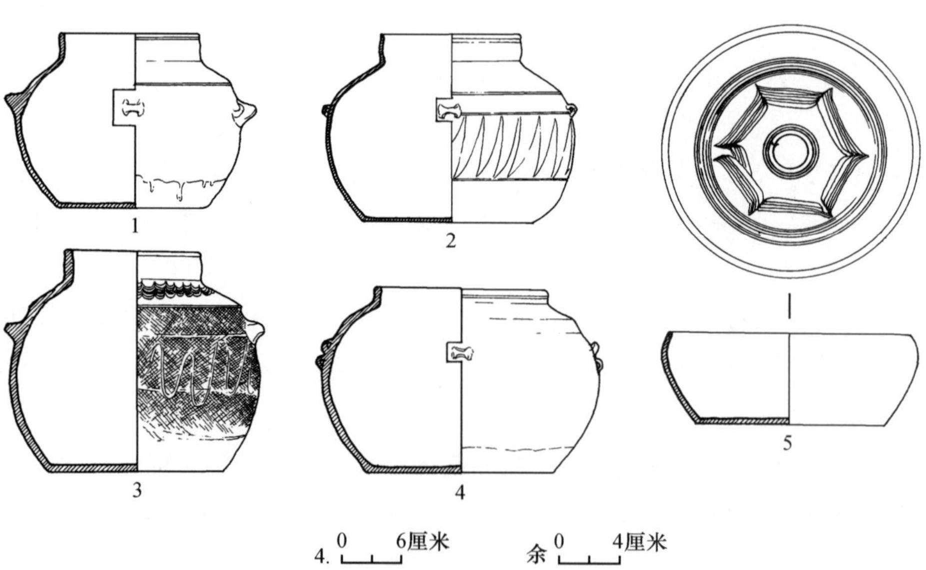

图七九　2004FBM36出土瓷器

1～4. 罐（2004FBM36：6、2004FBM36：32、2004FBM36：22、2004FBM36：12）　5. 钵（2004FBM36：9）

底径12、高15厘米（图七九，2）。

钵　1件。

标本2004FBM36：9，内外壁施釉。敛口，尖圆唇，弧腹，平底。口径16、底径12.4、高6.1厘米（图七九，5）。

三十七、2005FBM37

（一）墓葬形制

2005FBM37，竖穴岩坑砖室墓，平面呈长方形，方向137°，该墓损坏严重，墓口距地表深0.1～0.2、残长2.16、残宽1.74米，填土为五花土，土质较硬，包含大量页岩，由于扰乱严重，只能见到墓圹和铺地砖，墓道、葬具及人骨架均未发现。铺地砖横铺墓底，素面，出土器物均为陶器碎片及少数铜钱（图八〇；图版七，4）。

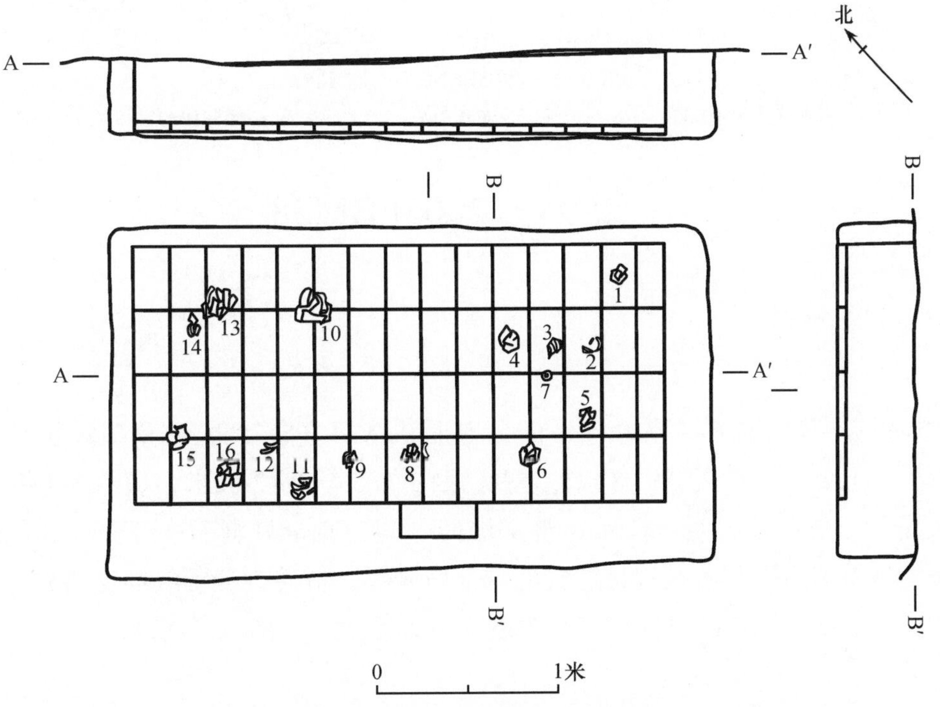

图八〇　2005FBM37平、剖面图

1、5、6、9、10、13～15. 陶罐　2、8、11. 陶钵　3、4. 陶匜　7. 铜钱　12. 陶盖　16. 陶片

（二）随葬器物

该墓出土器物有陶罐、陶钵、陶匜等。标本器物3件，均为陶器。

罐　1件。

标本2005FBM37：10，泥质夹砂褐陶。圆唇，敞口，卷沿，短直颈，斜直腹，平底。肩部饰一周凹弦纹。口径 20.8、底径19.2、高29.5厘米（图八一，1）。

钵　1件。

标本2005FBM37：8，泥质灰陶。直口，方唇，无沿，上腹较直，斜直腹，下腹近底急收，近饼足底。上腹饰一周凹弦纹。口径18.2、底径7.3、高6.2厘米（图八一，2）。

匜　1件。

标本2005FBM37：3，泥质灰陶。直口，圆唇，上腹较直，下腹弧收成平底。附加一龙头形柄。器身轮制，柄手制。口径18.8、底径 8.5、高7厘米（图八一，3）。

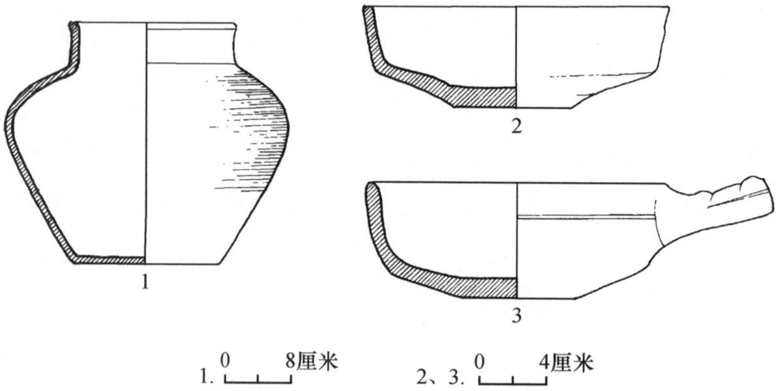

图八一　2005FBM37出土陶器

1. 罐（2005FBM37：10）　2. 钵（2005FBM37：8）　3. 匜（2005FBM37：3）

三十八、2005FBM38

（一）墓葬形制

2005FBM38，竖穴岩坑砖室墓，平面呈刀形，墓门方向75°，该墓破坏扰乱严重，墓口距地表残深0.1～0.25、长5.4、宽2.82米，墓底深1、长5.4、宽2.82米，填土为五花土，土质较硬，包含大量的页岩，由于扰乱严重，墓圹墙砖、铺地砖也只剩下一部分，铺地砖用墙砖铺成，发掘中发现甬道有一部分被现代建筑的水池所破坏，墙砖为菱形纹饰花边砖，墓道、葬具及人骨架情况不清楚。铺地砖横铺墓底，为菱形纹饰花边砖（图八二）。

（二）随葬器物

该墓出土器物有少量的陶、铜器残片。标本器物2件，均为陶器。

盖　2件。

标本2005FBM38：4，泥质红陶，外施酱釉。圆弧顶，平沿。器表通饰波浪纹，器身饰三个长方形小孔。盖径11.5、高4.8厘米（图八三，1）。

标本2005FBM38：8，泥质红陶。覆钵形，弧面，盖顶饰半球形纽。器身遍饰火焰纹，近沿处有一道弦纹。盖径12.3、高4.9 厘米（图八三，2）。

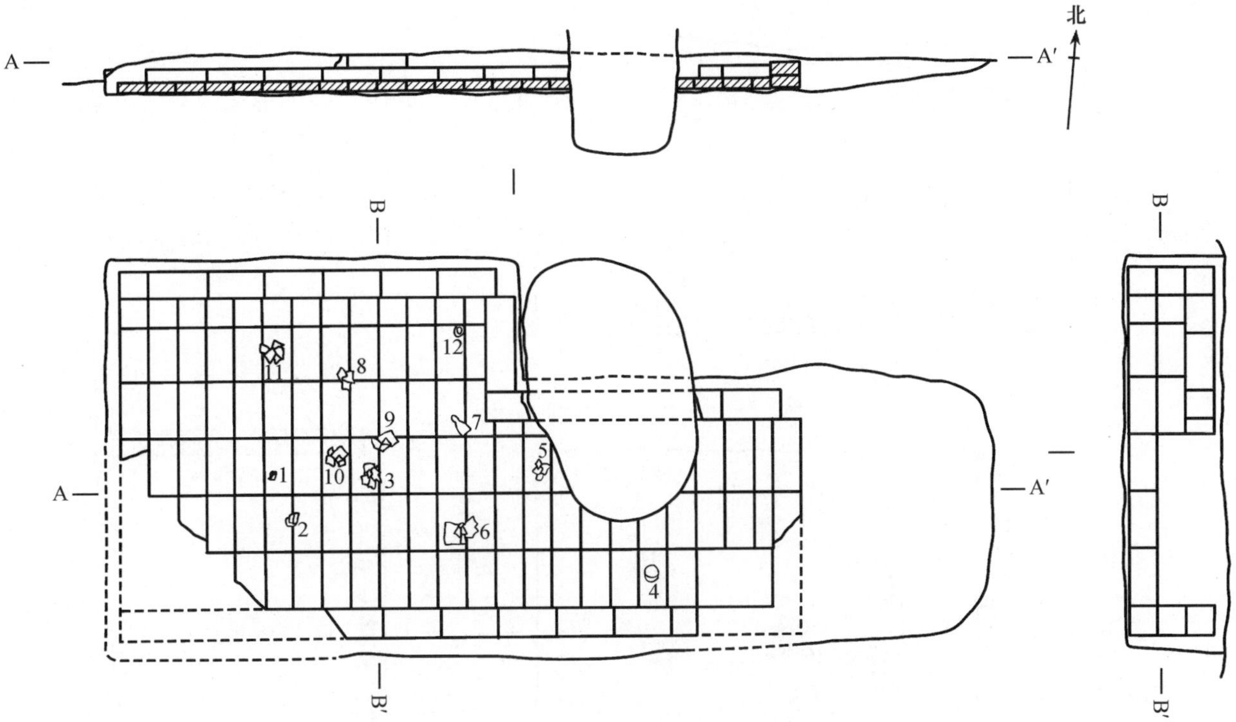

图八二　2005FBM38平、剖面图

1. 陶耳杯　2、6、9. 陶罐　3、5、7、11. 陶俑　4、8. 陶盖　10. 陶钵　12. 铜环

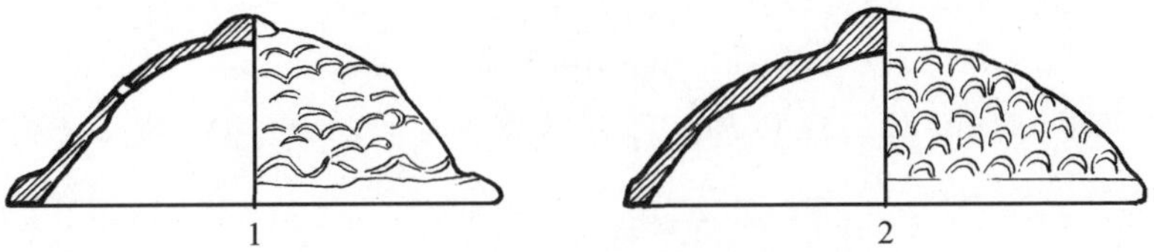

图八三　2005FBM38出土陶盖

1. 2005FBM38：4　2. 2005FBM38：8

三十九、2005FBM39

（一）墓葬形制

2005FBM39，平面呈长方形，方向230°，墓口距地表深0.4～0.6、残长4.6、宽3.2米，墓底距地表深2.1～2.5、残长4.6、宽3.2米。改田改土导致墓葬东北角形成断坡，墓葬开口呈斜坡状，由西向东、由南向北倾斜。填土为五花土，土质较硬，包含大量页岩，墓葬结构为竖穴岩坑。由于扰乱严重，未发现墓道及明显的葬具、人骨架，随葬品多为碎片残器（图八四）。

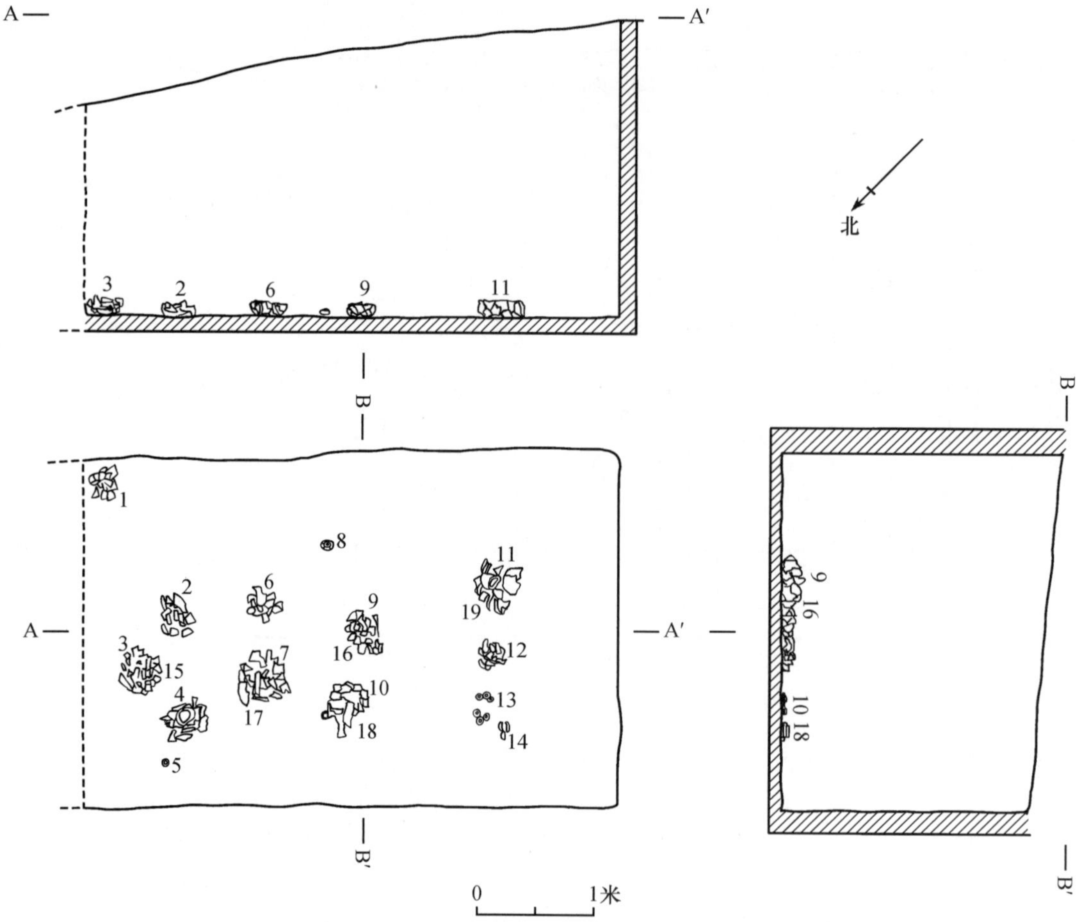

图八四　2005FBM39平、剖面图

1、3、4、6、7、9、19. 陶罐　2、10、11、15、16. 陶钵　5. 铜环　8. 纺轮　12. 陶豆　13. 铜钱　14. 铜镜　17. 陶釜　18. 陶盖

（二）随葬器物

出土器物有陶罐、钵、盖等19件。标本器物4件，均为陶器。

罐　3件。

标本2005FBM39∶1，泥质褐陶。口微敞，方唇，平折沿，短束颈，溜肩，鼓腹，圜底。口径14、高16.8厘米（图八五，1）。

标本2005FBM39∶9，泥质褐陶。敞口，圆唇，卷沿，束领，溜肩，鼓腹，弦腹近底渐直收，平底。器形较大。口径11.6、底径17.7、高15.7厘米（图八五，2）。

标本2005FBM39∶7、18，盖为泥质褐陶。弧形顶较平，子母口。罐为泥质褐陶。敞口，圆唇，卷沿，束颈，鼓腹，弧腹近底，渐直收，大平底。口径10.7、底径17、通高16.4厘米（图八五，3）。

钵　1件。

标本2005FBM39∶16，泥质夹砂褐陶。上腹较斜，折腹明显，敞口，圆唇外卷，下腹微曲内收，小平底。素面。口径18、底径5.5、高6.5厘米（图八五，4）。

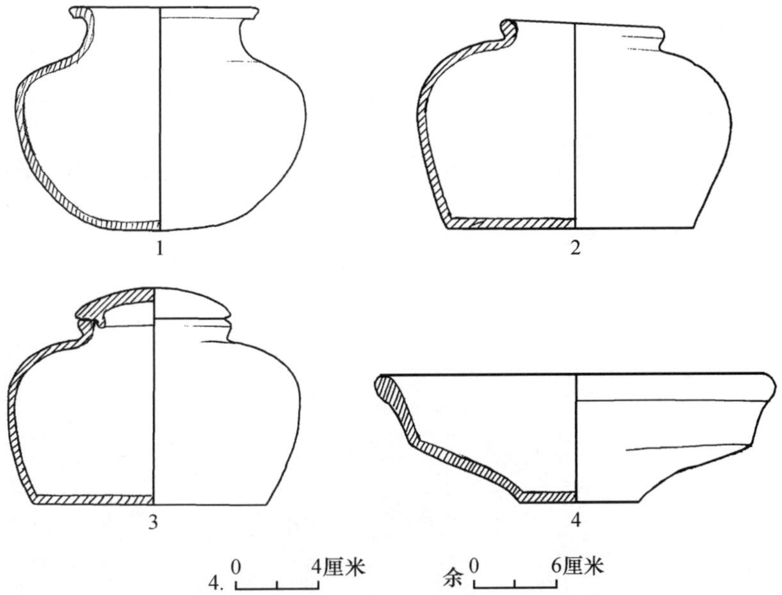

图八五　2005FBM39出土陶器

1～3. 罐［2005FBM39∶1、2005FBM39∶9、2005FBM39∶7、18（盖）］　4. 钵（2005FBM39∶16）

四十、2005FBM40

（一）墓葬形制

2005FBM40，平面呈刀形，为竖穴岩坑砖室墓。四壁用青砂条石错缝平砌而成，墓底是用烧制的青砖并排平砌，整个墓葬由墓道、甬道、墓室组成。其中墓道呈长方形斜坡道，位于甬道正前端，长1.4、宽1、距地表深0.1～0.2、墓道深0.3～0.7米，墓室长2.84、宽2.54、深1.2米，甬道长2.16、宽1.6、深1.1～1.2米。方向48°。

2005FBM40由于扰乱严重，券拱已无存，未发现葬具及人骨架（图八六；图版八，1）。

（二）随葬器物

出土器物90件，以陶器居多，有甑、案、罐、锺、盖、井、钵、俑、耳杯、房、狗、猪、灯、仓、鸡、塘、匜等。整个器物组合较全，器形较多，陶质较硬，特别是灰陶案较大，四个案足，造型为四个人物，用手顶于头部，扶起案框。而一个红陶舞俑，呈弓背形，舞姿优美，面目清晰，腰姿向后，胸部向前，整个墓葬的随葬品与第一次发掘出土的随葬品一致，其时代应是东汉中期。标本器物28件（套），均为陶器。

罐　1件。

标本2005FBM40∶5，泥质红陶，通体施绿釉。敛口，圆唇，卷沿，无领，斜折肩，鼓腹斜收，平底。口径 12.3、底径13.1、高 15.8厘米（图八七，2）。

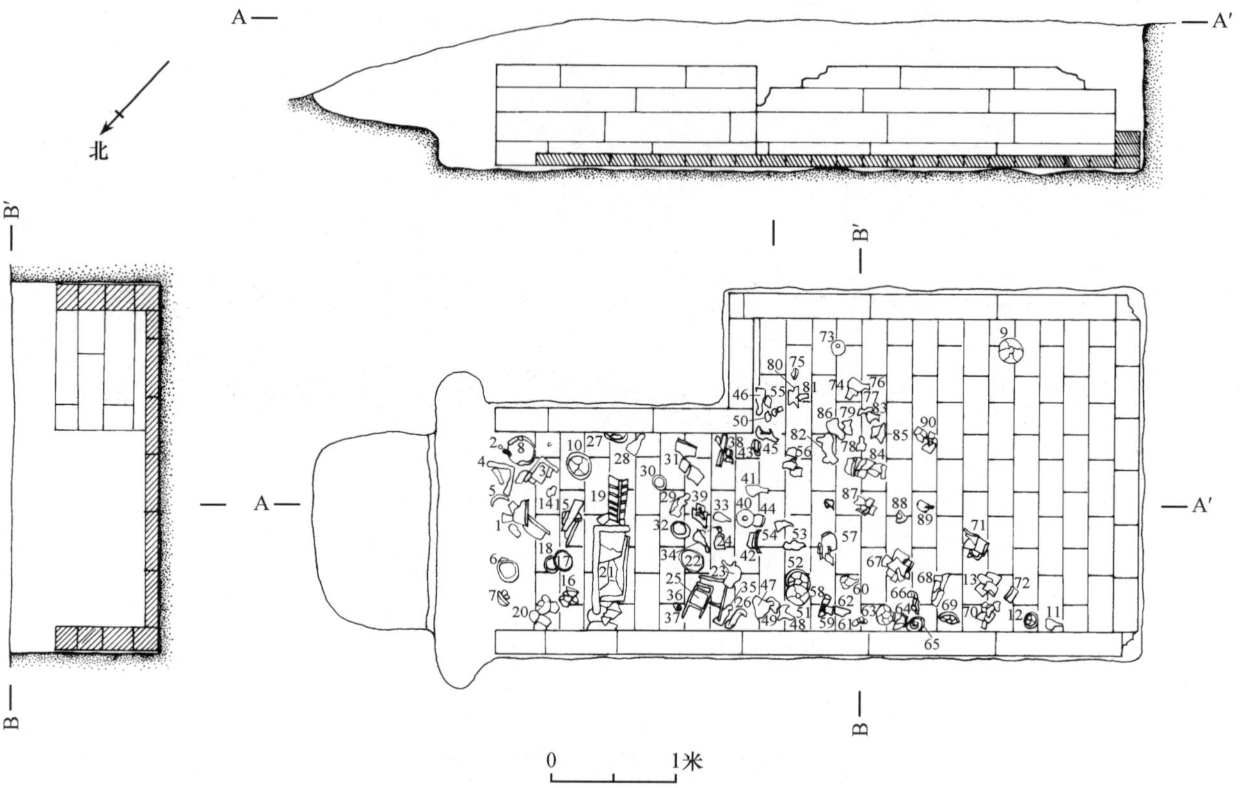

图八六　2005FBM40平、剖面图

1. 陶甑　2. 铜钱　3. 陶案　4. 陶打水罐　5、13、27、39、46、52、56、57、63、64、67、71、81、87. 陶罐　6. 陶锺　7、16～18、22、40、66、69. 陶盖　8. 陶塘　9、10、42～44、58、62、65、72、89. 陶钵　11、23、26、28～30、34、37、41、45、47、55、60、74～79、84. 陶俑　12、49. 陶盘　14、50、85. 陶耳杯　15、19、21、31、33、38、54、68、70、88、90. 陶房　20、82. 陶狗　24. 陶勺　25. 陶井　32、73. 陶灯　35. 陶镇墓兽　36. 陶仓　48、53、59. 陶鸡　51. 釉陶盆　61. 陶交趾俑　80. 陶猪　83. 陶釜　86. 陶匜

甑　1件。

标本2005FBM40：1，泥质灰陶。弧腹近斜，下腹斜收。敞口，宽平沿，圆唇，弧腹较深直，平底。底有六个圆形箅孔，腹饰四周三角形纹。口径39.2、底径18.7、高25.8厘米（图八七，11）。

钵　1件。

标本2005FBM40：10，泥质红陶，内外通饰酱釉。上腹近直，敞口，厚圆唇，无沿，下腹缓收。平底。口径14.8、底径5.3、高6.4厘米（图八七，3）。

盘　1件。

标本2005FBM40：12，泥质红陶，内外施酱釉，部分剥落。圆唇，无沿，弧腹，平底。素面。口径15.8、底径5.8、高4.1厘米（图八七，4）。

釜　1件。

标本2005FBM40：83，泥质红陶。侈口，斜平沿，圆唇，束颈，鼓腹曲收成平底。素面。口径12.1、底径7.6、高11.2厘米（图八七，1）。

耳杯　1件

标本2005FBM40：50，泥质红陶。口底椭圆形，敞口，方唇，腹微曲，平底，内底弧形。

两对称月牙形耳高出口沿，耳内各有一凹槽，耳侧有手指对称卡捏凹痕。上口长10.6、宽9、底长9、宽3.4、高3.5厘米（图八七，12）。

盖 3件。

标本2005FBM40：17，泥质红陶。弧形子榫盖，盖身较浅，盖顶饰一乳钉形纽。盖径13.3、高 3.4 厘米（图八七，8）。

标本2005FBM40：18，泥质红陶，外壁施酱釉。弧形顶子榫盖，盖顶较平，饰三乳钉形纽，覆钵形。盖径10.3、高 5.5 厘米（图八七，7）。

标本2005FBM40：66，泥质红陶，外施较厚的酱釉。近锥形，器身满饰火焰纹，火焰朝上，器身有三个长方形小孔。盖径 10.5、通高7厘米（图八七，9）。

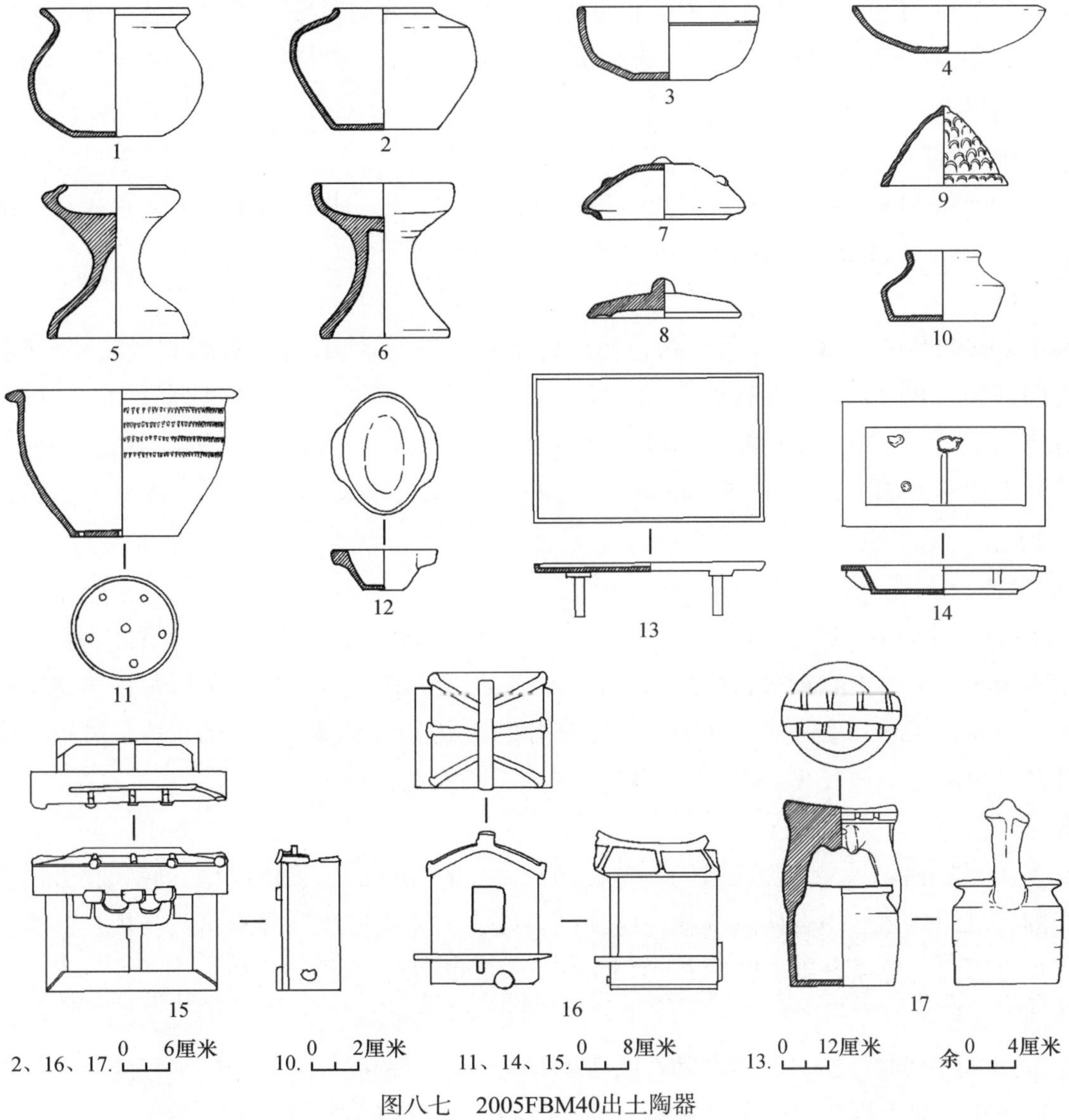

图八七 2005FBM40出土陶器

1. 釜（2005FBM40：83） 2. 罐（2005FBM40：5） 3. 钵（2005FBM40：10） 4. 盘（2005FBM40：12） 5、6. 灯（2005FBM40：32、2005FBM40：73） 7～9. 盖（2005FBM40：18、2005FBM40：17、2005FBM40：66） 10. 打水罐（2005FBM40：4） 11. 甑（2005FBM40：1） 12. 耳杯（2005FBM40：50） 13. 案（2005FBM40：3） 14. 塘（2005FBM40：8） 15. 房（2005FBM40：19） 16. 仓（2005FBM40：36） 17. 井（2005FBM40：25）

灯　2件。

标本2005FBM40：32，泥质红陶。子母榫，圆唇，盘较深，盘壁微鼓，柄部较高，近喇叭状座。口径8.9、底径12.2、高13.3厘米（图八七，5）。

标本2005FBM40：73，泥质红陶。盘口，口近直，方唇，柄部内曲，较粗壮，座部近直。口径11.4、底径10.7、高13.4厘米（图八七，6）。

案　1件。

标本2005FBM40：3，泥质灰陶。平口，浅斜壁，四兽头状足。模制。长59.2、宽38.6、高15.5厘米（图八七，13）。

塘　1件。

标本2005FBM40：8，泥质灰陶。长方形，宽平沿，浅腹直壁，平底。塘中设长埂中分塘面，埂不封口，一侧堆塑有鱼、龟、螺，另一侧无装饰。模制。长34.8、宽21.3、高5.2厘米（图八七，14）。

打水罐　1件。

标本2005FBM40：4，泥质灰陶。敛口，圆唇，窄平肩，井筒鼓腹，最大腹径在中部，平底内凹。口径3.2、底径4.5、高3.1厘米（图八七，10）。

井　1件。

标本2005FBM40：25，泥质红陶，通体施酱釉。井身及仿木建筑连为一体，分井上建筑与井身两部分。井上建筑为两柱悬山式，两柱内曲，两面坡顶，顶正中横列脊两端上翘，前后两坡各施四组筒瓦，檐下正中施一轱辘，井身呈筒形，侈口，方唇，束颈，折肩，平底。井身轮制，井上建筑手制。口径 14.5、底径13.8、井身高10.5、通高24.1 厘米（图八七，17；图版三三，3）。

房　1件。

标本2005FBM40：19，泥质灰陶。无回栏，平脊。空心箱形，左、右、后面为板块结构，房顶俯视呈长方形，中脊较平，中脊前面各等距筒瓦座四道，分割出两条板瓦铺盖格，顶下为长方形，房檐板相承，中间立一单柱，一斗三升的斗拱上承接屋檐并贴饰三块长方形斗板，两侧面各开一小圆孔。长32.8、宽10.8、高24.8厘米（图八七，15）。

仓　1件。

标本2005FBM40：36，泥质灰陶。空心箱形，左右和后面为板块结构，底为长方形台基，单层楼阁，悬山式顶，中脊两领微翘，屋顶两斜坡各饰筒瓦三组，分割出两条板瓦铺盖格，前面开一长方形门。分模合制。长12.5、宽13.2、高20.4厘米（图八七，16）。

侍俑　2件。

标本2005FBM40：29，泥质红陶。头戴圆顶冠，双肩较瘦，身着两层圆领内衣，外着高领右衽及地长袍，双手拢于腹前，双宽袖下垂。模制。高22.9厘米（图八八，3）。

标本2005FBM40：78，泥质灰陶。光头，身体呈筒形，制作较粗糙，面目不清，身着高领及地长袍，双手拢于腹前，双足尖露于袍外。模制。高12.9厘米（图八八，5）。

2、4、5、7、11. 0　4厘米　　余 0　6厘米

图八八　2005FBM40出土陶器

1. 提罐俑（2005FBM40：11）　2. 舞俑（2005FBM40：23）　3、5. 侍俑（2005FBM40：29、2005FBM40：78）
4. 抚耳俑（2005FBM40：55）　6. 出恭俑（2005FBM40：75）　7. 吹箫俑（2005FBM40：84）　8. 交趾俑（2005FBM40：60）
9. 击鼓俑（2005FBM40：30）　10. 猪（2005FBM40：80）　11. 镇墓兽（2005FBM40：35）

舞俑　1件。

标本2005FBM40：23，泥质红陶。梳三髻，长袍，左手按胯，右手高举，右腿弯曲，面部模糊。模制。高19.9厘米（图八八，2）。

抚耳俑　1件。

标本2005FBM40：55，泥质红陶。头饰双髻，圆巾。内着圆领衫，外罩右衽宽袖长袍，袍下摆后部起褶，见双足，右手抚耳，左手置于左膝之上，做跪坐状。高18.9厘米（图八八，4）。

击鼓俑　1件。

标本2005FBM40：30，泥质红陶。鼓置于双膝间。左手置鼓上，右手持棒靠于胸前，头戴方顶高冠，高鼻，眉目不清，面目清瘦，身着高领及地长衫，做跪坐击鼓状。高21.3厘米（图八八，9；图版二九，2）。

吹箫俑　1件。

标本2005FBM40：84，泥质红陶。头戴圆形尖顶冠，冠下扎巾，结于额前，交领长袍，窄袖挽于腕部，袖多褶，跪坐。双手胸前执箫顶于嘴部，做吹奏状。高19.2厘米（图八八，7）。

交趾俑　1件。

标本2005FBM40：60，泥质红陶。头戴官帽，大眼，高鼻，小嘴，身着右衽长裙，头向前伸，双手上举握于头顶，做躬身朝拜状，双足交叉站于一蟾蜍背上，蟾蜍呈卧姿状。高28厘米（图八八，8；图版二九，3）。

出恭俑　1件。

标本2005FBM40：75，泥质红陶。半蹲状，头梳三髻，外着右衽长裙，内着圆领衫，挽褶袖，双脚呈马步状，臀部后翘。高26.6厘米（图八八，6）。

提罐俑　1件。

标本2005FBM40：11，泥质红陶。头着双髻，长圆脸，细眉塌鼻梁。身着圆领裙服，右手曲抬执一刀形物，左手下垂提一罐状物。高26厘米（图八八，1；图版二九，1）。

猪　1件。

标本2005FBM40：80，泥质红陶。翘鼻，张嘴露齿，圆眼凸出，两耳下垂，脊鬃高耸，尾上卷贴于右臀。头大臀小，头部较长，四肢粗短，身体浑圆。模制。长25.2、高15.5厘米（图八八，10；图版三一，3）。

镇墓兽　1件。

标本2005FBM40：35，泥质红陶。蹲坐姿。垂首，鼓目，矮犄角，宽鼻，阔嘴，吐及地长舌，短尾，弓脊屈身蹲坐，前肢屈立。模制。高 17.5 厘米（图八八，11；图版三二，3）。

四十一、2005FBM41

（一）墓葬形制

2005FBM41，方向35°。保存较差，券顶及墓壁上部不存，斜坡墓道残长1.9、宽1.5米。墓圹长3.4～5.4、宽2～2.94米，墓口距地表0.2～0.45、距墓底0.9～1.1米（残高）。填土为红色页岩及褐色黏土。甬道长1.92、宽1.4、残高1.1米，墓室长2.86、宽2.4、残高1.1米。墓底无铺地砖，铺一层碎页岩垫平。墓室内未发现人骨及葬具痕迹，故葬式不清。四壁均用菱形几何纹和车轮纹花边砖错缝平砌，花边砖纹向内。叠压于在2005FBM44、2005FBM45上，由于墓室下沉、变形，随葬品放置无序（图八九）。

（二）随葬器物

主要随葬品有陶罐、案、鸡、锺等共计12件。标本器物2件，均为陶器。

罐　2件。

标本2005FBM41：1，泥质灰陶。敞口，圆唇，短束颈，斜溜肩，鼓腹，下腹斜直至底，平底。轮制。口径9.8、底径7.6、高11厘米（图九〇，1）。

标本2005FBM41：9，泥质灰陶。敞口，圆唇，短束颈，斜溜肩，鼓腹，平底。轮制。口径10.6、底径8.2、高10.8厘米（图九〇，2）。

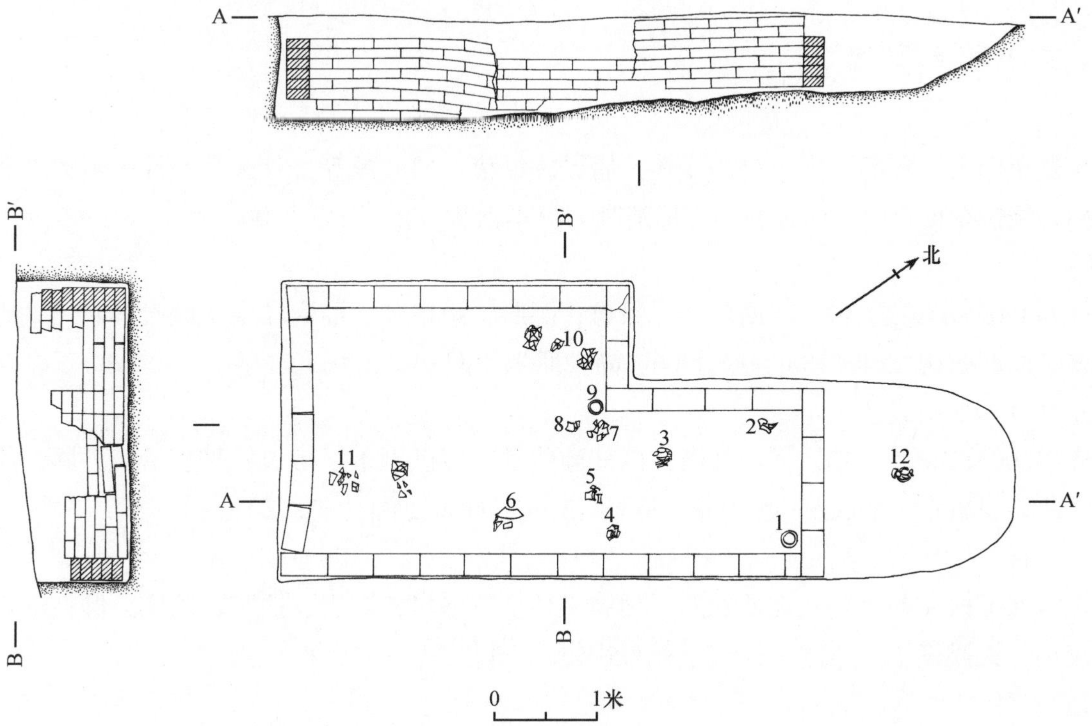

图八九　2005FBM41平、剖面图

1、4、8、9、12. 陶罐　2. 陶鸡　3、11. 陶房　5、7. 陶锺　6. 陶案　10. 陶俑

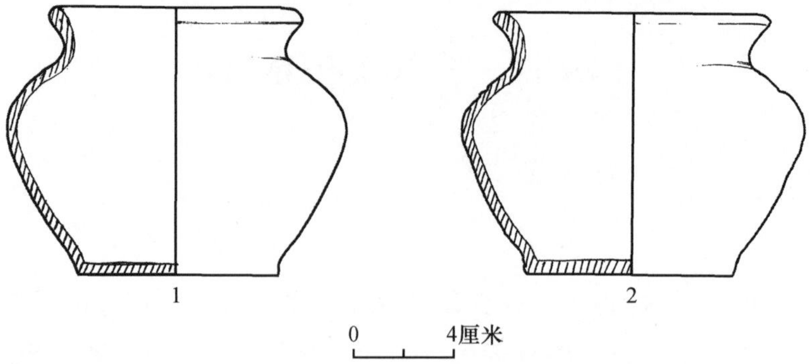

图九〇　2005FBM41出土陶罐
1. 2005FBM41：1　2. 2005FBM41：9

四十二、2005FBM42

（一）墓葬形制

2005FBM42，开口距地表0.1～0.2米，平面呈刀形，方向110°。是在页岩上凿一岩坑，再用烧制的砖错缝平砌而成，为竖穴岩坑墓，由墓道、甬道、墓室组成。其中墓道位于甬道正前方，为长方形斜坡道，长1.6、宽0.7～1.9、深0.1～1.2米，墓室长3.6～6、宽1.98～2.98米，填土为五花土。

该墓葬由于扰乱严重，未发现葬具和人骨架，出土器物也较碎而少，均为陶器（图九一；图版八，2）。

（二）随葬器物

从器形上看有陶案、罐、鸡、耳杯、俑、钵、猪、勺、锺等，其中有一件完整的舞俑，做工精细，烧制程度较硬，而且服饰花形清晰。标本器物7件，均为陶器。

罐　1件。

标本2005FBM42：17，泥质灰陶。敛口，圆唇，短束颈，溜肩较窄，鼓腹斜收，平底。肩上部饰一周凹弦纹。口径10.6、底径8.6、高12厘米（图九二，4）。

盘　1件。

标本2005FBM42：13，泥质红陶，内外施酱釉，多已剥落。敞口，平折沿，方唇，浅腹，沿下内曲，斜折腹，平底。口径18.8、底径5.2、高5厘米（图九二，2）。

勺　1件。

标本2005FBM42：14，泥质红陶。勺体半球形。侈口，圆唇，曲腹，圜底，圆柱形短柄，弧度较小，火候较差。长15、宽6.5、高5.5厘米（图九二，3）。

锺　1件。

标本2005FBM42：26，泥质红陶。器表及口、外部通施绿釉。浅盘口，平沿，无唇，高

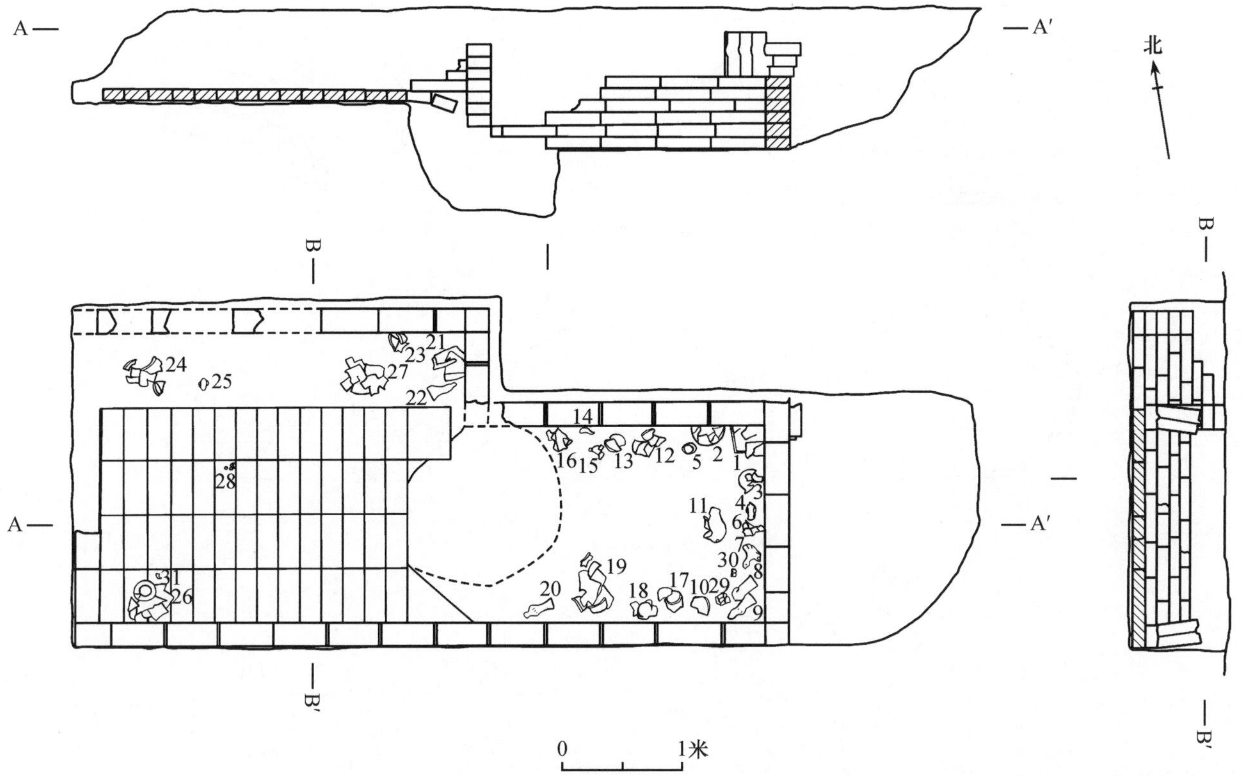

图九一　2005FBM42平、剖面图

1. 陶案　2、3、17～19、24、29、31. 陶罐　4、7. 陶鸡　5、25. 陶耳杯　6、8、9、16、20～22. 陶俑　10、12、23、27. 陶钵　11. 陶猪　13. 陶盘　14. 陶勺　15. 陶狗　26. 陶锺　28. 铜钱　30. 陶锺盖

领，中部微束，溜肩，鼓腹下垂。最大径在腹下部，喇叭状高圈足接于圜底。颈、腹各饰一组多道凹弦纹，两组弦纹间饰对称的两衔环铺首，铺首面部不清。口径16.7、底径18.4、高32.4厘米（图九二，5）。

案　1件。

标本2005FBM42：1，泥质红陶。平口，浅斜壁，三角足。模制。长57.4、宽37.8、高9厘米（图九二，1）。

鸡　1件。

标本2005FBM42：7，泥质红陶。雄鸡，立姿，中空。昂首，鼓目，尖喙，高冠，平脊，长尾上翘，屈肢附于圆筒形座上。模制。高18.2厘米（图九二，6）。

狗　1件。

标本2005FBM42：15，泥质红陶。中空。立姿，昂首，耸耳，圆鼓目，阔嘴露齿，短尾半月形，上卷贴于臀上，四足挺立。领、腹饰缰带，背上拴环，神态威猛传神。模制。长22.8、高19.8 厘米（图九二，7；图版三一，6）。

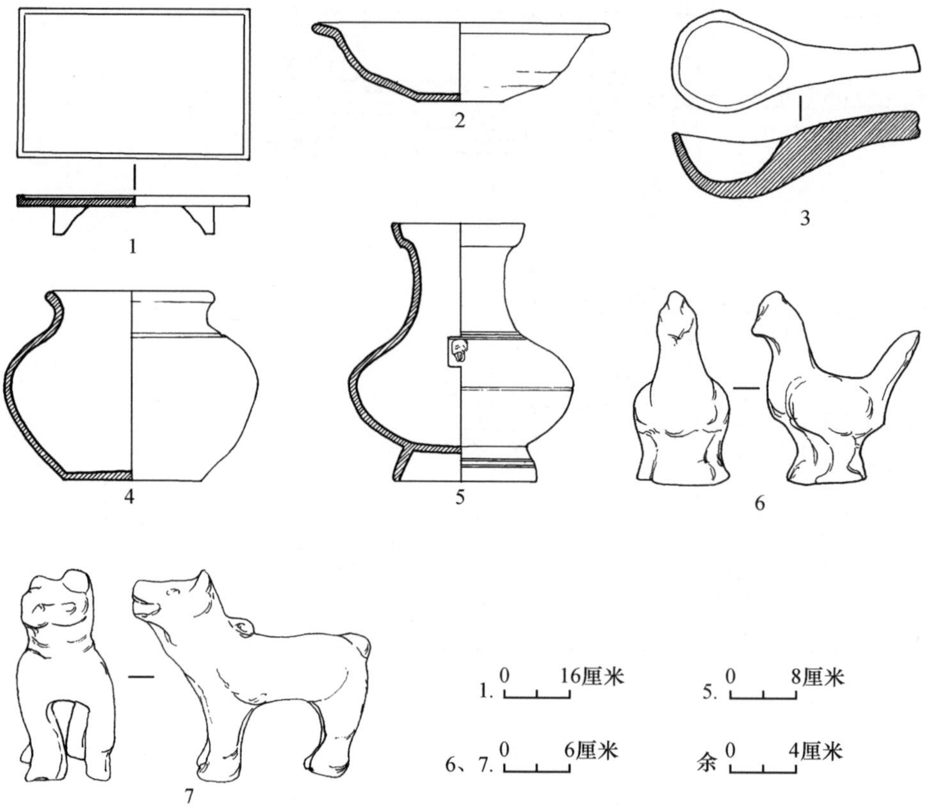

图九二　2005FBM42出土陶器

1. 案（2005FBM42：1）　2. 盘（2005FBM42：13）　3. 勺（2005FBM42：14）　4. 罐（2005FBM42：17）　5. 锺（2005FBM42：26）　6. 鸡（2005FBM42：7）　7. 狗（2005FBM42：15）

四十三、2005FBM43

（一）墓葬形制

2005FBM43，平面呈长方形，方向63°。被2005FBM40打破。墓口以上为耕土，距地表0.2～0.4米，距墓底2.2米，墓葬长3.6、宽1.9米。坑壁较垂直，壁上有明显的加工痕迹，根据这些痕迹观察，开凿时使用了大型的铁镐、锄之类工具，在修整坑壁时则用稍细的铁器进行过修整。

葬具为一棺一椁。棺放置于椁内东南部，完全腐朽，灰痕长2.1、宽0.66、板厚0.06米。椁周壁已经腐朽，只留灰痕，长3.26、宽1.2、椁板厚0.08米。有熟土二层台，距墓口深1.3米，填于墓壁与椁之间，厚0.2米，距墓底0.9米。为黄褐色黏土及风化岩石碎块混合而成的五花土，土质坚硬，结构紧密，但未见夯打痕迹。

墓主人骨架已完全腐朽，葬式不清，虽被2005FBM40打破，但未及墓底（图九三）。

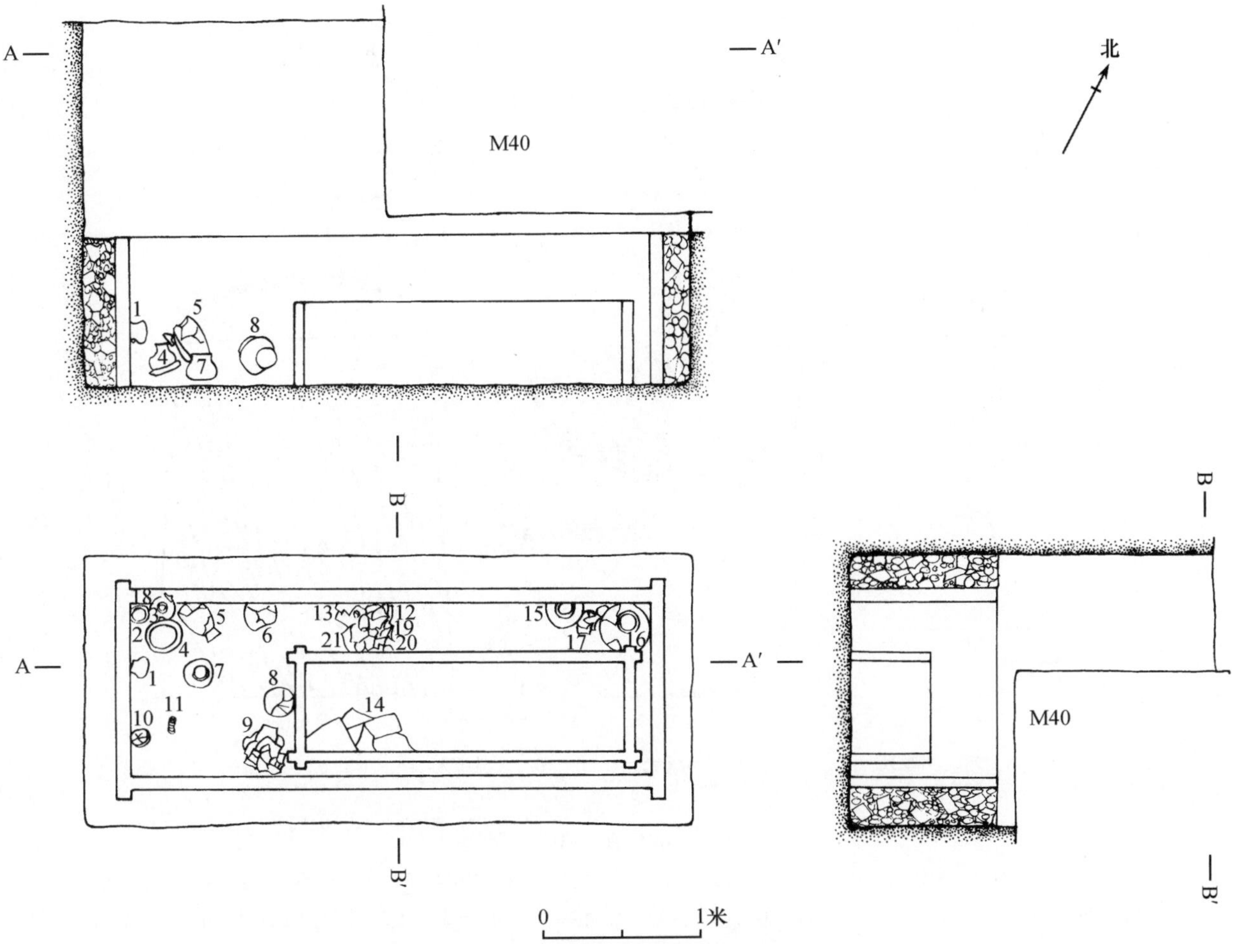

图九三　2005FBM43平、剖面图

1. 铜鍪　2. 陶豆　3. 铜壶　4. 铜盘　5. 陶钫　6～9、17. 陶罐　10. 铜镜　11. 铜钱　12. 陶盆　13. 石斧　14. 陶板瓦　15. 陶壶　16. 铁釜　18. 铁器　19、21. 陶钵　20. 陶甑

（二）随葬器物

随葬品保存较为完整，放置有序，多放置于椁室的西部，少数放置在棺北侧，主要有陶器和铜器。标本器物9件。

1. 陶器

罐　1件。

标本2005FBM43：7，泥质褐陶。敞口，圆唇，短束颈，圆肩，鼓腹，圜底。腹部以下满饰细绳纹。口径11.9、高15.4厘米（图九四，5）。

盆　1件。

标本2005FBM43：12，泥质灰陶。弧腹近斜直。敞口，外翻沿，圆唇，平底。口径32.2、底径17、高19 厘米（图九四，6）。

甑　1件。

标本2005FBM43：20，泥质褐陶。直口，宽平沿，束颈，浅鼓腹，圈足底。底有五个圆形

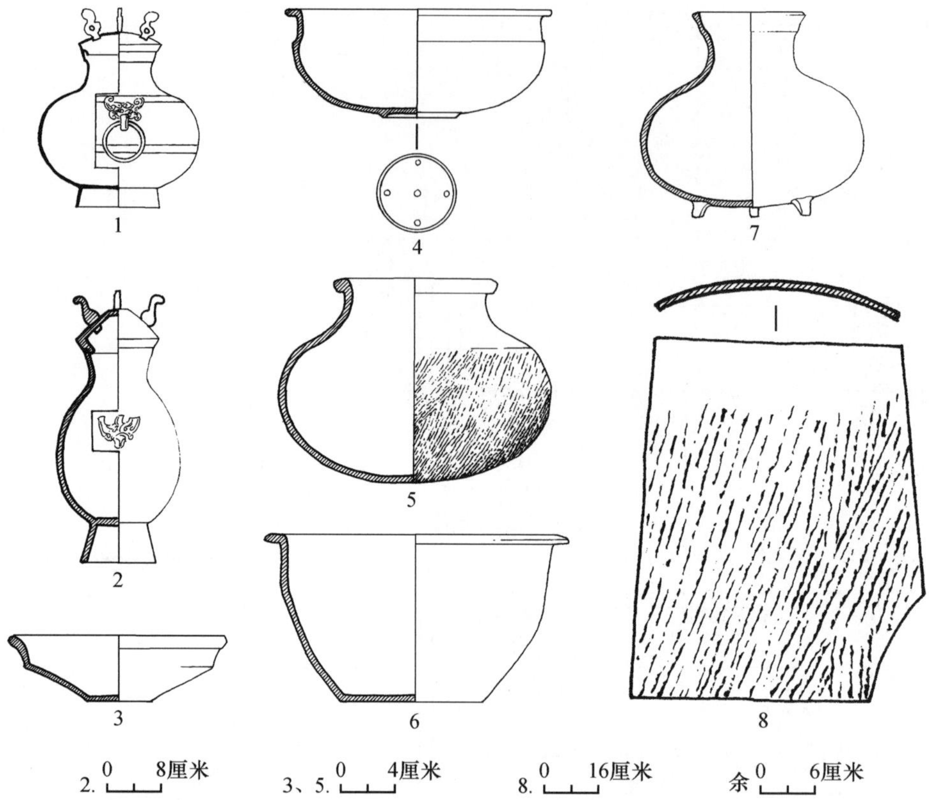

图九四　2005FBM43出土器物

1. 铜壶（2005FBM43：3）　2. 陶钫（2005FBM43：5）　3. 陶钵（2005FBM43：21）　4. 陶甑（2005FBM43：20）
5. 陶罐（2005FBM43：7）　6. 陶盆（2005FBM43：12）　7. 陶壶（2005FBM43：15）　8. 陶板瓦（2005FBM43：14）

箅孔。上腹饰一凸棱。口径28.6、底径8.5、高12.3厘米（图九四，4）。

钵　1件。

标本2005FBM43：21，泥质夹砂褐陶。上腹较斜，折腹明显。敞口，圆唇外卷，下腹微曲内收，小平底。素面。口径15.6、底径5、高5.1厘米（图九四，3）。

钫　1件。

标本2005FBM43：5，泥质褐陶。浅盘口略外撇，短束颈，溜肩，中下腹外鼓，高圈足底。上承子母榫浅盝顶深盘状盖，周边立四变形鸟纽，肩饰两对称的兽面铺首衔环。口径10、底径10.6、通高40.8厘米（图九四，2；图版三二，5）。

壶　1件。

标本2005FBM43：15，泥质夹砂褐陶。敞口，方唇，短束颈，溜肩，鼓腹，下收成圜底，底附三小圆锥形足。口径12.8、通高23.3厘米（图九四，7；图版三三，4）。

板瓦　1件。

标本2005FBM43：14，泥质灰陶。断面呈圆弧形，拱面满饰绳纹。长54、宽37、高0.7厘米（图九四，8）。

2. 铜器

壶 1件。

标本2005FBM43：3，浅盘口略外敞，溜肩，鼓腹，圈足。肩、腹各饰一周弦纹。上承浅盝顶状盖，三变形鸟立纽，腹上部饰两对称兽面铺首衔环。口径8.2、腹径17.7、底径9、通高22.3厘米（图九四，1）。

半两 1件。

标本2005FBM43：11，内外郭均较窄细低平，钱文较大，“两”字内为“从”字形，字右边与郭共用。直径2.8、穿径1.1厘米（图九五）。

图九五 2005FBM43出土铜半两（2005FBM43：11）

四十四、2005FBM44

（一）墓葬形制

2005FBM44，平面呈长方形，方向50°。墓口被2005FBM41打破，故西北低东南高，高差0.6米。墓口距地表0.2～0.4米，长4.2、宽3.5米，墓口距墓底深1.38～1.9米。坑壁垂直于墓底，四壁有明显的加工痕迹，底部不平处用页岩碎块填平。墓室填土为黄褐、红褐色页岩及青灰色青膏泥混杂的五花土，土质坚硬，结构紧密。

该墓未见人骨，葬式不清，虽被2005FBM41打破，但未及底（图九六）。

（二）随葬器物

随葬品放置有序，分布在墓室中部，多为陶器。标本器物4件，均为陶器。

罐 1件。

标本2005FBM44：12，泥质灰陶。口微敛，斜肩，短颈，鼓腹斜收，平底较小。肩部饰一周弦纹。口径10.7、底径11.6、高11.6厘米（图九七，2）。

盆 1件。

标本2005FBM44：1，泥质红陶。敛口，卷沿，圆唇，束颈，鼓腹，下腹斜收，平底。口径 25、底径15.8、高11厘米（图九七，1）。

盒 1件。

标本2005FBM44：8，泥质红陶。呈扁圆状，器身子母榫，圆腹，圈足。器盖与器身形制相似，稍浅，各饰多道凹弦纹。口径19、底径11.3、通高17.8厘米（图九七，4；图版三二，2）。

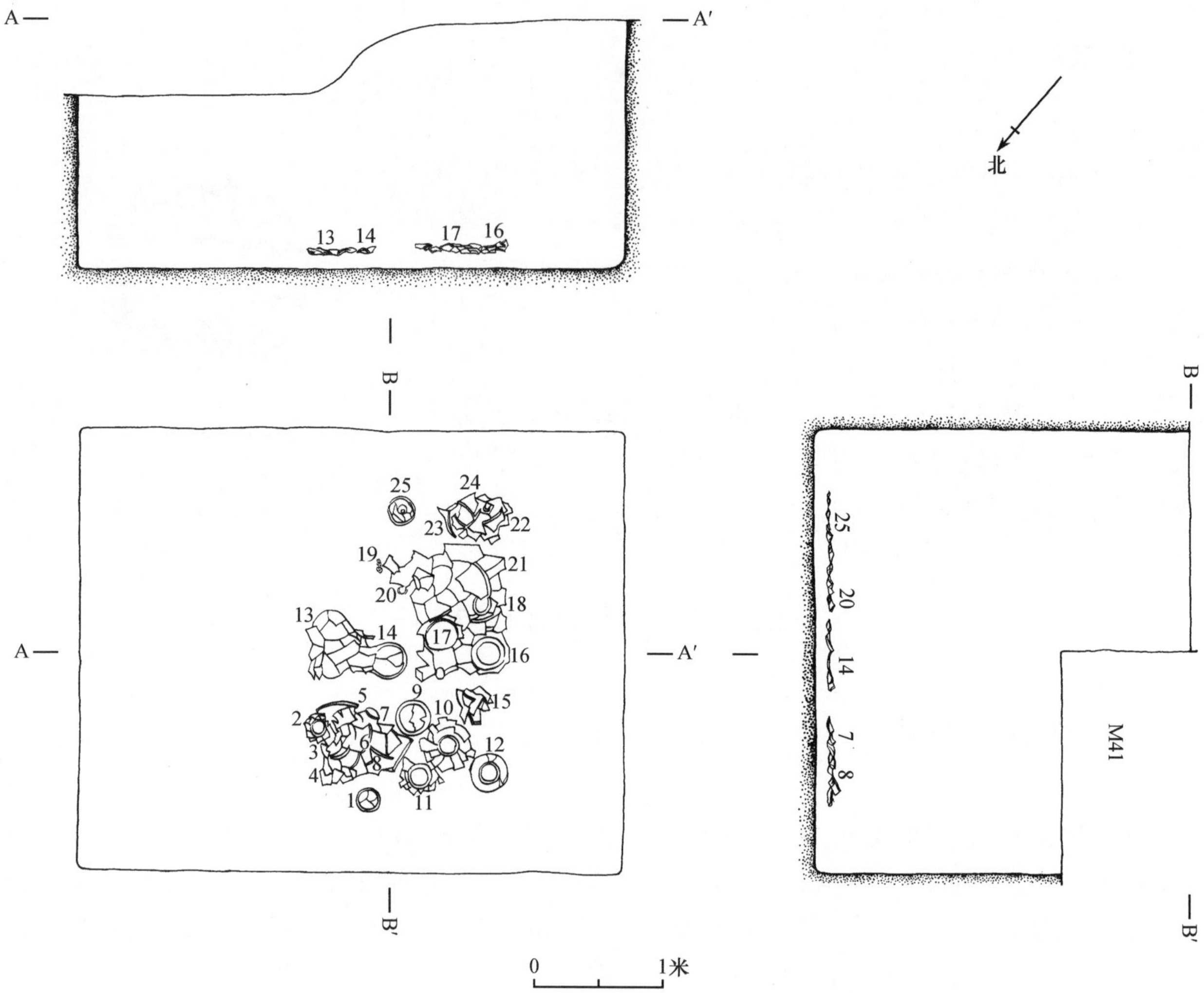

图九六　2005FBM44平、剖面图

1、21. 陶盆　2、3、6、15、25. 陶钵　4、5、7、10～12、16～18、23、24. 陶罐　8、9. 陶盒　13. 陶锺　14、22. 陶盖　19. 铜钱　20. 铜环

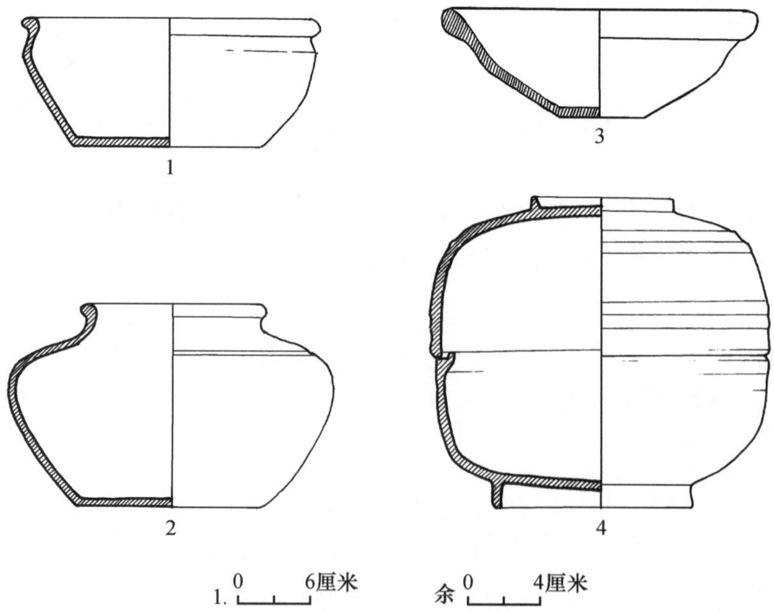

图九七　2005FBM44出土陶器

1. 盆（2005FBM44：1）　2. 罐（2005FBM44：12）　3. 盖（2005FBM44：22）　4. 盒（2005FBM44：8）

盖　1件。

标本2005FBM44：22，泥质灰陶。覆钵形，平沿，盖顶饰一圈足捉纽。素面。盖径 17.3、通高8.8厘米（图九七，3）。

四十五、2005FBM45

（一）墓葬形制

2005FBM45，开口距地表0.1～0.2米，平面呈长方形，是在页岩上开凿而成，方向240°，长5.8、宽3.79米，墓口距地表深3.8米，在墓口下1.9米的地方发现二层台，宽0.5米，环壁一周，未发现椁的痕迹，但发现一个直径0.8～0.9米的盗洞伸入墓底，并破坏了棺椁。由于被盗，未发现随葬品及人骨架（图九八；图版八，3）。

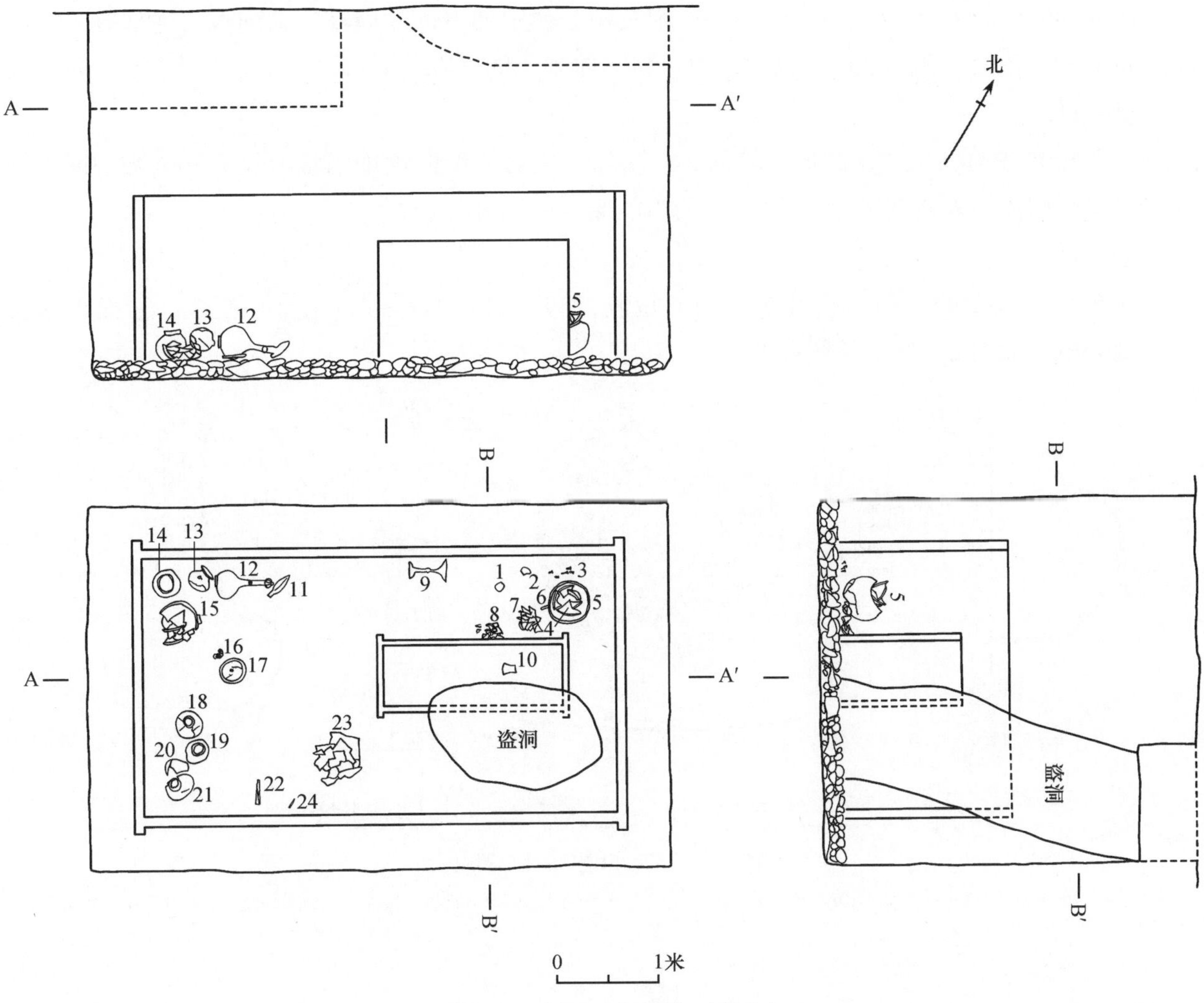

图九八　2005FBM45平、剖面图

1、2、10. 石斧　3. 铜盖弓帽　4. 陶甑　5. 铁釜　6. 铁剑　7、8、15、18～20、22、23. 陶罐　9. 铁灯　11. 铜矛　12. 铜蒜头壶　13. 铜鍪　14. 铜釜　16. 铜钱　17. 铜镜　21. 铜饰件　24. 铁削

（二）随葬器物

该墓出土器物有铁釜、剑、削、灯及铜矛、鍪、盖弓帽及饰件和“半两”钱币等。其中铜镜的背面纹是倒“山”字纹。标本器物4件。

1. 陶器

罐　1件。

标本2005FBM45：15，泥质褐陶。直口微敞，束颈，斜肩，弧腹斜收至底，平底。腹部遍饰细绳纹。口径12.3、底径12.2、高 16.6厘米（图九九，1）。

2. 铜器

蒜头壶　1件。

标本2005FBM45：12，蒜头形小口，细长颈，颈中偏下饰一周箍，扁圆腹，底部有一小圆环，圈足。口径3.2、腹径23.2、底径12.7、高38厘米（图九九，4）。

镜　1件。

标本2005FBM45：17，圆形，较薄，桥形纽，尖缘。背面通饰涡状地纹，外区饰一周由三组相同纹饰构成的菱格夔凤纹。直径16、厚0.2厘米（图九九，2）。

矛　1件。

标本2005FBM45：11，柳叶形，圆形短骹，有一对弓形耳，一端与叶相接。素面。通长21.4、骹长6、骹径2.2 厘米（图九九，3）。

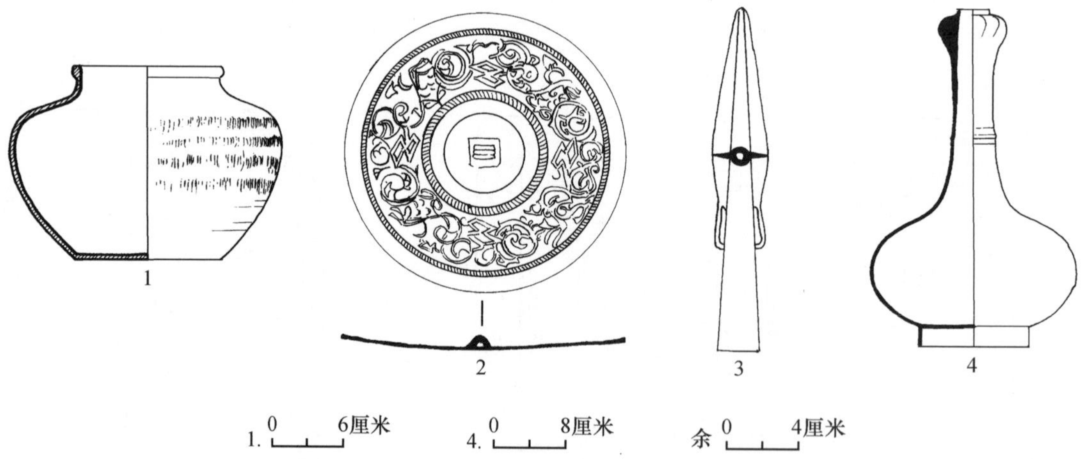

图九九　2005FBM45出土器物

1. 陶罐（2005FBM45：15）　2. 铜镜（2005FBM45：17）　3. 铜矛（2005FBM45：11）　4. 铜蒜头壶（2005FBM45：12）

四十六、2005FBM46

（一）墓葬形制

2005FBM46，整个墓葬被严重扰乱并被盗，券拱无存。该墓由于叠压在2005FBM47上，严重变形，残留部分能看出平面呈刀形，由甬道、墓室组成，为砖室墓。用烧制的砖错缝平砌而成，开口距地表0.1～0.25、墓室长3.65、宽2.36、深1.8～2.05米，整个墓葬的填土为五花土，方向110°，甬道残长2、残宽0.5～1.38米（图一〇〇）。

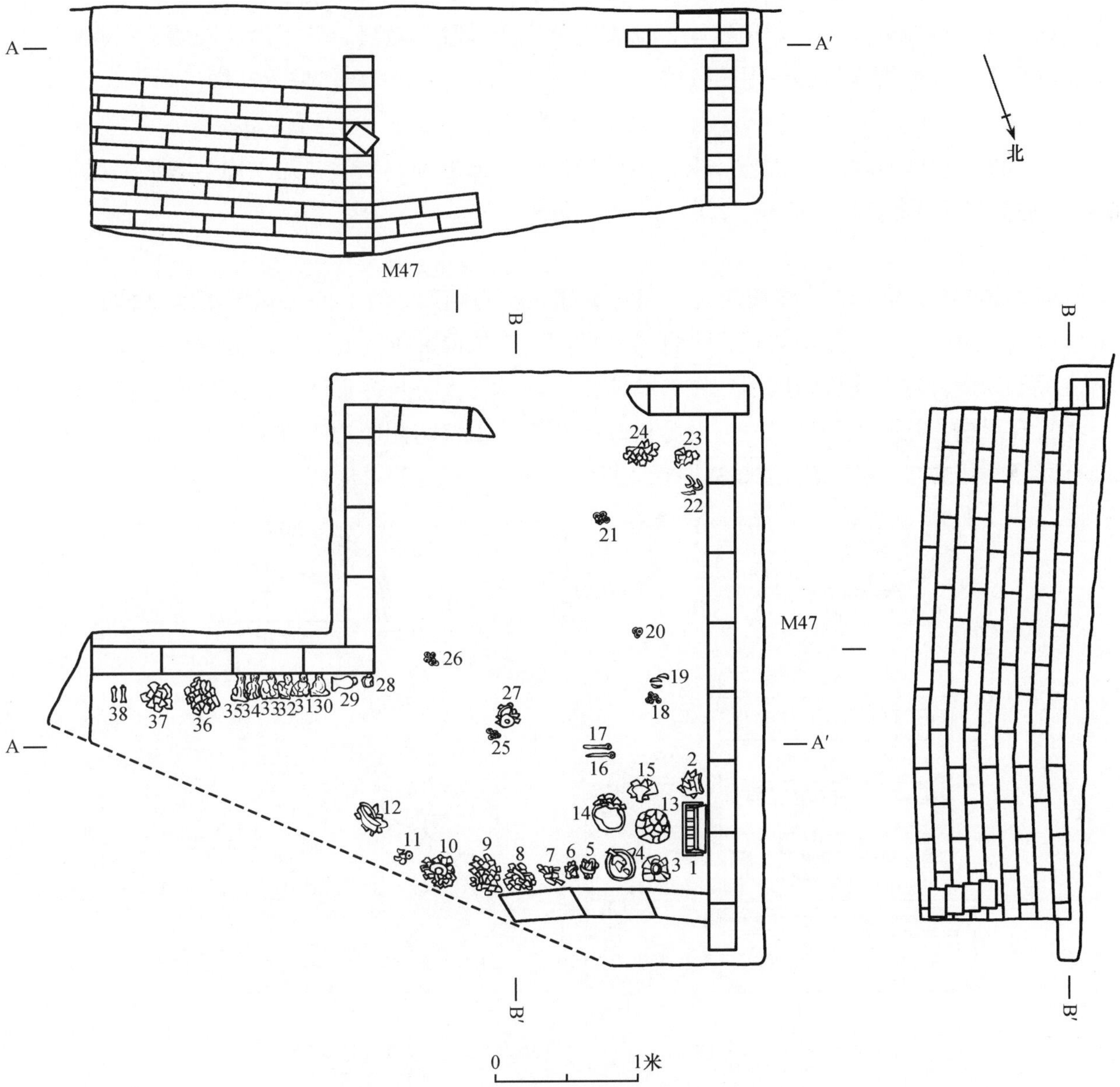

图一〇〇　2005FBM46平、剖面图

1. 陶房　2、3、5、8、12、13. 陶罐　4、15. 陶钵　6. 陶匜　7. 陶案　9、24、37. 陶釜　10、23. 陶盆　11. 陶勺　14. 陶盖　16、17. 铁削　18、20、21、25、26. 铜钱　19. 铜耳扣　22. 铁器　27. 陶灯　28、30～35. 陶俑　29. 陶鸡　36. 陶片　38. 陶井架

（二）随葬器物

2005FBM46出土遗物38件，其中有“五铢”钱币、铜耳扣、铁削等。其余大部分为陶器，可辨认器形有罐、灯、房、钵、勺、俑等。标本器物6件。

1. 陶器

盆　2件。

标本2005FBM46：10，泥质灰陶。直口，斜沿，腹壁较直，下腹急收成小平底。器表中部饰两周凹弦纹。口径20.2、底径7.2、高9.5厘米（图一〇一，2）。

标本2005FBM46：23，泥质红陶，器表内外满施酱釉。敞口，斜平沿，圆唇，浅腹自下部急收成小平底。壁折腹处饰一周凹弦纹。口径 24.3、底径6.5、高 8.2厘米（图一〇一，1）。

盖　1件。

标本2005FBM46：14，泥质灰陶，内外施酱釉。弧形顶，平沿，盖顶饰一圆形捉纽。盖径24.6、通高11.1厘米（图一〇一，3）。

房　1件。

标本2005FBM46：1，泥质灰陶。两脊上翘。空心箱形，左、右、后为板块结构，底为长方形台基。单层楼阁，悬山式顶，中脊两领微翘，房顶前坡施筒瓦五组，分割出两条板瓦铺盖格。顶下为横长方形房檐板相承，左右墙前立甬柱，柱上有长方形斗块，檐额中立柱，柱上施一斗三升承檐。柱外设回栏，栏上设卧棂两层三组，山墙两侧回栏上方各饰一个圆孔。分模合制有回栏。长37.2、宽11.6、通高31厘米（图一〇一，4）。

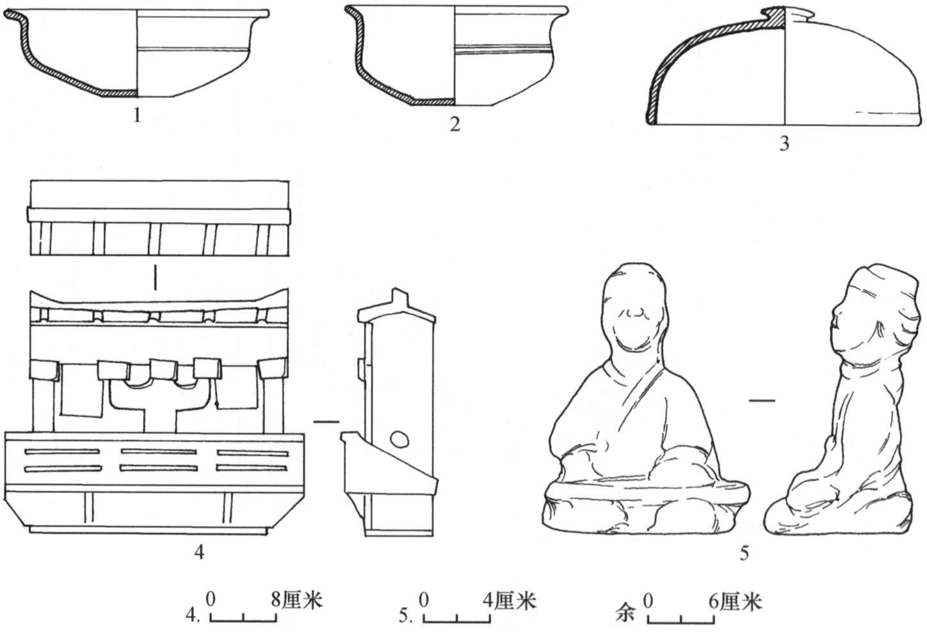

图一〇一　2005FBM46出土陶器

1、2. 盆（2005FBM46：23、2005FBM46：10）　3. 盖（2005FBM46：14）　4. 房（2005FBM46：1）　5. 抚琴俑（2005FBM46：28）

抚琴俑　1件。

标本2005FBM46：28，泥质红褐。束巾，身着右衽宽袖长袍，双腿盘坐，琴置于腿上，双手抚于琴上。高17厘米（图一〇一，5；图版二九，4）。

2. 铜器

五铢　1件。

标本2005FBM46：26，钱文趋粗，仍较规范。“五”字交叉两笔弯曲，“铢”字“金”字头较大，为三角形，四点较长，“铢”字头圆折。钱径2.5、穿径1厘米（图一〇二）。

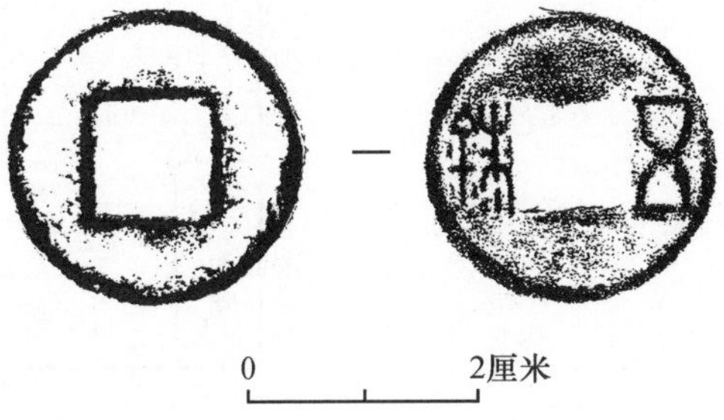

图一〇二　2005FBM46出土铜五铢（2005FBM46：26）

四十七、2005FBM47

（一）墓葬形制

2005FBM47，被2005FBM46打破，平面呈长方形，是在页岩上生凿而成，方向223°。开口距地表0.1～0.25、长5、宽3.34～3.4、深3.45～4.3米。在墓口下1.96米的地方发现二层台，宽0.5米，环墓壁一周。发现3个直径0.8～0.9米的盗洞伸入墓室并破坏二层台。二层台为熟土（图一〇三）。

（二）随葬器物

该墓出土器物较少，可辨认器形有陶罐、铜矛、铁刀等。标本器物3件。

1. 陶器

罐　1件。

标本2005FBM47：14，泥质褐陶。敞口，卷沿，方唇，长颈，鼓腹弧收成圜底。肩部以下饰绳纹。口径14、高14.5厘米（图一〇四，1）。

2. 铜器

矛　1件。

标本2005FBM47：2，形体较小，器壁较厚，直刃，菱形脊，整个矛叶呈菱形，双叶极窄。圆形骹，骹口饰有图纹，无耳。通长11.4、骹长3.7、骹径2厘米（图一〇四，3）。

戈　1件。

标本2005FBM47：1，狭长援，前锋微弧，无脊，扁平，较窄，圆形骹。戈的下胡较长，有两穿上胡曲折。接部为圆管形。通长42、援长22、宽3.2、胡长14、宽2厘米（图一〇四，2）。

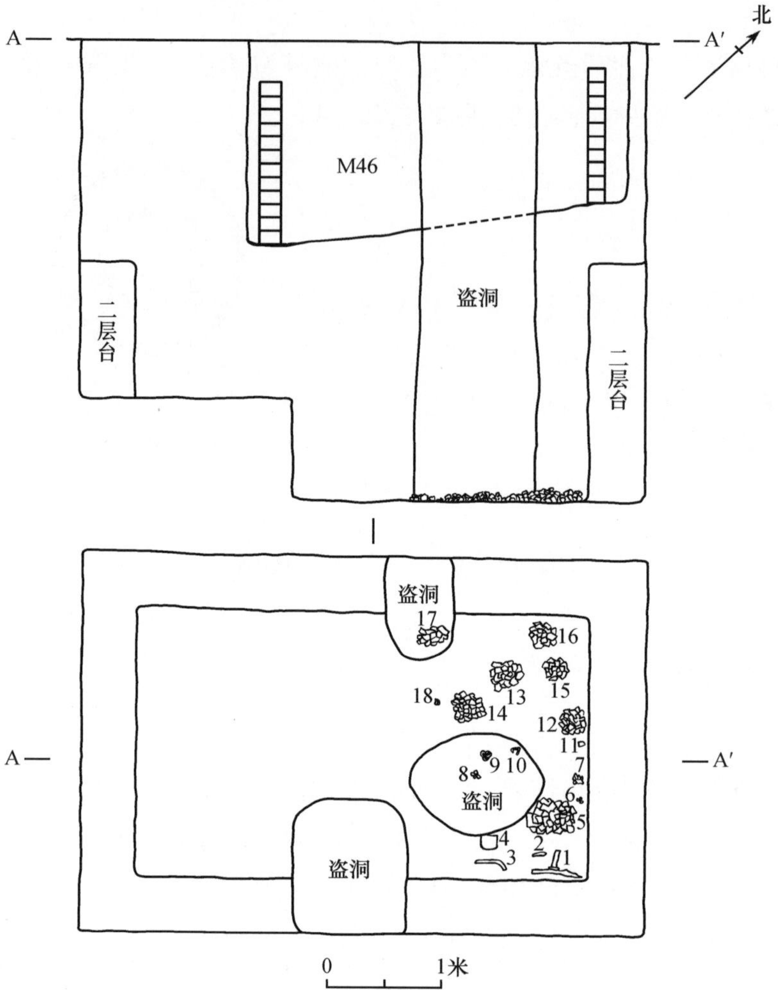

图一〇三　2005FBM47平、剖面图

1. 铜戈　2. 铜矛　3. 铁刀　4、5、10. 铁器　6～8. 铜器　9. 铜钱　11. 石器　12～15. 陶罐　16、17. 陶片　18. 动物牙齿

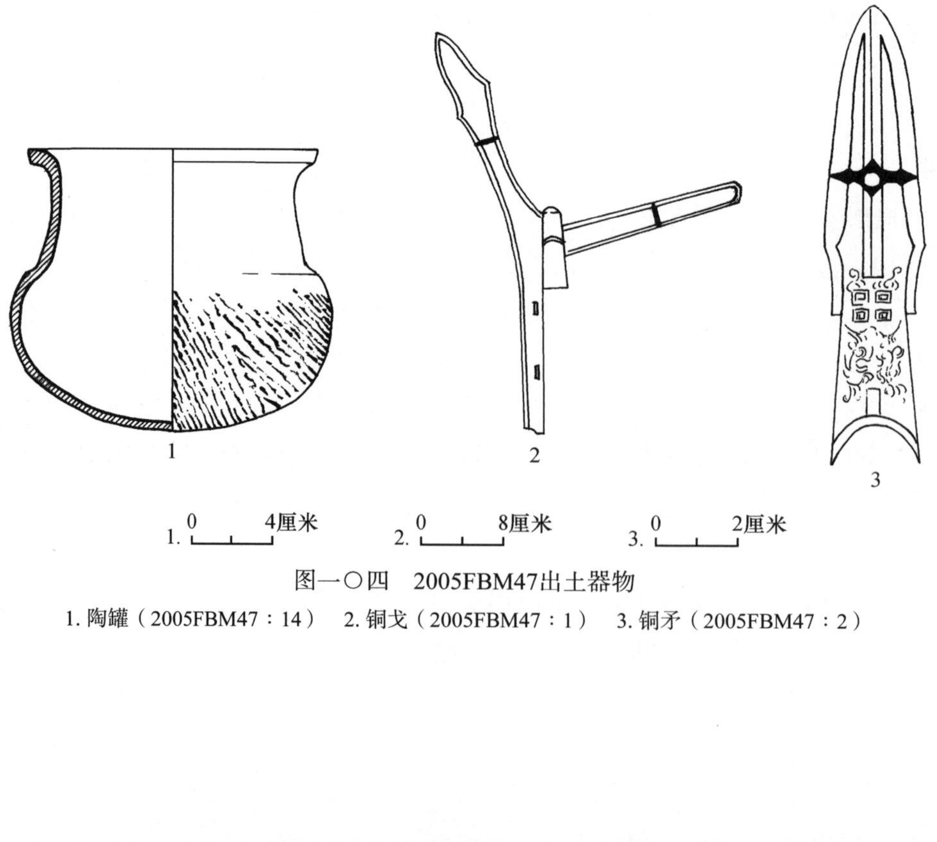

图一〇四　2005FBM47出土器物

1. 陶罐（2005FBM47：14）　2. 铜戈（2005FBM47：1）　3. 铜矛（2005FBM47：2）

四十八、2005FBM48

2005FBM48，竖穴岩坑墓，根据残存部分判断其平面为长方形，方向36°。开口距地表残深0.35、残长1.16、宽4米，墓底距地表深3.95、残长1.16、宽3.6米。开口向下2.1米处为二层台，宽0.2米，二层台高1.5米，墓葬东南、西南方的二层台为岩石，南部为熟土二层台。因墓葬残存部分较少，其墓葬的墓道、人骨架、随葬品无存（图一〇五）。

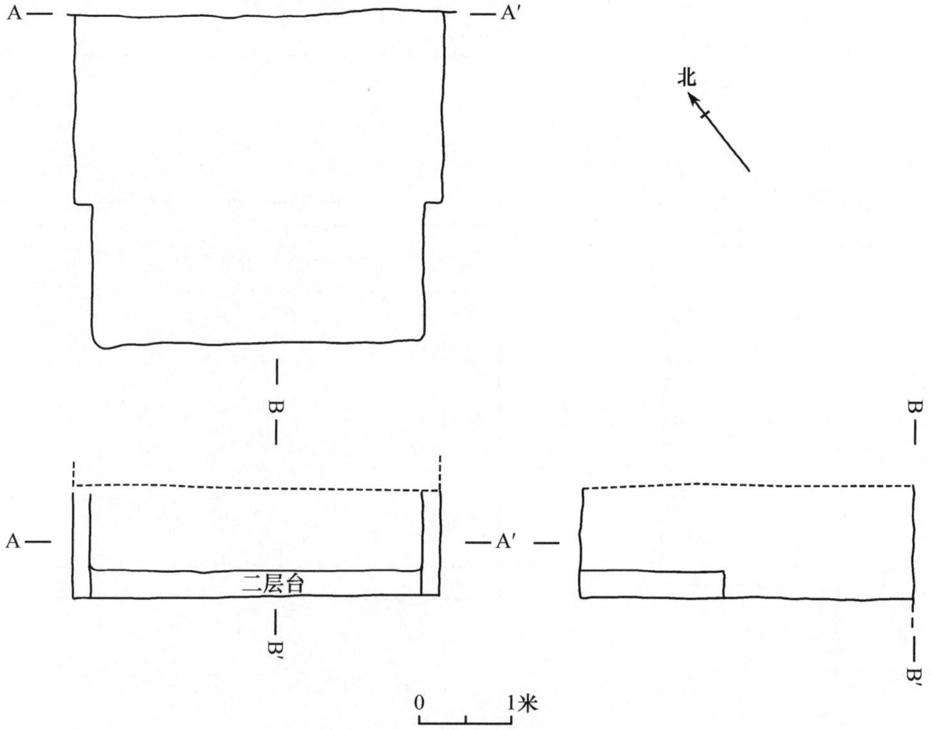

图一〇五　2005FBM48平、剖面图

四十九、2005FBM49

（一）墓葬形制

2005FBM49，竖穴岩坑墓，平面呈长方形，方向230°，墓口深0.1～0.25、残长6、宽4.6米，墓底深4.7～4.9、残长6、宽4.6米。填土为五花土，含砂量重，扰乱严重，在墓的西面、南面、中部均有盗洞，由于该墓墓道被压于现代住房前水泥坝下，未发掘。在该墓3.5米下发现二层台，有棺椁痕迹，在墓底两边有排水沟用来排水。人骨架情况不明（图一〇六）。

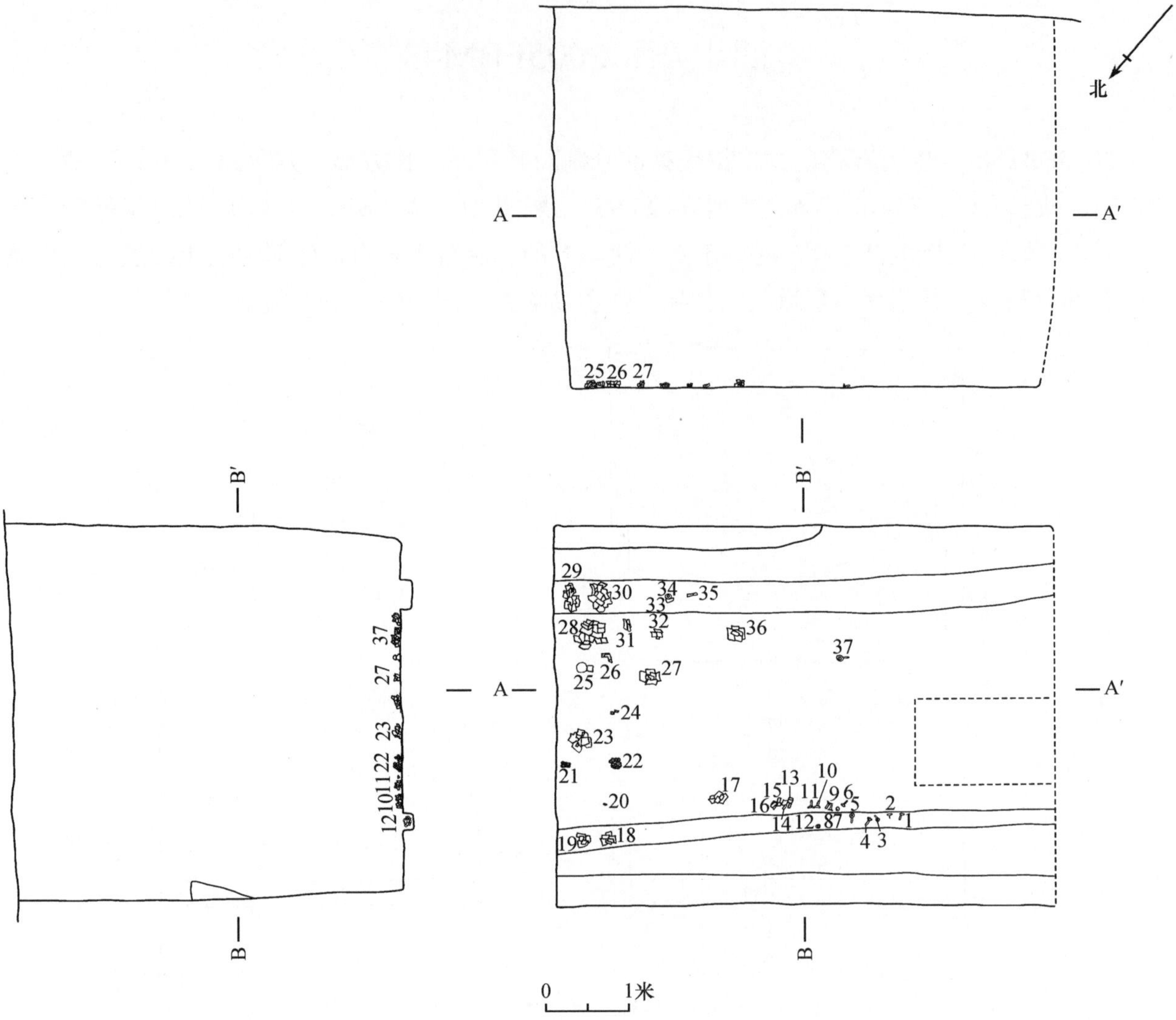

图一〇六　2005FBM49平、剖面图

1～12、37. 铜盖弓帽　13、14. 铁锸　15、16. 铁斧　17～19、23、25～30、36. 陶罐　20、31～33. 铜片　21、22、34. 铜钱　24. 骨牌　35. 铁削

（二）随葬器物

出土器物较为丰富，有铜盖弓帽、铁锸、陶罐、铜钱、铁削等。标本器物7件。

1. 陶器

罐　3件。

标本2005FBM49：25，泥质褐陶。敞口，圆唇，卷沿，溜肩，弧腹，平底。肩部饰三周凹弧纹。口径11.3、底径11.2、高22.4厘米（图一〇七，2）。

标本2005FBM49：29，泥质褐陶。敞口，圆唇，卷沿，束颈，鼓腹，弧腹近底，平底。器形较大。口径6.2、底径32.2、高49厘米（图一〇七，3）。

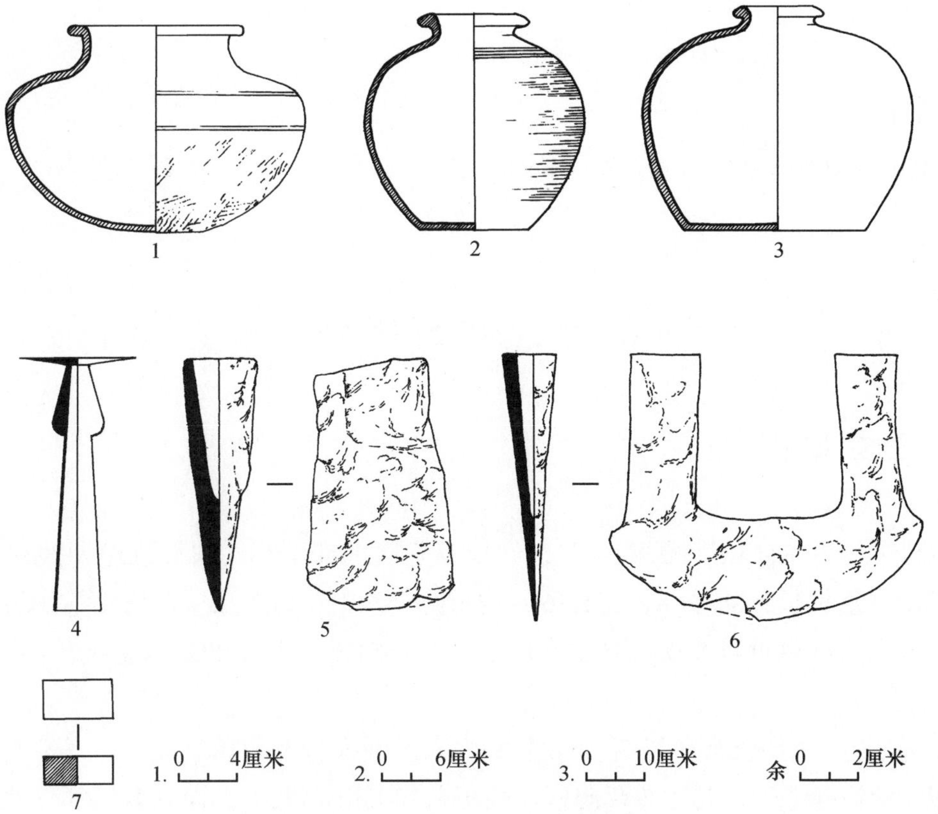

图一〇七 2005FBM49出土器物

1～3. 陶罐（2005FBM49：36、2005FBM49：25、2005FBM49：29） 4. 铜盖弓帽（2005FBM49：3） 5. 铁斧（2005FBM49：16）
6. 铁锸（2005FBM49：14） 7. 骨牌（2005FBM49：24）

标本2005FBM49：36，泥质褐陶。口微敞，方唇，平折沿，短束颈，溜肩，弧腹，圜底。肩、腹各饰一周凹弦纹，肩部以下满饰绳纹。口径12.3、高14.6厘米（图一〇七，1）。

2. 铜器

盖弓帽 1件。

标本2005FBM49：3，平伞状，上端为一薄圆饼形盖，下端为一竹节锥形管，在管的中部有一稍向上弯曲的小锥钉。帽径4、管径1.5、高8.8厘米（图一〇七，4）。

3. 铁器

可辨认器形为兵器和工具类，因锈蚀严重，部分已成碎片。

锸 1件。

标本2005FBM49：14，“U”形，锈蚀严重。刃部较宽，短柄，椭圆形接口。长9.2、刃宽10.6、厚0.2～1.2厘米（图一〇七，6；图版三八，8）。

斧 1件。

标本2005FBM49：16，锈蚀严重。圆弧刃，圆角方形銎，銎箍较宽。长8.5、刃宽5、厚0.2～1.8厘米（图一〇七，5；图版三八，7）。

4. 其他

骨牌　1件。

标本2005FBM49：24，长方体。素面。长2.4、宽1.4、厚1厘米（图一〇七，7；图版三八，6）。

五十、2005FBM50

（一）墓葬形制

2005FBM50，方向130°，保存较差，券顶及墓壁上部不存。斜坡墓道（残存部分）残长0.9、宽1.76米。墓圹长3.24～4.8、宽1.76～4.66米。墓口距地表0.2～0.4、距墓底0.94～1.96米（残高）。填土为红色页岩及褐色黏土。甬道长2、宽1.6、残高0.9米，墓室长4.6、宽2.9、残高1.96米。

墓底无铺地砖，用一层碎页岩垫平。墓室内未发现人骨及葬具痕迹，葬式不明。四壁用几何纹单边花纹砖错缝平砌，花边砖纹向内。叠压在2005FBM52上，使其叠压部分地层下沉、变形，墓室四壁均向内弯曲。随葬品放置有序（图一〇八）。

（二）随葬器物

主要随葬品有陶罐、陶钵、陶印章、铜耳扣等共计35件。标本器物3件。

1. 陶器

博山炉　1件。

标本2005FBM50：15，泥质红陶。子母榫，圆唇，盘较深，柄部内曲，较短，盘状座。带盖，盖表饰火焰纹，其间戳有三穿孔。口径10.8、底径10.6、通高 14.9 厘米（图一〇九，1）。

印章　1件。

标本2005FBM50：8，泥质灰陶。印体呈覆斗形，上部圆雕两兽纽。印面为素面。长3、宽3、高2厘米（图一〇九，2；图版三八，5）。

2. 其他

石镇纸　1件。

标本2005FBM50：10，黑色砂石。较薄，长方形，多面磨制。长11.5、宽 6.2、厚0.7厘米（图一〇九，3）。

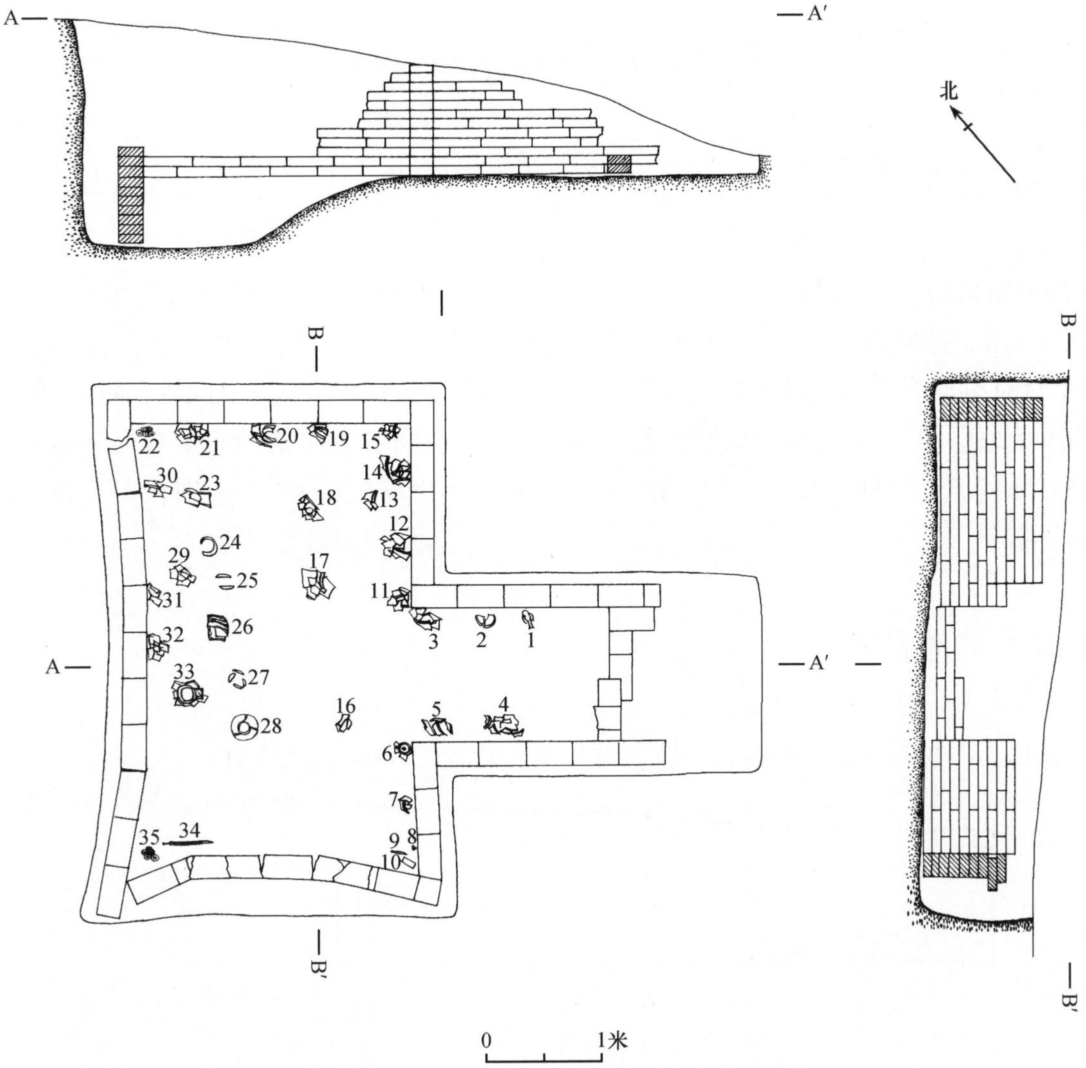

图一〇八　2005FBM50平、剖面图

1. 陶俑　2、15、31. 陶盖　3、4、12～14、17、18、20、21、28、30、32、33. 陶罐　5. 陶盘　6. 陶灯　7、11、16、19、26、29. 陶钵　8. 陶印章　9. 铁削　10. 石镇纸　22、35. 铜钱　23. 陶甑　24. 铜扣　25、27. 铜耳扣　34. 铁剑

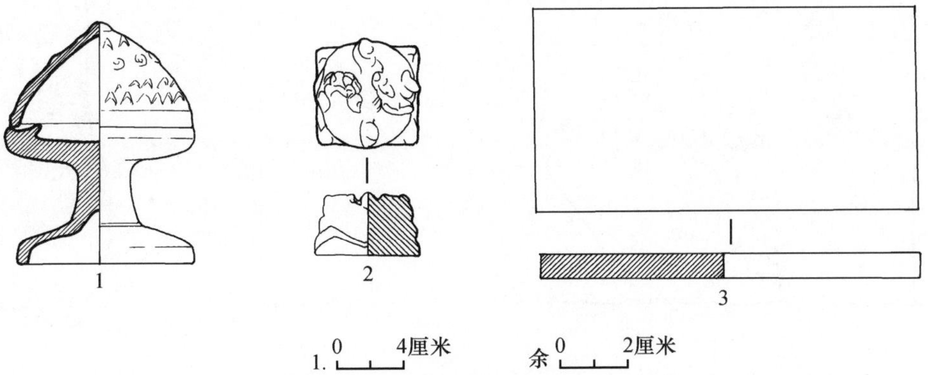

图一〇九　2005FBM50出土器物

1. 陶博山炉（2005FBM50：15）　2. 陶印章（2005FBM50：8）　3. 石镇纸（2005FBM50：10）

五十一、2005FBM51

（一）墓葬形制

2005FBM51，竖穴岩坑墓，平面呈长方形，方向55°，墓口距地表深0.1～0.25、长5.1、宽3.6米，墓底深1.1～1.2、长5.1、宽3.6米。填土为五花土，土质松软，含砂量较重，2005FBM51叠压于2005FBM52上，2005FBM51打破2005FBM52，由此推断2005FBM51比2005FBM52晚，在2005FBM51南面发现一盗洞，直至墓底，在墓的四壁留有当时用工具打磨的痕迹，无墓道，葬具、人骨架不清楚，由于被盗，出土器物除少数铜钱外均是陶器残片（图一一〇）。

（二）随葬器物

该墓出土器物有陶罐、陶盆、陶钵、陶井架、铜钱等。标本器物4件。

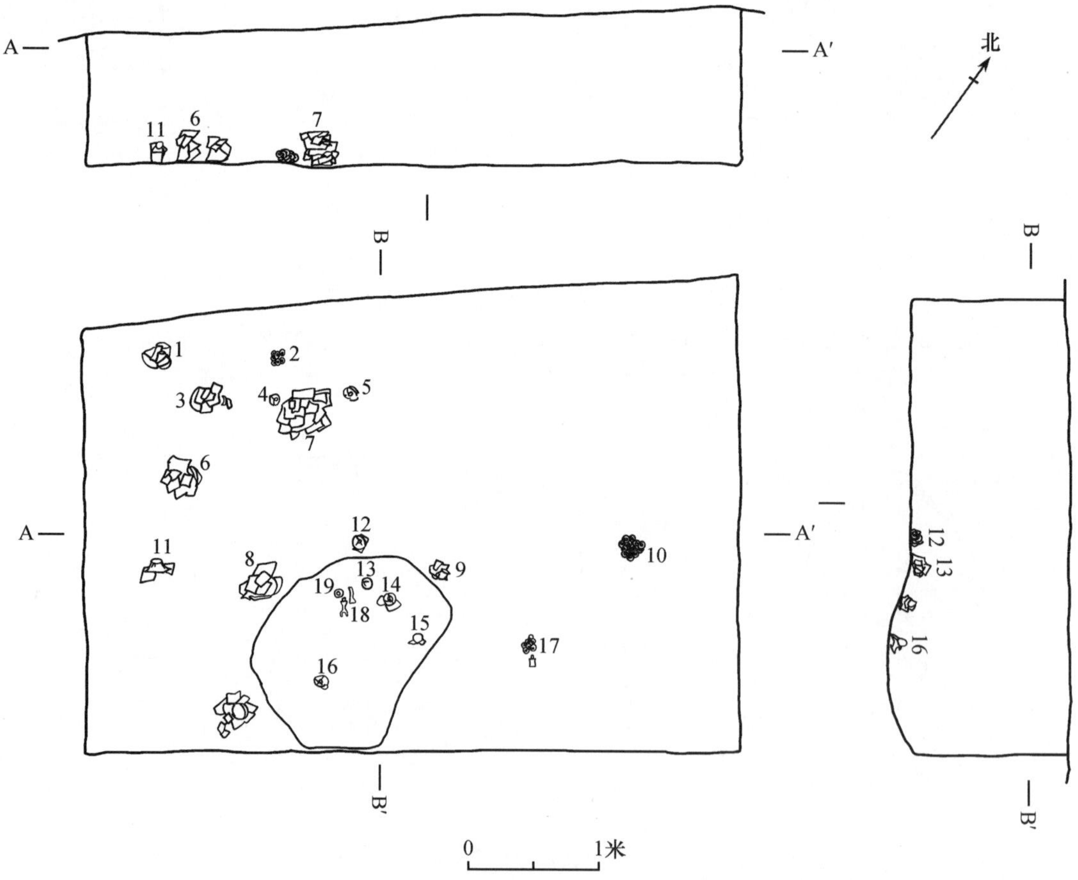

图一一〇　2005FBM51平、剖面图

1、3、6、7、11. 陶罐　2、10、17. 铜钱　4、5、9、12～16. 陶钵　8. 陶盆　18. 陶井架　19. 陶打水罐

1. 陶器

钵 1件。

标本2005FBM51：5，泥质灰陶。折腹不明显。敞口，腹近弧，下腹急收，小平底。素面。口径17.2、底径6.2、高6.2 厘米（图一一一）。

2. 铜器

货泉 1件。

标本2005FBM51：10，穿孔适中，肉厚薄均匀，部分外郭极窄。“货泉”两字为针篆体。直径2.3、穿径0.7厘米（图一一二，1）。

大布黄千 1件。

标本2005FBM51：17，铲形币，柄部有圆孔。高5.3厘米（图一一二，2）。

大泉五十 1件。

标本2005FBM51：2，有郭，“五”左“十”右。钱径2.7、穿径1.2厘米（图一一二，3）。

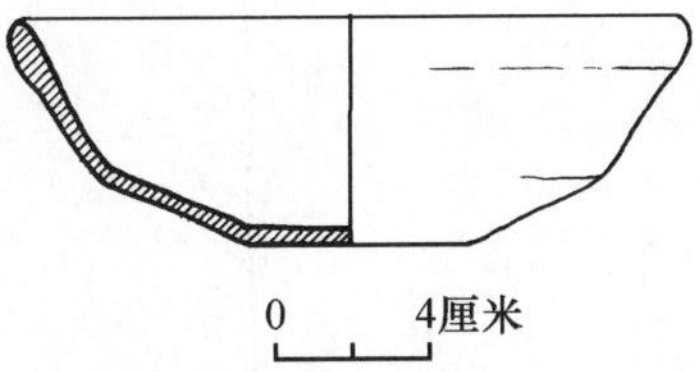

图一一一 2005FBM51出土陶钵（2005FBM51：5）

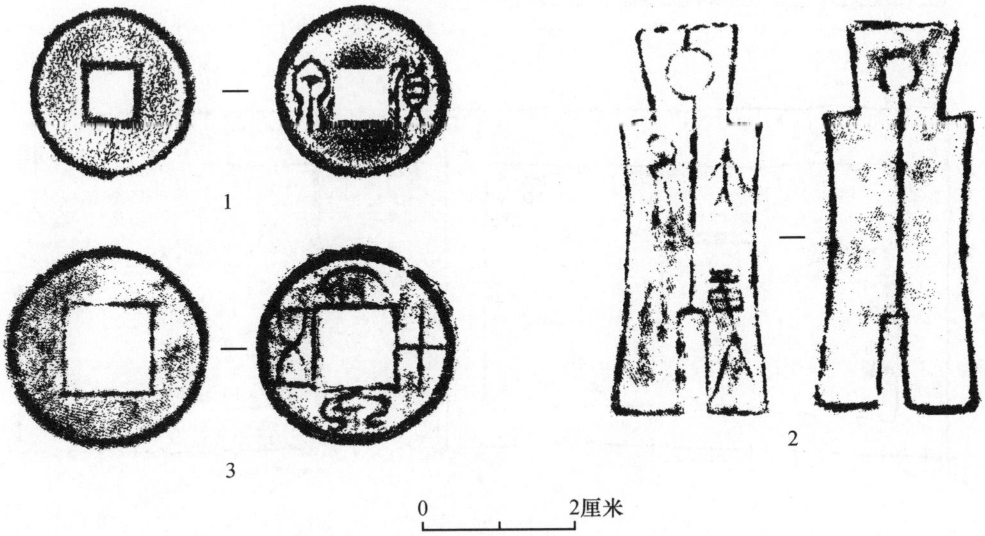

图一一二 2005FBM51出土铜钱

1. 货泉（2005FBM51：10） 2. 大布黄千（2005FBM51：17） 3. 大泉五十（2005FBM51：2）

五十二、2005FBM52

（一）墓葬形制

2005FBM52，长方形土坑竖穴墓，方向232°。墓口深0.1～0.25、长4.58、宽3.12米，墓底深2.58、长4.58、宽3.12米。该墓的东南部开口被2005FBM50打破，西北部开口被2005FBM51打破，墓室东北角和南部各有一个盗洞。填土多呈深褐色，夹杂炭屑、红烧土块和砂岩碎块，还有残砖、残陶片及五铢，可能为2005FBM50、2005FBM51的遗物。此墓四壁有人工打凿痕迹，四周为二层台，宽0.3～0.4、高0.7～0.8米，由黄褐色熟土填成。

发现一椁一棺，保存很差。椁板痕迹因层位错动向四壁倾斜，仅在二层台四壁有零星残迹。棺底板上有红漆，只有残迹分布于墓底西北部。人骨保存差，仅在棺东部有腿骨残迹，推测墓主头朝西（图一一三；图版八，4）。

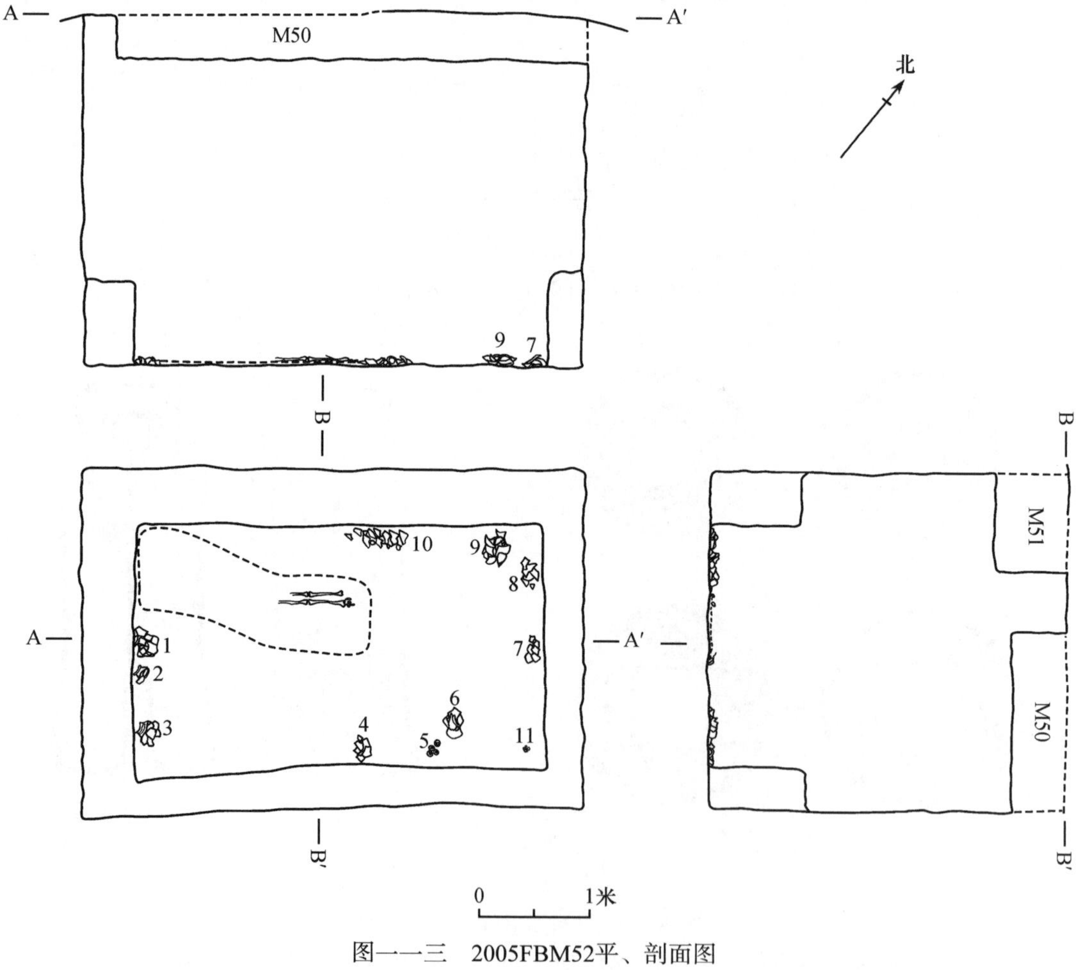

图一一三　2005FBM52平、剖面图

1、2、4、6、7、9. 陶罐　3. 陶片　5. 铜钱　8. 陶耳杯　10. 陶盖　11. 铜器残片

（二）随葬器物

该墓盗扰严重，出土遗物少，有铜五铢4枚，以及罐、盆等陶器残片10余袋，多为泥质黑陶、灰陶。标本器物1件。

铜半两　1枚。

标本2005FBM52：5，钱体较小。外郭较窄细低平，无内郭，钱文较小。直径2.3、穿径0.7厘米（图一一四）。

图一一四　2005FBM52出土铜半两（2005FBM52：5）

第三章 初步研究

第一节 墓葬形制

一、墓葬类别

1. 土坑墓

三峡地区发现的墓葬主要有土坑墓、土洞墓、砖石墓、岩墓、瓮棺葬以及少量的悬棺葬。其中土坑葬的数量最多，是秦汉时期三峡地区乃至全国最常见的墓葬之一。

北岩墓群发现土坑墓8座。2004FBM21、2004FBM22、2004FBM23、2004FBM28、2004FBM31、2004FBM32、2004FBM35和2005FBM52。

2. 砖（石）室墓

北岩墓群发现砖室（石）墓21座，根据墓室形制分为刀把形和“凸”字形。

A型　分二亚型。

Aa型　刀把形，方形墓室。2001FBM10。

Ab型　刀把形，长方形墓室。2001FBM1、2005FBM29、2005FBM38、2005FBM41、2005FBM42、2005FBM46。

B型　“凸”字形，长方形墓室。2001FBM2、2001FBM3、2001FBM8、2001FBM9、2004FBM13、2004FBM17、2004FBM18、2004FBM19、2004FBM20、2004FBM25、2005FBM50。

C型　长方形墓室。2001FBM11、2004FBM16、2005FBM37。

3. 岩坑墓

北岩墓群各墓地共发现岩坑墓18座。2001FBM12、2004FBM14、2004FBM15、2004FBM24、2004FBM26、2004FBM27、2004FBM30、2004FBM33、2004FBM34、2005FBM39、2005FBM40、2005FBM43、2005FBM44、2005FBM45、2005FBM47、2005FBM48、2005FBM49、2005FBM51。

4. 岩墓

北岩墓群各墓地共发现岩墓5座。分二型。

A型 “凸”字形墓室。2001FBM4、2001FBM5、2001FBM6、2001FBM36。

B型 “甲”字形墓室。2001FBM7。

二、墓葬构筑方式

1. 土坑墓

3座。2004FBM21和2004FBM22开口距地表深0.2～0.4米，人工开挖竖穴土坑。2004FBM21墓底及墓壁有石灰涂刷过的痕迹，由于扰乱严重，墓内未发现人骨架及遗物，根据墓葬埋葬情况及埋葬方式，推测2004FBM21时代较晚。2004FBM22棺木纵向紧靠墓室东壁放置，只见残迹。人骨一具，保存较差，仰身直肢葬，随葬品较单一。2004FBM32已经遭到人为破坏，在墓葬四壁和底部发现人工凿痕，墓内填五花土，由于被2004FBM30扰乱，未发现随葬品、葬具和人骨架等。

2. 砖室墓

20座。北岩墓群早年被破坏，地层较浅，封土无存，大部分券顶及部分墓壁均遭破坏。墓葬相对集中分布，排列有序，常常是几个墓紧邻一起。

墓葬平面结构均由墓圹、墓道、甬道、墓室组成。

整个墓群地质是由砂岩及页岩组成，相对较硬，所挖的坑壁不是很规整，墓底凹凸不平。坑壁、墓底均用碎砂岩填充，拍打修整，与墓室砖壁间距多在5～15厘米。

墓圹：根据墓葬形制不同，挖凿成不同形制的岩坑竖穴。距地表深浅不一。

墓道：均为长方形斜坡式，开凿于泥岩、页岩上，较甬道略窄，近甬道处未开凿至甬道底部，壁、底不规整。

墓室及甬道：四壁均用长方形花边单砖错缝平砌，砖长36～48、宽18～22、厚7～13厘米，券顶已毁。将砖的长度作为楔形而不是将砖的厚度作为楔形，楔形券顶砖均为“富贵”砖纹。楔形砖刃部一般厚11、脊部厚10～12、顶部长30～40、背部长38～44厘米，宽与长方形砖大体一致。M8、M9、M10为纵向起券，墓顶用楔形砖以子母扣式起券。楔形砖刃部一般厚7、背部8厘米，与长方形砖大体一致。甬道与墓室均为长方形，结构大致相同，甬道仅较墓室短、窄。垒砌墓葬的墓砖均为青灰色，多侧面饰有花纹，砖纹面向墓室内。主要有几何纹、乳钉纹、车轮纹、铭文砖、钱文砖等（图一一五）。

2002年度发掘的砖室墓墓底均未铺砖，底部凹凸不平处用白膏泥、砂石填平，2001FBM8甬道略低于墓室10厘米。2005年度墓底一般先铺一层厚1～8厘米的碎页岩和黏土，再用长方形砖单层平铺，墓底与墓壁所用砖基本相同，有的无子母榫，多数墓葬铺地砖略薄，平铺方法纵

图一一五　砖纹拓片

1. 2004FBM15车轮纹　2. 2004FBM16几何纹　3. 2005FBM24菱纹　4. 2005FBM38粗菱纹　5. 2005FBM38几何纹　6. 2005FBM40细菱纹

排、横排，纵、横相交，错缝或对缝平砌而成。

封门：保存有封门的墓，用长方形砖错缝叠砌。从保存较好的墓葬可知，封门砌至顶部。

3. 岩坑墓

21座。墓向不一，大多数墓呈东北—西南走向，顺江而布。该类墓建造方式是由人工直接在岩层中（多为页岩）开凿成长方形竖穴墓坑。开凿粗犷，凿痕清晰可见。墓室开口较浅，多在耕土层下，开口和墓底大小相当，墓壁较笔直。填土多呈黄褐色，较紧密，夹杂黄灰色砂岩、长扁形小鹅卵石等，被晚期叠压或打破的墓葬填土中还出有碎砖块、碎陶片、钱币等。

4. 岩墓

5座。未见封土。其中2001FBM4、2001FBM5、2001FBM6的方向大致相同，基本平行排行，墓门方向182°～187°，相邻墓室壁仅厚15～30厘米。2001FBM7的方向为73°。除2002FBM4墓顶垮塌以外，其余墓葬结构保存完整，但都遭到不同程度的盗扰。墓葬凿于缓坡上。4座岩墓结构均由墓道、门道、墓室组成。均是在斜坡上先凿一长条形墓道，再顺着墓道在坡顶处向里凿空形成墓室。

2004FBM36平面呈“凸”字形。由人工横向凿成洞室，凿痕细长，清晰可见，壁面平整。在甬道口用砾石和青砖封门。甬道在墓室南部。墓室平面为十分规则的长方形，墓顶为弧度较小的穹隆顶。

第二节 典型器物与分期研究

一、典型陶器形制分析

北岩墓群各墓地出土的器物有陶器、瓷器、铜器、铁器、银器、石器、料器等，其中以陶器数量最多，瓷器次之，器类种类齐全、变化也十分明显。陶器根据用途分为生活用具及模型器，生活用具类如钵、罐、釜、甑、盂、盆、盘、博山炉、耳杯等，模型器包括灯、井、仓、案、房等。

1. 罐

罐出土数量较多，选出较为典型的作为标本分型。实际参与分期的罐有28件。现将罐分为圜底罐、大底罐、瓮形罐、直领罐、釉陶罐、双系罐、小平底罐、束颈罐八种。

A型 6件。圜底罐。2001FBM8：1（图版九，1）、2004FBM27：2（图版九，2）、2005FBM47：14（图版九，3）、2004FBM23：8（图版九，4）、2004FBM26：29（图版九，5）、2004FBM36：1（图版九，6）。

B型 3件。大底罐。2004FBM34：2（图版一〇，1）、2004FBM34：6（图版一〇，2）、2005FBM49：29（图版一〇，3）。

C型 7件。瓮形罐。2001FBM10：4、2001FBM5：23（图版一〇，4）、2004FBM17：26（图版一〇，5）、2004FBM22：4（图版一〇，6）、2004FBM14：22（图版一〇，7）、2004FBM36：45（图版一〇，8）、2004FBM29：6（图版一一，1）。

D型 5件。直领罐。2001FBM8：5、2004FBM15：1（图版一一，2）、2004FBM25：3（图版一一，3）、2005FBM42：17（图版一一，4）、2004FBM26：1（图版一一，5）。

E型 2件。釉陶罐。2001FBM4：28（图版一二，1）、2001FBM4：42（图版一二，2）。

F型 1件。双系罐。2001FBM1：3（图版一一，6）。

G型　3件。小平底罐。2001FBM4：46（图版一二，3）、2001FBM2：26（图版一二，4）、2005FBM49：25（图版一二，5）。

H型　1件。束颈罐。2004FBM23：38（图版一二，6）。

2. 盆

13件。根据腹部特征分六型。

A型　6件。深斜腹。2001FBM8：4、2004FBM22：2、2004FBM23：33（图版一三，1）。

B型　3件。浅鼓腹。2001FBM8：11、2004FBM23：16、2005FBM44：1。

C型　1件。上腹直立，折腹明显。2005FBM43：12（图版一三，2）。

D型　1件。浅弧腹。2004FBM23：16。

E型　1件。斜腹较浅。2004FBM36：5（图版一三，3）。

F型　1件。浅折腹。2005FBM46：23。

3. 甑

5件。据腹部变化分四型。

A型　1件。弧腹平底，口沿微折。2005FBM40：1（图版一三，4）。

B型　2件。斜直腹。2001FBM5：4、2004FBM36：41。

C型　1件。浅鼓腹，圈足底。2005FBM43：20（图版一三，5）。

D型　1件。弧腹平底。2001FBM5：1（图版一三，6）。

4. 锺

7件。据整体形态、腹部变化等分五型。

A型　2件。分为二亚型。

Aa型　1件。高束颈，扁圆鼓腹，敞口。2001FBM12：1（图版一四，2）。

Ab型　1件。高束颈，扁圆鼓腹，直口方唇。2004FBM14：9（图版一四，1）。

B型　2件。高领，中部微束，溜肩，鼓腹下垂。2001FBM5：37（图版一四，3）、2001FBM7：8（图版一五，1）。

C型　1件。方唇，颈微束，颈较瘦长，溜肩，鼓腹。2005FBM42：26（图版一五，2）。

D型　1件。方唇，口内壁内折明显，且盘口较浅；长颈内束较大，溜肩，鼓腹。2001FBM4：4（图版一五，3）。

E型　1件。高斜直领，扁鼓腹。2004FBM36：31（图版一五，4）。

5. 钵

68件。根据沿、腹、底部特征分九型。

A型　11件。上下腹斜直。2004FBM31：3（图版一六，1）。

B型　7件。上腹斜直，折腹处圆折。2004FBM24：35（图版一六，2）。

C型　7件。上腹较斜，折腹明显。根据口部分为二亚型。

Ca型　6件。圆唇。2001FBM15：22（图版一六，3）、2005FBM43：21。

Cb型　1件。直口。2005FBM37：8（图版一六，4）。

D型　14件。圆折腹，根据沿、腹特征分三亚型。

Da型　2件。斜折沿。2001FBM7：16、2004FBM18：28、2005FBM46：10（图版一六，5）。

Db型　10件。方唇，无沿，上腹较直，下腹近底急收。2001FBM5：44（图版一六，8）、2005FBM37：8。

Dc型　2件。沿外卷，圆唇。2004FBM25：34。

E型　3件。腹部浑圆。2001FBM10：31、2004FBM17：42。

F型　20件。腹部折不明显。2004FBM36：30（图版一六，6）、2005FBM51：5。

G型　1件。腹近直，折不明显。2004FBM36：46。

H型　1件。折腹明显，腹靠下部折收。2001FBM23：3（图版一六，7）。

I型　4件。上腹近直。2005FBM40：10。

6. 碗

1件。斜沿，圆唇，弧腹下部折收。2001FBM10：3（图版一七，1）。

7. 簋

3件。据口、腹分三型。

A型　1件。直口，圆唇，腹微鼓，内收。2001FBM4：26（图版一七，2）。

B型　1件。敞口，圆唇，沿略外折，腹微鼓，内收。2001FBM6：5（图版一七，3）。

C型　1件。侈口，圆唇，深腹，圈足外撇。2004FBM29：5（图版一七，4）。

8. 鉴

2件。分二型。

A型　1件。敞口，斜沿，沿面内凹，尖唇，斜领束颈，扁圆腹，平底。2001FBM2：17（图版一七，5）。

B型　1件。敞口，平沿，尖唇，斜领束颈，溜肩，扁圆腹，圜底。2001FBM4：8。

9. 香炉

1件。敛口，圆唇，矮直领，斜肩，腹微鼓，圜底。2001FBM4：45（图版一七，6）。

10. 匜

5件。根据口、腹分为四型。

A型　1件。敞口，圆唇，斜腹微弧。2001FBM4：51（图版一八，1）。

B型　1件。直口，弧腹，腹较深。2004FBM36：33（图版一八，2）。

C型　2件。敛口，腹较浅。2001FBM18：30（图版一八，3）、2005FBM46：6。

D型　1件。直口，折腹，腹较深。2004FBM37：3（图版一八，4）。

11. 盖

57件。根据整体形态分为十一型。

A型　16件。盖身较矮，小平顶。2004FBM29：8。

B型　1件。盖身较高，平底。2004FBM36：25、2004FBM36：27（图版一八，5）。

C型　3件。近锥状。2004FBM20：25（图版一八，7）、2005FBM40：66（图版一八，6）。

D型　1件。盖身较矮，粗矮圆形捉手。2004FBM15：31。

E型　1件。盖身较矮，小弧顶。2004FBM13：4（图版一八，8）。

F型　9件。圈足捉手，根据盖身分为二亚型。

Fa型　7件。盖身较矮。2005FBM40：17（图版一九，1）。

Fb型　2件。圈足捉手，盖身较高。2005FBM46：14（图版一九，2）。

G型　1件。盖身较高，方形捉手。2001FBM4：50（图版一九，3）。

H型　12件。盖身较矮，平顶。2004FBM15：31（图版一九，4）。

I型　11件。弧顶，饰乳钉纹。分为二亚型。

Ia型　3件。盖身较矮，盖面饰三乳钉纹。2001FBM5：46（图版一九，5）。

Ib型　8件。盖身较矮，盖面遍饰乳钉纹。2004FBM29：4（图版一九，6）。

J型　1件。盖身较高，弧形，顶部饰陶鸡。2001FBM4：11（图版一九，7）。

K型　1件。盖身呈椭圆状，饰乳钉纹。2004FBM20：2（图版一九，8）。

12. 耳杯

33件。根据整体形态分二型。

A型　19件。半月形双实耳微上翘，根据个体大小分二亚型。

Aa型　9件。器形较大。2001FBM4：62（图版二〇，1）、2004FBM24：21（图版二〇，2）。

Ab型　10件。器形较小。2001FBM7：6、2005FBM20：13（图版二〇，3）、2004FBM40：50。

B型　14件。半月形双实耳与口沿齐平。平底斜腹，根据耳特征分二亚型。

Ba型　9件。半月形双实耳与口沿齐平。2001FBM4：52、2004FBM29：17（图版二〇，4）。

Bb型　5件。半月形双实耳微凹。2004FBM36：34（图版二〇，5）。

13. 勺

6件。根据柄形状分三型。

A型　3件。泥质红陶。模制。勺体瓢形。侈口，圆唇，曲腹，圜底有一凸棱，圆柱弧形长柄，弧度较大，柄端为龙头状。2001FBM4：18（图版二〇，6）。

B型　2件。泥质红陶。模制。勺体瓢形。侈口，圆唇，曲腹，圜底，圆柱弧形短柄，弧度较小。火候较差。2001FBM10：20（图版二〇，7）、2005FBM42：14。

C型　1件。泥质红陶。手制。勺斗为椭圆形。敞口，斜腹，圜底。弧形柄，内外施绿釉。2004FBM36：38（图版二〇，8）。

14. 砚台

1件。泥质红陶。手制。平面一端有一长方形凹槽砚池，砚面微凹。整体呈长方形实体。2001FBM11：1。

15. 房

6件。楼房保存完好的较少，大多仅保存上层或者下层。

A型　1件（套）。2001FBM4：24，双层楼房，上层为两座庑殿顶方形阁楼，顶中部施动物造型，再由顶分施八条瓦脊，脊端和正面檐角各施一圆形素面瓦当。层呈横长方形，四柱三开间，顶中施平脊一条，前坡施筒瓦五组。正面中间两柱饰一斗三升式斗拱（图版二一，1）。

B型　5件。单层楼房按有无围栏分为二亚型。

Ba型　3件。无围栏。悬山式两面坡顶，顶正中施长条状脊，两领上翘。2004FBM18：4（图版二一，2）、2004FBM36：20、2005FBM40：19（图版二一，3）。

Bb型　2件。围栏。屋面左，中立一柱，柱上一斗三升承檐。2004FBM36：2（图版二一，4）、2005FBM46：1（图版二一，5）。

16. 井盖

3件。平面呈“井”字形。盖面中间有一圆形口，表面刻划分为9个区。各个区内分别刻有菱形网格与弧线几何纹。圆口两边各有一对称长方形镂空，用于放插支架。盖底为一圈凸起作子隼，用于扣于井筒上。2001FBM8：3。

17. 灯

11件。根据整体形态分为三型。

A型　1件。盘口形圈足。斜直腹。2004FBM25：11（图版二二，1）。

B型　9件。喇叭状圈足。根据灯盘分为三亚型。

Ba型　7件。盘较深。2001FBM9：2、2001FBM9：1、2004FBM25：21、2005FBM46：26、2005FBM40：73、2001FBM4：34、2005FBM40：32（图版二二，2）。

Bb型　1件。喇叭状圈足，灯茎呈树枝状托举灯盘。2001FBM6：8（图版二二，3）。

Bc型　1件。喇叭状圈足，灯口呈罐状。2004FBM18：20（图版二二，4）。

C型　1件。柄部饰托盘。2004FBM29：18。

18. 博山炉

3件。根据整体形态分为三型。

A型　1件。兽形，炉盘为子隼，圆唇，漏斗状盘体。座为一蹲状异兽，虎背熊腰，上肢及头承托炉盘，面部向下，眼球较凸，口略张，做用力承托状。2001FBM4：5（图版二三，1）。

B型　1件。灯形，外壁通体呈黑色，子母榫，外壁饰一周镂空菱形棂格，喇叭状座。带盖，盖表饰镂菱形棂格，其间戳有穿孔。2004FBM15：12（图版二三，2）。

C型　1件。灯形子母榫，圆唇，盘较深，柄部内曲，较短，盘状座。带盖，盖表饰火焰纹。2005FBM50：15（图版二三，3）。

19. 塘

4件。长方形，口大底小，中用堤半分。2001FBM4：36（图版二四，1）、2004FBM18：6、2004FBM36：47、2005FBM40：8。

20. 案

6件。根据陶质、陶色、足特征分五型。

A型　1件。泥质灰陶，手、模合制。长方形，案边一周浅凸棱；四足，每足由两片阶梯状陶片组成。2001FBM5：22（图版二四，2）。

B型　2件。泥质灰陶，手、模合制。长方形，案边一周浅凸棱，每足由两片梯形陶片合成。2001FBM2：30（图版二四，3）。

C型　1件。泥质灰陶。平口，浅斜壁，四兽头状足。模制。2005FBM40：3（图版二四，4）。

D型　1件。泥质红陶。长方形，圆唇，浅直壁，四立足。手制，火候较低。2004FBM36：42（图版二四，5）。

E型　1件。三角形足。泥质红陶。平口，浅斜壁，三角足。模制。2005FBM42：1。

21. 仓

2件。根据质地和形制分为二型。

A型　1件。泥质红陶。悬山式两面坡顶，顶部正中施纵脊一条，两坡各施两组筒瓦，仓面正中施一小仓门，两墙中部开一对称通风圆孔。2004FBM36：44（图版二五，1）。

B型　1件。泥质灰陶，分、模合制。空心箱形，左右和后面为板块结构，底为长方形台基，单层楼阁，悬山式顶，中脊两领微翘。2005FBM40：36（图版二五，2）。

22. 釜

6件。根据口沿和底分为四型。

A型　3件。平折沿，圜底。2004FBM14：2（图版二五，3）、2005FBM46：37。

B型　1件。平折沿，平底。2004FBM18：29（图版二五，4）。

C型　1件。斜平沿，圜底。2005FBM46：9（图版二五，5）。

D型　1件。斜平沿，平底。2005FBM40：83（图版二五，6）。

二、典型瓷器形制分析

1. 碟

1件。敞口，尖唇，斜弧壁，平底微内凹，内凹部分露胎，大开片。2001FBM11∶3（图版三四，1）。

2. 罐

6件。根据腹变化分二型。

A型　4件。鼓腹。根据肩腹部变化分三亚型。

Aa型　1件。器形较大。2004FBM36∶12（图版三四，2）。

Ab型　2件。器形较矮。2004FBM36∶6（图版三四，3）。

Ac型　1件。器形较矮。2004FBM36∶22（图版三四，4）。

B型　2件。曲腹微鼓。2004FBM36∶32（图版三四，5）。

3. 钵

1件。内外壁施釉。敛口，尖圆唇，弧腹，平底，口部饰一周凹弦纹。2004FBM36∶9（图版三四，6）。

三、典型铜器形制分析

1. 摇钱树残枝

3件。分为三型。

A型　1件。树干残段。圆柱形，中空，上端铸插孔，中部铸玉兔及圆环，通体饰竖向凸棱。2002FBM4∶9。

B型　1件。圆柱形呈竹结状，上部残缺，通体锈蚀，中空，外壁饰一竹结。2004FBM27∶43。

C型　1件。均断裂，残存树枝，为青铜浇铸。各枝叶茂盛，“果实”累累。各枝叶缀满“五铢”钱币和人物、动物图案，有西王母、伎乐，同时也有牛羊、凤鸟和表现凡人的农耕、杂耍等生活图案。2004FBM17∶5（图版三五，1）。

2. 矛

3件。根据耳及刃部形状分二型。

A型　1件。无耳。形体较小，器壁较厚，直刃，菱形脊，整个矛叶呈菱形，双叶极窄。圆形骹，骹口饰有图纹，无耳。2005FBM47∶2（图版三五，2）。

B型　2件。弓形耳。柳叶形，圆形短骹，有一对弓形耳，一端与叶相接，素面。2004FBM15∶5（图版三五，4）、2005FBM45∶11（图版三五，3）。

3. 耳杯

1件。模制，敞口，圆唇，斜腹微弧，内收，假圈足，双实耳，耳与杯沿交接处有一凹槽。2004FBM23：1（图版三六，1）。

4. 箸

1双。细长条形，顶端呈方形向前逐渐过渡形成圆形。整体锈蚀严重。2004FBM29：15（图版三六，2）。

5. 蒜头壶

1件。蒜头形小口，细长颈，颈中偏下饰一周箍，扁圆腹，底部有一小圆环，圈足。2005FBM45：12（图版三六，3）。

6. 泡

1件。由圆形盖与钉组合，泡表面呈弧形，体鎏金。2004FBM16：2。

7. 环

2件。圆形有大有小，较小，素面。2004FBM29：43（图版三六，7）、2004FBM29：45。

8. 顶针

1件。圆筒形，表饰两圈凸棱，两棱间满施小凹点，内壁素面光滑。2004FBM29：52（图版三六，6）。

9. 戈

1件。挟长援，前锋呈弧刃，无脊，扁平，较窄，圆形骹。戈的下胡较长，有三穿上胡曲折。接部为圆管形。2005FBM47：1（图版三六，5）。

10. 洗

1件。敞口，圆唇，束颈，溜肩，弧腹，平底。肩部饰两对称铺首衔环，肩部饰三组弦纹。2004FBM23：4（图版三六，4）。

11. 镜

3件。根据形制分为二型。

A型　1件。部分残缺，圆形，面微凸，背中心饰一桥形纽，外圈饰忍冬花纹。2004FBM15：8（图版三七，4）。

B型　2件。圆形，较薄，桥形纽，尖缘，背面通饰涡状地纹，外区饰一周由三组相同纹饰构成的菱格夔凤纹。2005FBM45：17（图版三七，5）。

12. 壶

1件。浅盘口略外敞，溜肩，鼓腹，肩腹各饰一周弦纹。2005FBM43：3（图版三七，3）。

13. 軎

1件。中空，圆台形，近底处有三穿孔。2004FBM22：17（图版三七，6）。

14. 盖弓帽

13件。平伞状，上端为一薄圆饼形盖，下端为一竹节锥形管，在管的中部有一稍向上弯曲的小锥钉。2005FBM49：3（图版三七，2）。

15. 凤鸟

1件。昂首，曲颈高昂，躯干两侧饰羽毛，尾呈扇形展开，双足分立。2004FBM29：30（图版三七，1）。

四、钱币形制分析

共2280枚。计有五铢、半两、货泉、大布黄千、大泉五十等，大部分残破锈蚀严重。

五铢　共532枚。主要出土于2004FBM14、2004FBM23、2004FBM24、2004FBM31。钱文趋粗，较规范。

半两　132枚。出土于2004FBM16、2004FBM23、2004FBM27，钱文清瘦规范，铸工精细。圆形方穿，绝大多数内外无郭，穿两侧对列篆书“半两”二字。2004FBM16：1。

货泉　共585枚。

大布黄千　1枚。2005FBM51：17。

大泉五十　19枚。2005FBM51：2。

开元通宝　2枚。

嘉祐元宝　1枚。

五、器物组合

北岩墓群在2001～2005年度共发掘52座墓葬，典型器物组合如下。

第一期：西汉时期。陶器以罐、钫等为代表，器物组合：罐、钵、盆、钫、耳杯。铜器釜、钱币皆具西汉风格。陶质为泥质褐陶、灰陶，还有一小部分红陶，泥质褐陶为大宗。主要采用的制作手法为轮制，少量采用了手制。陶器以素面为主，纹饰以绳纹为主。

第二期：新莽时期。陶器组合：罐、钵、盆。以灰陶、红陶为主，轮制火候较高。纹饰有素面、绳纹、方格纹、菱形纹、凹弦纹等。另外，在墓中还出现镇纸、印章、軎、案、勺、耳杯、博山炉等。较西汉时期陶质礼器已经很少发现。

第三期：东汉早期。陶器组合：罐、钵、盆、盖，较前两期变化较大，出现少量的陶俑，陶礼器基本消失不见。所出钱币多为五铢钱。陶质为泥质红陶、褐陶、灰陶，红陶数量显著增加，陶器烧制火候较高。

第四期：东汉中晚期。新增型式：盖、釜、案、篦、锺、仓等。陶器以泥质红陶为大宗，轮制。多为圜底、平底，纹饰有素面、兽面纹、弦纹等，部分器物表面施釉。钱币为五铢。瓷器有罐、碗等。

第五期：东汉晚期至蜀汉。陶器组合：罐、钵、盖、模型器。陶器主要是泥质红陶，纹饰以素面居多，另有部分绳纹、方格纹、戳印纹等。

第六期：宋代。陶器有砚台，瓷器有碟，钱币为开元通宝和嘉祐元宝。

第七期：清代。属此时期的墓葬1座（M21）。破坏严重，未见随葬品、葬具及人骨架，故器物组合不清。

六、分期与年代

2001年度发掘的墓葬，只发现M11打破M12，其余墓葬均无打破关系。同时又由于部分墓葬遭到不同程度的盗扰，随葬器物多寡悬殊。

2004年发掘的墓葬，相对集中，打破关系较为复杂，M13同时打破M14；M28被M20墓道打破；M21打破M22；M16打破M30、M32。由于部分墓葬遭破坏，保存较差，墓中随葬品放置无序。其中M28、M30、M32、M33未发现随葬品及葬具。

2005年度发掘的墓葬16座。分布较集中，打破关系相对复杂，M41同时打破M44、M45；M37打破M42、打破M45；M46打破M47；M40打破M43；M52被M50、M51打破。

根据墓葬形制、器物形态、形式组合及钱币共存关系，初步将这批墓葬分为七期（附表）。

第一期：西汉时期。属于此期的墓葬有17座（M15、M24、M26、M27、M28、M30、M32、M33、M34、M35、M39、M43、M45、M47、M48、M49、M52），均为竖穴岩坑墓。M26、M27所出的陶罐、陶钫、铜釜等均具西汉风格，所出半两钱币为西汉常见的半两，M39、M43出土的陶罐、陶钵、陶钫以及铜壶等颇有西汉早期的风格，M43所出半两，器形较大，为西汉早期常见的半两，M45葬具为一棺一椁，所出器物与西汉早期的3座墓有一定变化，陶罐器形基本相同，M52所出半两器形较小，具有西汉中期的特征。

第二期：新莽时期。属于此期的墓葬有3座（M20、M22、M51）。其中M20为“凸”字形砖室墓，M22为竖穴坑墓，两座墓均出土较多货泉钱币（M20共出土450枚、M22出土180枚）。罐、钵、盆居多，M51为竖穴岩坑墓葬，随葬器物与西汉时期变化较大，所出钱币为货泉、大泉五十，故以上3座墓时代应为新莽时期。

第三期：东汉早期。属于此时期墓葬有7座（M12、M14、M17、M23、M29、M44、M50），岩坑墓，随葬器物有A型锺、灰陶罐、五铢钱币等。M14为岩坑墓，M17、M23为砖室墓，M29为石室墓，所出土器物与一、二期变化较大，有罐、钵，所出钱币大多锈蚀严重，不能分辨钱文，但与M23所出土的五铢相近。M14、M17、M23、M29所出器物、形式相近。

M44为土坑墓，M46为刀形砖室墓，M50为 “凸”字形砖室墓，所出器物与三期变化较大，并有少量的陶俑出现，出土钱币多为五铢。

第四期：东汉中晚期。属此期的墓葬有20座（M4、M5、M6、M7、M8、M9、M10、M13、M16、M18、M19、M25、M31、M36、M37、M38、M40、M41、M42、M46）。其中M8、M9、M10出土器物有罐、盆、钵、猪、熊、俑、房、塘及五铢钱币和铁剑等。M13、M16为砖石结合墓，M19、M25、M31、M40为砖室墓。M36为岩墓。此批墓葬虽破坏严重，但出土器物较丰富，与三期墓葬出土器物相比有较大变化，除个别器物形式相同外，大部分为新增样式，如锺、瓷罐、碗等。M37为长方形砖室墓，M38、M40、M41为刀形砖室墓。这批墓葬破坏较严重，器物保存较差，与三期相比变化较大。除个别器物型与第三期相同外，大部分为新增器形。

第五期：东汉晚期至蜀汉。属于此时期墓葬有M1、M2、M3，器形有青瓷罐、罐、瓦当、盖、案、俑、猪、鸡等。

第六期：宋代。属于此时期墓葬有M11，陶器有砚台，瓷器有碟，钱币为开元通宝和嘉祐元宝。

第七期：清代。属此时期的墓葬只有M21，破坏严重，未见随葬品、葬具及人骨架，通过对比后确定其时代应为清代。

第三节　墓地制度研究

一、北岩墓群与环境的关系、墓地形成与结构

北岩墓群分布于长江北岸多座小山堡上，范围较大。经过多次调查、勘探、发掘，其时代从西汉早期延续至清代。这批墓葬的考古材料，为研究墓地形成、结构、墓葬性质等提供了有力的论据。

墓群整体分布在长江北岸三级台地上，东起冉元团堡（五社），西至狮子崖（二社），在三峡工程迁建区范围内。台地为山前台地，北为高山、南为断坎，断坎下为长江河漫滩，东西为缓坡接长江河滩。台地地貌为平台、缓坡、小山丘相间，涪丰公路北线纵贯台地中部。

发掘资料显示，北岩墓群地层情况相对简单，部分坡坎砂岩、泥岩直接暴露，大部分地表为人工多年改造、耕种形成的薄薄一层耕土。墓坑均开凿于基岩上，部分砖室墓的墓砖暴露于地表。

2001年度工作以江北镇政府西南角为圆心，发掘分为四个区域。Ⅰ区：位于北岩墓群东北端，M8～M10为砖室墓。Ⅱ区：位于北岩墓群南端，其中石室墓1座（M11）、岩坑墓1座（M12）。Ⅲ区：位于北岩墓群西南部，东起“烧灵坝”，西至“狮子岩”，北邻现代公路，南邻断坎。其中“烧灵坝”发掘4座岩墓，“狮子岩”发掘3座砖室墓。该墓地的12座墓葬相互间未见打破关系，但是可以看出2001年度发掘出的墓葬年代较晚，皆为东汉时期以后，时代最晚的M11为宋代。

2004年根据钻探情况以桑树团堡、蚕房团堡、童家团堡、冉元团堡（五社）为重要发掘区。墓地地形复杂，自然冲沟将墓群分割为数个小山梁，整个地层堆积较简单，耕土层下即为岩石，多数墓葬开口于耕土层下，打破岩石。依然以江北镇政府西南角为圆心，按顺时针方向把墓群分为Ⅰ、Ⅱ、Ⅲ、Ⅳ区。墓葬连续编号，共发掘墓葬24座，编号M13～M36。其中西汉墓10座，王莽时期墓2座，东汉墓10座，六朝墓1座，清墓1座。墓葬分布既集中又密集，两墓相距最近的不足0.2米，有5组墓葬被打破关系，1组叠压关系。有16座墓的朝向为近东西向，5座墓为近南北向。M13、M17、M18、M25为岩坑砖室墓，M22为岩坑墓，均遭不同程度的破坏。墓群墓葬密集，关系复杂。M13打破M18砖室墓、M14岩坑墓，M22叠压M27岩坑墓。

2007年度发掘在第Ⅱ区，以江北办事处办公楼西南角为圆心进行。发掘墓葬16座，编号为M37～M52（编号承接前两次发掘墓葬编号）。Ⅱ区：小地名为“团堡”，东、南面为断坎及长江河漫滩，西接涪陵第十三中学，北以涪丰北线公路为界，属坡地地形。由于地理环境的影响，所有墓葬均先开凿一岩坑。岩坑墓10座，砖室墓6座。岩坑墓为长方形、竖穴、四壁规整无墓道，有二层台，M47南部有棺台。其中西汉时期墓葬7座，王莽时期1座，东汉时期8座。砖室墓是先在泥岩或砂岩上凿好岩坑，然后再用汉砖砌券拱，斜坡墓道。6座砖室墓中有4座为刀形，1座长方形和1座“凸”字形，多数墓底有铺地砖。

墓葬分布密集，有的距离还不足10厘米，有多组打破关系。M43、M45、M47、M49的棺、椁板腐朽痕迹尚存。少数墓葬发现人齿、骨骸，多数墓底有一层厚2～3厘米不等的木质朽痕或朱红漆皮，应该是棺椁朽痕。

从整个墓地上来看，两汉时期的墓葬分布最多，其他时期（新莽时期、六朝、宋代、清代）的墓葬较少。

二、北岩墓群的家族墓和合葬墓

北岩墓群汉代墓葬中出现了相对有序的墓组、墓列、墓区独立的形态特征，“一个墓地时代相同或相近的墓葬之间出现的分级现象，体现了在当时的一个现实聚落范围内，人们之间的关系也出现了各亲其亲的现象”①。李如森先生指出：“墓地一经自由买卖。社会地位和财富接近的人，自然就会购买地价近似的墓田为其茔地，于是一处处家族茔地诞生了。这样各处墓地内各墓的类型往往很接近，也就是不同墓地之间的贫富差异，比过去更加明显地表现出来。由于墓地的自由买卖，即使有较近的血缘关系的宗族，就不一定埋于同一墓地，而一大片面积的墓地，必然包括了若干家族的冢地。为此，整片墓地内墓位的排列就不像过去那样整齐，而是常常可分辨出若干个成群墓葬。”②发掘资料显示，有姓氏的汉墓并不多见，同时因为三峡片区土壤呈酸性，人骨保存较差，很多墓葬尸骨无存，给对墓主人性别的鉴定，以及墓葬关系带来了不便。但是通过对涪陵地区现有的考古成果和中原地区、成都平原地区、长江中下游平原家族墓葬的考古发掘对比，基本上可以断定在涪陵地区汉代以前就有了家族墓地的存在。

---

① 蒋晓春、李大地：《三峡地区秦汉时期家族墓初探》，《考古》2008年第4期。

② 李如森：《汉代家族墓地与茔域上设施的兴起》，《史学集刊》1996年第1期。

在封建社会中，随着个人地位财富的增长，秦汉时期就出现以姓氏为单位的家族墓葬，家族墓群大多数按照嫡庶、长幼、亲疏等宗法关系，整齐有序地形成墓地格局。考古发掘显示，在西汉时期已经形成了相对规模以血缘关系和经济基础为代表的家族墓葬。家族墓葬分为两种：①墓地层面：同一家族不同成员葬于同一片区；②墓葬层面：同一家族成员葬于同一墓穴或者是邻近的不同墓穴而形成的家族墓葬。家族合葬墓也是家族墓葬中常见的一种。

重庆地区的家族墓葬一般分为前后排列式和由右至左排列式两种，前后排法以长辈居后，晚辈居前，相比于中原地区长辈居前晚辈居后的方法而异。关于从右至左的排列方法一般是遵从以右为尊。在2001年度北岩墓群发掘中M4、M5、M6的方向大致相同，为岩墓，且基本平行排行，墓门方向在182°～187°，相邻墓室壁厚仅15～30厘米。三座墓葬年份相近，皆为东汉中期，在陶器物上有铭文刻记，能辨出字样的是“元初三年”，故推测此处可为一处家族墓地。而根据2001年度发掘出的砖室墓来看，墓葬相对集中分布，排列有序，常常是几个墓紧邻一起，墓门方向在115°～198°，墓门均朝长江。在2004年度北岩墓群发掘中，以M17、M18、M19、M20为例，墓室开口较浅。砖室墓的墓圹为竖穴岩坑或土坑，平面均呈“凸”字形。由于墓葬整体保存较差，葬具、人骨无存。从出土器物的器形和墓葬形制来推断M18、M19、M20的时代应为东汉中期，而M17年代较晚。上文所述的一个墓组、墓列以及小型墓区都有可能成为一个家族墓地。

家族墓地中的另一埋葬方式，包括异穴合葬和同穴合葬两种。涪陵北岩墓群整体保存较差，很多葬具和墓主人尸骨已经无存，且女性专用器物较少，故典型的夫妻异穴合葬墓未被发现。

第四节　北岩墓群的区域特点

一、与周边地区的比较

截止到2022年，三峡地区发表的关于秦汉墓地发掘资料已经百余处，墓葬更是有上千座之多。2004年至今，越来越多的古遗址、墓葬资料随着考古工作的开展展现在我们眼前，如万州大坪墓地①、奉节宝塔坪墓地②、云阳走马岭墓地③、丰都镇江汉至六朝墓群④等，这些墓葬分布在众多的墓地中，下文将会选出几个具有代表性的墓地与北岩墓群进行比较分析。

根据涪陵吴家石梁和涪陵横梁子的分布情况、墓地规模、墓葬年代，这两个墓群和涪陵北岩墓群都有着极其相似的地方。吴家石梁墓群位于重庆市涪陵区珍溪镇渠溪村，西距涪陵城区30千米，北距中峰社区5千米。墓群分布在长江北岸的二级台地上，东为枇杷嘴冲沟，南为一

① 重庆市文物局、重庆市移民局：《万州大坪墓地》，科学出版社，2006年。

② 重庆市文物局、重庆市移民局：《奉节宝塔坪墓地》，科学出版社，2010年。

③ 重庆市文物局、重庆市移民局：《云阳走马岭墓地》，科学出版社，2011年。

④ 重庆市文物局、重庆市移民局：《丰都镇江汉至六朝墓群》，科学出版社，2013年。

断坎直下长江河滩，西为一自然冲沟，北为罗生堂冲沟将北面坡地隔开。墓地地貌为平台与缓丘相间。该墓群中心地理坐标为东经107°27′29″，北纬29°10′50″，海拔170～185米①。

横梁子墓群位于重庆市涪陵区以东约5000米的江东街道办事处插旗居委七组，长江、乌江在此交汇。墓群地处长江南岸二级台地以上的缓坡地带。中心地理坐标为东经107°24′3″，北纬29°42′，海拔210～240米。墓群分布范围：南至跳磩沟，北达枪壳湾，东靠天坪丘，西到苗洞嘴。地势东高西低，呈小块阶台地形向长江倾斜②。

两地共计发掘24座墓葬，时代为汉代至六朝，通过对吴家石梁和横梁子墓群的发掘资料进行梳理，可以发现它们在墓葬分布、墓葬形制和随葬器物方面有着许多相同之处。

第一，墓葬分布方面，吴家石梁墓群、横梁子墓群和北岩墓群都位于长江沿岸的缓坡，海拔皆在150～300米。吴家石梁发掘7座墓葬，均为砖室墓。墓葬方向大部分在185°左右，朝南，垂直于江。时代分布为东汉中期至蜀汉。另外有M10和M13为东向和北向，方向为88°和45°，时代大致相近，为新莽时期至东汉早期。横梁子墓群发掘15座墓葬，按照建筑材料分为四类：土坑墓、砖室墓、石室墓、砖石结合墓。其中砖石墓排列有序，均为东—西方向，除M19，方向在266°～290°，墓葬之间最近的相隔仅0.4米。总体墓葬埋葬方式为顺江而葬或者是垂直江而葬。总之，吴家石梁墓群和横梁子墓群与北岩墓群中的M4、M5、M6等墓地相似，墓葬顺江而葬。

第二，在墓葬形制方面，吴家石梁墓群和横梁子墓群均出现岩坑墓和砖室墓，其在形制上与北岩墓群接近，为两汉时期典型的墓葬形制，但由于吴家石梁和横梁子未发现西汉时期墓葬，故无法比较。

第三，以上2座墓群考古发掘出的很多随葬器物与北岩墓群出土器物相似，是三峡地区常见的器物，如陶器、铜器、瓷器等。陶器主要包括罐、釜、盆、钵、盘等生活用具，俑、灶、塘等模型明器，铜器以钱币为主，还有一些瓷质生活用具。

虽然这3座墓群都地处涪陵，但是依然在许多地方存在差异。从墓葬来看，吴家石梁墓群和横梁子墓群中的墓葬大多方向一致，垂直于江，北岩墓群墓葬方向却显得有些杂乱无章。通过对比发现2001年度发掘的墓葬大多朝向与吴家石梁接近，但是在后期2004年度、2005年度的发掘中墓葬分布有很大差异，在西汉时期呈现出顺江而葬居多的特征，新莽以后愈趋向与江垂直而葬的葬式。在北岩墓群中，家族墓地较少，而在吴家石梁墓群中墓葬则显得更为紧密，出现这样的情况，笔者认为原因有二：其一北岩墓群的时间跨度更大，其二血缘关系和地缘关系在北岩墓群中不太明显。墓葬形制方面，横梁子墓葬未发现岩坑墓，吴家石梁墓群皆为砖室墓，与北岩墓群有很大区别。横梁子墓群出土的砖较为单一，立体结构基本上为长方砖，楔形砖很少。长方砖分平铺墓底的素面砖和平砌墓壁的花纹砖，尺寸也大致相当。北岩墓群墓砖较吴家石梁出土的墓葬砖稍大。在随葬品方面，3座墓群都受到过不同程度的破坏，吴家石梁墓群和横梁子墓群不见随葬铜制摇钱树树枝以及博山炉的情况，在吴家石梁M9、M11中还发现了随葬银器的组合。由于墓群都遭到盗掘和人为破坏，所以并不能准确判断这种现象到底是由于地域文化原因还是其他原因所造成的。

---

① 重庆市文物局、重庆市移民局：《吴家石梁发掘简报》，科学出版社，2010年。

② 重庆市文物局、重庆市移民局：《横梁子发掘简报》，科学出版社，2010年。

镇江墓群位于丰都县中部，老县城的东北。镇江墓群位于镇江镇杜家坝村、郎溪村一带，墓群中心坐标为东经107°44′18″，北纬29°29′59″，海拔165～200米。镇江墓群所在地呈东南向西北倾斜的地势，地形上临江一侧多土包和高台地，属于深丘地形，临山根一侧多浅丘和平坝。由河嘴墓群、槽房沟墓群、二仙堡墓群、冉家路口墓群、梁家包墓群、杜家坝墓群等墓地组成。2005年、2007年、2008年，重庆市文物考古所等单位对其进行了全面发掘，发掘面积21569平方米，共清理墓葬140座。出土以陶器为主随葬器物2300多件，钱币2300余件①。

在墓葬形制方面，镇江墓群的墓葬主要分为土坑墓、砖室墓、砖石混筑墓、石室墓四类，以土坑墓和砖室墓为主。根据《丰都镇江汉至六朝墓群》考古资料比较，墓葬的形制和北岩墓群相似，皆为三峡地区两汉时期典型的埋葬方式。

在随葬器物方面，镇江墓群分为四期，即西汉、东汉、蜀汉、西晋至南朝，鉴于北岩墓群西晋至南朝墓葬发掘较少，本书着重对比西汉、东汉、蜀汉时期。西汉晚期，镇江墓群随葬器物中主要以陶器为主，陶器包括仿铜陶礼器、生活用具、模型器，当时铜器还十分盛行，随葬器物中还随葬铁剑一类的兵器。东汉至蜀汉时期，仿铜陶器的数量大大减少，陶器以生活用具、祭奠用器、明器和各式各样的俑为主。铜器中依旧保有摇钱树。

然而，北岩墓群和镇江墓群差异也是十分明显的。在墓葬形制上，镇江墓群西汉晚期的墓葬均为土坑墓，东汉时期则是以各种砖室墓为主，土坑墓很少。镇江墓群还缺少岩坑墓和崖墓，这可能和当地地理环境有关。随葬品方面以礼器为代表的锺、钫、盒，车马器组合在北岩墓群中都未曾出现。这些不仅仅代表着地域的影响，兼有墓葬主人关系、身份年地位的差异，时代上的差别也比较明显。

万州大坪墓地位于万州区瀼渡镇石山村大坪社。这里是镶溪河（又称溪沟）与长江交汇的一处条形一级台地。墓地北靠壤溪出口，南接高山坎坡，东临江边断崖，西连梯田古镇，形成东北两面环水、西南两面环山的半岛形地貌。北距万州市区近30千米，南距忠县约25千米。墓地南部较平坦。中部稍高，北部较低，其中心坐标东经108°18′35″，北纬30°35′40″，海拔145～170米。南北长430、东西宽130～180米，面积近70000平方米。2001～2004年先后对大坪墓群进行了5次发掘，发掘面积11650平方米，发掘的158座墓葬中东周墓葬67座、汉代墓葬61座、六朝墓葬30座②。

大坪墓群中的汉墓分布在台地，且由南到北都有分布，墓葬相对集中，分布有序。墓葬形制有四类，分别为土坑墓、砖室墓、石室墓、砖石结合墓。墓葬分为三期，西汉晚期墓葬均为竖穴土坑墓、东汉前期未发现土坑墓，发掘的13座墓葬中为砖室墓和石室墓两种，东汉后期出现砖石结合墓，这与北岩墓群都是相近的。随葬品方面西汉时期以生活用具为主，部分墓葬中出现釉陶器，新莽时期前后以生活用具、模型明器、陶俑三者并重，东汉中后期明器、陶俑的种类丰富了许多，釉陶器数量减少。墓葬朝向，大坪墓群大多数垂直江而葬，不同于丰都镇江墓群，和几百千米外的北岩墓群埋葬方式接近。同样在大坪墓群和北岩墓群中都能发现几座墓葬方向接近且靠在一起，推断这可能是早期的家族墓地。

---

① 重庆市文物局、重庆市移民局：《丰都镇江汉至六朝墓群》，科学出版社，2013年，第701页。

② 重庆市文物局、重庆市移民局：《万州大坪墓地》，科学出版社，2006年。

二、北岩墓群的分布范围与特点

北岩墓群作为涪陵地区乃至三峡库区较大的墓群，墓葬时代从西汉早期延续到清代，墓葬数量之多、时间跨度之广，对研究重庆地区的丧葬方式、文化习俗、经济政治都有着极高的价值。北岩墓群、吴家石梁墓群和横梁子墓群都代表着涪陵地区在汉代人口密集，在文化习俗方面富有当地特色，同时不同的埋葬方式表明了该地区丧葬发达。

从墓葬分布、形制、随葬品来比较，北岩墓群的文化面貌与丰都地区、万州地区的墓葬都有着相似之处，但又有着本地的土著文化。

北岩墓群分布在长江北岸的台地上，台地为山前台地，北为高山；南为断坎，断坎下为长江河漫滩，体现了涪陵地区的地区特征。墓葬方向在西汉时期多数为顺江而葬，新莽时期以后衍变为垂江而葬，北岩墓群墓葬数量多，葬式不一，但依然可以找出一定的规律。无论是何种葬式，都体现出当地的丧葬习俗。家族墓地方面，通过对探方、墓葬分布图分析，墓葬并排排列的形式较为常见，故推测早期家族墓地起源于两汉时期，而以“品”字形为特色的分布方式，丰富了三峡地区的考古发现。成都平原的家族墓葬，往往规模较大，甚至发现同一土堆下有10座墓葬构成家族墓地的情况[①]。相比而言，北岩墓群的家族虽然存在家族墓，但是规模要小得多。

从墓葬形制来看，北岩墓群发现的墓葬基本囊括了两汉时期的墓葬形制，这对研究重庆地区的两汉墓葬文化具有重要的价值。西汉时期长方形岩坑墓是涪陵地区的特色，而在重庆其他地区发现较少。在2004年度发掘的M14、M15、M24和M27这些墓的二层台是在椁壁与墓壁之间用熟土填实而成，这一形制在重庆地区较为常见。墓葬中还出现卵石葬，在墓葬底部铺些许鹅卵石，这是一种特殊的葬式，在云贵高原、湘西地区时有发现，既保留自身文化特色，又表明外来文化对土著文化具有一定影响，两汉时期涪陵地区对外交流进一步加强。

从随葬器物来看，北岩墓群地区原始住民随着时代发展，随葬器物有所保留又有所发展。早期流行仿铜陶礼器、生活用具、铜制礼器、铜制生活用具；中期祭奠器物和模型明器得到了很大发展，陶礼器减少；晚期陶礼器消失，随葬生活用具、模型明器和陶俑。一些墓葬中也有鎏金铜器、饰件出土，以M26为例，墓葬形制较大型，铜器较多，有钫、壶、釜、剑等，表明这一时期也有身份较高的人在此生活居住，同时也表明此地与其他地方一样盛行厚葬之风。总之，这种随葬器物组合的衍变方式与三峡地区其他墓群大致一致，并随着社会经济、政治、文化的变化而变化。

三、北岩墓群的文化因素和社会背景

关于北岩墓群的文化探究与社会背景方面，我们在借鉴前人对三峡地区文化研究的基础

---

① 重庆市文物局、重庆市移民局：《丰都镇江汉至六朝墓群》，科学出版社，2013年，第705页。

上，对该墓群进行分析。

第一，墓葬分为五种形制：土坑墓、砖室墓、石室墓、岩墓、岩坑墓，这几种都是三峡地区常见的墓葬种类。土坑墓发现较少，汉代墓葬主要为砖室墓和岩墓，砖室墓墓葬相对集中分布，排列有序，常常是几个墓紧邻一起。墓葬平面结构多数由墓圹、墓道、甬道、墓室组成。此外在部分砖室墓墓底发现石板、卵石，应该是受到中原地区、云贵地区文化的影响。

第二，随葬器物分为陶器、铜器、铁器、石器、瓷器、琉璃器等几个大类。陶器主要包括钵、罐、釜、甑、盂、簋、锺、鉴、盆、盘、博山炉、耳杯、案、灯、井、仓、案、房等。按照前人的分析方式可分为生活用具、祭奠用具、模型器、陶礼器、陶俑。铜器、瓷器、石器等出土较少，主要类型有碟、罐、碗、摇钱树枝、矛、镜、环、壶等。

关于出土的本地陶器，具有一定土著文化的气息。以陶礼器（盒、锺）为代表体现出的是中原文化，以陶簋为代表的器物在长江中下游地区较为常见，陶洗在某种程度上与西南地区随葬器物中出现的铜釜接近，这些都说明在北岩地区汉代已经受到了不同方向文化上的影响。祭奠器物和模型器如仓、灶、案等，主要是富有本地特色，属于三峡库区的器类。此外在北岩墓群中还出土许多不同样式的陶俑，各具特色。M23和M40出土了舞蹈俑，舞蹈俑是长江流域比较常见的一种俑，尤其是中游地区。M36出土的胡人吹箫俑极具域外特色。M40还出土镇墓兽1件，与楚文化中的镇墓兽形制相似。

铜器主要可以分为兵器、装饰用具和生活用具三类。在M15、M47、M45出土矛，M45出土矛呈柳叶形，圆形短骹，有一对弓形耳，一端与叶相接，素面，属于典型的巴文化特色。墓葬中出土摇钱树枝干是峡江地区的土著文化特色，同时还有以锺、泡、铜钱为代表的中原地区文化。

瓷器主要为生活用器，如碟、罐、碗、耳珰、串珠等琉璃器，由于在涪陵地区甚至重庆地区都未发现较大的窑口，且出土件数也较少，笔者更偏向产于外地，属于外来文化。

北岩墓群中文化因素十分复杂，不同时期，不同的社会背景、历史环境，往往显示出的文化面貌不一样，既有传承又有发展。

墓葬分为七期，主要属于两汉时期墓葬，其中第六期宋代和第七期清代，北岩墓群中发现较少，且为该时期典型的埋葬方式，本文不做赘述，而主要分析前五期。

第一期：西汉时期墓葬基本为岩坑墓，土坑墓极少，属于峡江地区文化因素。随葬器物中的圜底陶罐、陶釜、铜鍪都是极具涪陵本地土著文化特色的。而其他陶器，如其他种类罐、钵、盆、盒、井、俑等，偏向中原文化。故西汉时期，中原文化因素已经极大地影响涪陵地区土著文化。

第二期：新莽时期墓葬发掘较少，土坑墓、砖石墓、岩坑墓各一座，皆属于中原文化。随葬器物中灰陶罐、灰陶钵、灰陶案、灰陶碟、红陶盆、灰陶耳杯、红陶勺、灰陶井、灰陶房、红陶杯、红陶洗、陶博山炉盖，墓葬中还出有货泉、大布黄千、大泉五十，以中原文化为主，本地文化为辅，还有一定比例的外来文化。

第三期：东汉早期墓葬仍然具有一定本地特色，形制以岩坑墓为主，砖石结合次之。随葬器物中舞蹈俑、瓷器具有长江中下游地区文化因素，而琉璃耳珰则是域外文化，其余出土的如钵、罐、井、盆、俑属于中原文化因素。

第四期：东汉中晚期岩坑墓、砖石墓、砖室墓并重。随葬器物延续了第三期并有了一定的发展，本地土著文化影响愈趋变少，域外文化、南方文化同样占比较少，对外交流进一步加强。

第五期：为东汉晚期至蜀汉，墓葬均为砖室墓，墓葬中多数被盗。随葬品中出现的摇钱树座、摇钱树枝具有本地文化因素，故推测虽然中原文化融入甚至占领涪陵地区，但土著文化并没有消失。

北岩墓群不同时期墓葬的变化，随葬器物的类别、组合的差别，体现的是三峡地区文化因素转变的缩影。关于对三峡地区"汉制"的研究，蒋晓春先生认为发生在西汉中期①，这与汉文化因素在全国范围内传播的时间是相对一致的。蒋晓春先生总结"汉制"："厚葬的盛行；家族墓、夫妻合葬墓和多代合葬的流行；开通型墓代替密封型墓；生活实用器、明器代替礼器成为随葬品的主要内容；墓内、墓外祭祀空间的确立；用帛画、壁画和画像石等装饰墓葬。"②根据北岩墓群的发掘资料，这些都能在其中得到体现。

索德浩在《峡江地区汉晋墓葬文化因素分析》中写道：一是政权更替、制度和政策的变化推动峡江地区文化的变迁；二是汉晋时期经济重心的迁移对峡江地区的影响；三是峡江地区移民成分的变化也是峡江地区文化演变的重要原因。尤其是东汉末至蜀汉，东来移民增多，此时长江中游地区对峡江地区的考古学文化影响逐步增加③。

西汉建立以后，采取了老子"无为而治"的策略，休养生息。文景之治后，国富民强，班固言："汉兴，扫除烦苛，与民休息；至于孝文，加之以恭俭；孝景遵业。五六十载之间，至于移风易俗，黎民醇厚。"④汉武帝时期，颁布推恩令，开辟丝绸之路，驱逐匈奴，思想上"罢黜百家，独尊儒术"，很快达到鼎盛，形成了高度的中央集权。西汉后期，宦官、外戚势力日趋庞大，中央对地方的控制也逐渐变弱。《汉书》中记载西汉晚期到王莽时期西南地区发生的叛乱与政府的镇压行动⑤，此外史书中还记载，西汉末年巴蜀地区还存有匪患，这些都是不稳定的因素。

西汉末年中原文化因素完全占据主导地位，土著文化依旧有一些影响。东汉开国后，刘秀光武中兴，到了汉明帝、汉章帝时期，史载"天下安平，百姓殷富"，号称"明章之治"⑥。经济不断发展，巴郡人口大大增加，管理区域也逐步增加。秦代巴郡所属县有9个，汉代为11个，西汉元始二年（2年），巴郡有户158643，口708148，东汉永兴二年（154年），有户464780，口1875535，比西汉增加了一倍多⑦。东汉兴平元年（194年），益州牧刘璋将巴郡一分为三：垫江以北为巴郡，江州至临江为永宁郡、朐忍至鱼复为固陵郡。建安六年（201年），永宁郡复称巴郡，郡治江州县。东汉时期北岩墓群主要有以下几个特点：①墓葬数量较

① 蒋晓春：《三峡地区秦汉墓研究》，巴蜀书社，2010年，第244页。

② 蒋晓春：《三峡地区秦汉墓研究》，巴蜀书社，2010年，第240～245页。

③ 索德浩：《峡江地区汉晋墓葬文化因素分析》，四川大学硕士学位论文，2006年，第56～65页。

④ （清）陈梦雷：《饮定古今图书集成》卷十三，线装书局，2016年。

⑤ 《汉书》卷九十五《西南夷两粤朝鲜传》，中华书局点校本，1962年，第3843～3846页。

⑥ （宋）司马光：《资治通鉴》卷四十五，光明日报出版社，2016年，第45～130页。

⑦ 《后汉书》志第二十三《郡国五》，中华书局点校本，1965年，第3507页。

西汉时期大大增加，可能是经济发展、人口数目增加；②家族墓地的兴起，早期有部分岩坑墓，中期皆为砖室墓、砖石结合墓，以砖室墓为主；③随葬器物方面，东汉墓葬中出土的随葬器数量远超西汉时期，可能与汉代实行厚葬的风气有关。

根据发掘出土器物研究，北岩墓群在思想文化方面，除了大一统政治因素影响，可能还受到巫文化、道教文化、佛教文化的影响。东汉早期M29中发现1件铜制凤鸟，东汉晚期M40中出现镇墓兽，这些都表现出当时人们在死后得道升仙的希望。北岩墓群中还出土博山炉和炉盖，博山炉具有一定的中原文化，也体现出北岩地区原住民神仙思想以及巴蜀地区本土的巫文化。在三峡其他地区，如镇江墓群中也发现随葬大量博山炉的情况，从西汉到东汉随葬博山炉比例明显增加，蜀汉以后又呈下降趋势。总之，北岩墓群同三峡地区其他墓群一样，两汉时期盛行巫鬼神仙之道。

东汉末年，蜀地政权更替，社会动荡。分别经历了刘焉、刘璋、成汉政权，特别是成汉政权，不断对外军事，导致蜀地社会、经济、文化一度落后。故北岩墓群在蜀汉时期的墓葬发现不多。

第五节 结　　语

北岩墓群分布于长江北岸多座小山堡上，范围较大。经过多次调查、勘探、发掘，其时代从西汉早期延续至清代，墓葬形制有岩墓、岩坑墓、砖室墓、石室墓以及砖石结合墓葬，其中以砖室墓为多。共计发掘52座墓葬，各期墓葬相对集中，打破关系较多，也反映出从西汉到清代的时代发展变化，在一个墓群内墓葬形式多样，也是该墓群的特点。根据发掘显示，东汉时期涪陵地区应有几个较大的家族，且有一定的延续性。出土器物较丰富，各期特点明显，且出土了纪年文物，不仅为峡江地区增加了不少文物标本，而且分期标尺对峡江一带汉墓应有一些参考价值。

墓葬出土器物以陶器居多，随葬品配套组合不全，表明这些墓主人的身份不高，大多数为平民。一些墓葬中也有鎏金铜器、饰件出土，以M26为例，墓葬形制较大型，随葬铜器较多，有钫、壶、釜、剑等，表明这一时期也有着身份相对较高的人群在此生活居住，同时也论证了涪陵地区在汉代同样盛行厚葬之风。

附　　表

2001 ~ 2005年北岩墓群发掘墓葬登记表

分期	年代	墓号	墓向/（°）	墓葬形制（长×宽—深）/米				葬式	葬具	随葬品	备注
				平面	墓道	甬道	墓室				
一期	西汉	M15	230	长方形岩坑	无	无	5.1×3.3—（4.05 ~ 4.35）	不清	一棺一椁	出土器物31件；陶器已修复6件，有罐、钵、盖等；铜器2件，半两钱币（13枚）；铁器1件削	
		M24	27	长方形岩坑	无	无	4.6×3.6—3.6	不清	不清	出土器物43件；已修复陶器10件，有盆、罐、盘、耳杯、钵、鼎等；铜器3件	
		M26	235	长方形岩坑	长方形斜坡7.8×（2.56 ~ 3.36）—（0.15 ~ 1.5）	无	7.7×4—2.5	不清	一椁	出土器物39件；已修复陶器为罐；铜器30件，有钫、灯、镜、釜、甑和蒜头壶等；铁器1件；桃核1件	
		M27	247	长方形岩坑	无	无	5.36×3.2—（2.6 ~ 3.46）	不清	不清	出土器物43件；已修复陶器10件，有罐、盖、钫、釜等；铜器13件，有盖弓帽、鼎、钫、勺、镜等、半两钱币（7枚）；石器1件；铁器6件	
		M28	62	长方形土坑	无	无	5×2.6—1.9	不清	不清	无	
		M30	158	长方形岩坑	无	无	5.2×3.4—0.8	不清	不清	无	
		M33	233	长方形岩坑	无	无	4.1×3.05—（0.9 ~ 1.1）	不清	不清	无	
		M32	67	长方形土坑	无	无	残长（1.64 ~ 1.72）×1.3—1.2	不清	不清	无	

续表

分期	年代	墓号	墓向/（°）	墓葬形制（长×宽—深）/米				葬式	葬具	随葬品	备注
				平面	墓道	甬道	墓室				
一期	西汉	M34	63	长方形岩坑	无	无	残长1.2×3.9—3.9	不清	不清	出土器物7件；已修复陶器7件，有罐 、钵等	
		M35	348	长方形土坑	无	无	4.65×3—1.05	无	一棺一椁	陶片较碎，无法修复	
		M39	230	长方形岩坑	无	无	4.6×3.2—（2.1～2.5）	不清	不清	出土器物19件；陶器有罐、钵、豆、釜、盖等；其中铜器3件，有环、镜	
		M43	63	长方形岩坑	无	无	3.6×1.9—2.2	不清	一棺一椁	出土器物21件；陶器已修复12件，有罐、钵、盆、甑、板瓦等；铜器5件；铁器2件；石器1件	被M40打破
		M47	223	长方形岩坑	无	无	5×（3.34～3.4）—（3.45～4.3）	不清	不清	出土器物18件；陶器6件，已修复罐1件；铜器6件；铁器4件；石器1件；动物齿1件	被M46打破
		M45	240	长方形岩坑	无	无	5.8×3.79—3.8	不清	一棺一椁	出土器物24件；陶器9件；已修复有罐；石器3件；铁器4件，有釜、剑、削、灯；铜器有矛、鐏、盖弓帽釜、镜、蒜头壶、饰件和“半两”钱币、铜镜、铜蒜头壶	被M41、M42打破
		M48	36	长方形岩坑	无	无	残长1.16×4—3.95	不清	不清	无	
		M49	230	长方形岩坑	无	无	6×4.6—（4.7～4.9）	不清	不清	出土器物37件；陶器11件，已修复3件有罐；铜盖弓帽13件，铜片4件，铜钱3枚，铁插、铁斧4件	
		M52	232	长方形土坑	无	无	4.58×3.12—2.58	不清	不清	出土器物11件；陶器9件，已修复2件；铜币1件（2枚）	被M50、M51打破

续表

分期	年代	墓号	墓向/（°）	墓葬形制（长×宽—深）/米				葬式	葬具	随葬品	备注
				平面	墓道	甬道	墓室				
二期	新莽	M20	73	“凸”字形砖石	长方形斜坡 1.4×1.9—（0～1.9）	1.9×1.9—1.3	4.6×2.6—1.3	不清	不清	出土器物25件；已修复陶器15件，有钵、案、耳杯等；货泉（20枚）	
		M22	260	长方形土坑	不清	不清	3.9×3.16—（0.5～0.9）	仰身直肢	不清	出土器物5件；已修复陶器为罐、盆；货泉币180枚	
		M51	55	长方形岩坑	无	无	残长5.1×3.6—（1.1～1.2）	不清	不清	出土器物19件；陶器16件，已修复10件，有罐、钵、盆等；钱币3件（21枚）	打破M52
三期	东汉早期	M12	65	长方形岩坑	无	无	4.6×3.3—2.9	不清	不清	出土器物陶器：罐、锺；铜器：“五铢”币；铁器和石器	
		M14	251	长方形岩坑	不清	不清	5.44×4.5—3.5	不清	木椁	出土器物29件；已修复陶器8件，有钵、罐、盖、釜、壶、鼎、锺等	
		M17	146	“凸”字形土坑砖石	长方形斜坡 1.6×1.3—（10～1.2）	2.32×2—1.74	5×（1.9～4）—（2～2.45）	不清	不清	出土器物50件；已修复陶器33件，有罐、盆等；铜器1件；铁器1件	
		M23	53	长方形土坑	长方形斜坡 1.7×1.4—（0.15～0.78）	1.8×1.5	3.9×2.7—1.5	不清	不清	出土器物38件；已修复陶器19件，有罐、盆、灯、钵、俑等；铜洗、耳杯、钱币21枚	
		M29	53	刀形岩坑砖石	长方形斜坡 1.12×1.64—1.08	1.95×1.85—0.7	3.35×2.8—0.7	不清	不清	出土器物55件；已修复陶器8件，有罐、钵、灯、耳杯等；铜器25件；铁器1件；玻璃9件；骨1件、料珠1件	
		M44	50	长方形岩坑	无	无	4.2×3.5—（1.38～1.9）	不清	不清	出土器物25件；陶器已修复15件，有盆、罐、钵、盖等；钱币1件（12枚）	被M41打破
		M50	130	“凸”字形砖石	残长0.9×1.76	2×1.6—0.9	4.6×2.9—1.96	不清	不清	出土器物35件；已修复陶器9件，有罐、钵等；无字印章1枚；铁器2件；钱币2件（76枚），铜扣件3件	打破M52

续表

分期	年代	墓号	墓向/（°）	墓葬形制（长×宽—深）/米				葬式	葬具	随葬品	备注
				平面	墓道	甬道	墓室				
四期	东汉中晚期	M4	185	“凸”字形岩坑	3.1×1.38—（1.1～2.6）	无	3.34×2.58—1.08	不清	不清	出土陶器：罐、锺、塘、耳杯、簋、碗、鉴、摇钱树、仓、勺、匜、钵、盖、炉、支架、灯、博山炉、房、鸡、佣、猪、狗；瓷器：碗；铜器：摇钱树枝、钱币；琉璃：耳珰	
		M5	187	“凸”字形岩坑	5.5×1.3—（0.5～2.5）	无	3.7×3.46—2.84	不清	不清	出土陶器：罐、锺、耳杯、甑、钵、盖、支架、案、井、猪、鸡、俑、勺、灯，盆、塘、狗、座；铜器：“五铢”币	
		M6	182	“凸”字形岩坑	4.9×1.45—（0.5～3.38）	无	3.3×2.6—3.05	不清	不清	出土陶器：罐、簋、耳杯、案、灯、瓦、俑、器耳、盖、博山炉盖、狗、鸡、俑	
		M7	73	“甲”字形岩坑	（3.6～3.7）×1.2	无	2.58×3.34—（0.54～1.7）	不清	不清	出土陶器：罐、耳杯、钵、锺、盖、碗、勺、灯、猪、鸡、俑等；铜钱	
		M8	130	“凸”字形岩坑砖石	1.1×1.5—（1.2～1.5）	2.5×2—1.28	4.4×2.8—1.2	不清	不清	出土陶器：罐、盆、井、井盖；铜器：“五铢”钱币、口沿；铁器：剑、匕首	
		M9	118	“凸”字形石坑砖室	1.1×1.5—（0.6～1.15）	1.6×1.08—0.8	（2.18～3.6）×（1.06～3.06）—（0.7～0.9）	不清	不清	出土陶器：灯、钵、甑、盆、井盖等	
		M10	145	刀形岩坑砖石	无	1.7×1.32—（0.1～0.4）	2.36×2.36—（0.4～1.1）	不清	不清	出土陶器：罐、碗、钵、甑、盖、勺、狗、锺、灯、俑、镇墓兽、猪、房等；铁器：削	
		M13	120	“凸”字形岩坑砖石	不清	1.64×1.44—0.2	4.1×2.4—0.2	不清	不清	出土陶器7件；已修复陶器4件，有钵、盖、灯、罐	
		M16	257°	长方形岩坑砖石结合	不清	不清	4.56×3.4—0.5	不清	不清	出土器物12件；已修复陶器8件，有罐、盆、钵等；铜器4件	
		M18	146°	“凸”字形岩坑砖石	长方形斜坡 1.65×1.3—（0.1～1.26）	1.96×1.65—（0～0.8）	3.7×2.64—1.7	不清	不清	出土器物36件；已修复陶器27件，有罐、盆、釜、钵、盖、俑、鸡、猪、狗等	

续表

分期	年代	墓号	墓向/（°）	墓葬形制（长×宽—深）/米				葬式	葬具	随葬品	备注
				平面	墓道	甬道	墓室				
四期	东汉中晚期	M19	221	“凸”字形砖石	不清	1.4×1.64—1.4	4.3×（0.84～3.9）—（1.4～1.8）	不清	不清	出土器物16件；已修复陶器5件，有罐、钵、甑、井盖等；铜五铢币（87枚）	
		M25	64	“凸”字形砖石	长方形斜坡（2～2.02）×（1.8～2.04）—（3.5～1.1）	2.3×（1.78—1.8）	4.3×2.8—（1.4—3.6）	不清	不清	出土器物34件；已修复陶器16件，有罐、猪、灯、俑、鸡、钵等；铜器3件、耳瑱1件、钱币2件	
		M31	50	土坑砖室	不清	不清	3.3×2.6—（0.5～0.6）	不清	不清	出土器物8件；已修复陶器2件；未修复陶器6件	
		M36	145	“凸”字形岩墓	不清	残长4.6×1.24—4.16	3.96×2.86—2.16	不清	不清	出土器物48件；已修复陶器15件，有案、盘、仓、俑、耳杯、钵、甑、罐等；瓷器7件；钱币1件（78枚）；铁器1件	
		M46	110	残存刀形砖墓	不清	2×1.38—（1.9～2.1）	3.65×2.36—（1.8～2.05）	不清	不清	出土器物38件；已修复陶器20件，有罐、釜、盆等；铁器3件；铜耳瑱1件，钱币5件（48枚）	打破M47
		M37	137	长方形砖石	不清	不清	216×174	不清	不清	出土器物16件；陶器已修复6件，有罐、钵、匜等；铜钱4枚	打破M42
		M38	85	刀形砖室	1.48×2.16—（0～0.76）	2.4×1.9—（0.6～0.7）	2.6×2.4—0.6	不清	不清	出土器物12件；陶器已修复4件，有盖、俑、耳杯；铜器1件	
		M40	48	刀形岩坑砖室	1.4×1—（0.3～0.7）	2.16×1.6—（1.1—1.2）	2.84×2.54—1.2	不清	不清	出土器物90件；陶器已修复62件，有罐、釜、井、钵、盖、仓、案等；其中钱币1件（2枚）	打破M43
		M41	35	刀把形砖室	1.9×1.5—（0.3～0.4）	不清	2.86×2.4—1.1	不清	不清	出土器物12件；陶器已修复2件，为罐	打破M44、M45
		M42	110	刀形砖石	1.6×（0.7～1.9）—（0.1—1.2）	2.5×1.68—1.2	（3.6～6）×（1.98～2.98）	不清	不清	出土器物31件；陶器30件，已修复20件，有罐、钵、锺、俑、耳杯等；钱币1件	被M37打破

续表

分期	年代	墓号	墓向/（°）	墓葬形制（长×宽—深）/米				葬式	葬具	随葬品	备注
				平面	墓道	甬道	墓室				
五期	东汉晚期至蜀汉	M1	198	刀形石坑砖室	1.38×2.1—1.8	2.11×1.4—1.7	2.4×2.29—1.8	不清	不清	出土陶器：罐、俑、狗、瓦当；瓷器：罐；钱币："五铢"钱币	
		M2	115	"凸"字形石坑砖室	1.25×1.6—（0.7～1.1）	2.08×1.9—1.24	3.24×2.76—1.24	不清	不清	出土陶器：罐、盖、案、俑、房、鸡、灶、塘、钵、井、釜、摇钱树；铜器："大泉五十""五铢"钱币	
		M3	170	"凸"字形岩坑砖室	上口：2×（1.1～1.76）—（0.5～0.9）下口：2×（0.5～1.76）—0.5		5×（2～3.18）—（0.4～0.6）	不清	不清	出土陶器：俑、狗；铁器：釜	
六期	宋	M11	150	长方形土坑砖石	4.3×（4.14～0.5）—1.96	无	3.68×1.78—2.1	不清	不清	出土陶器：砚台；瓷器：碟；铜器："开元通宝""嘉祐元宝"钱币	有棺朽痕
七期	清	M21	63	长方形土坑	无	无	2.04×0.64—0.45～0.55	无	无	无	

附　　录

附录一　涪陵针织厂墓群2007年度发掘报告

山东大学东方考古研究中心

涪陵针织厂墓群位于长江与乌江交汇口、长江北岸，现隶属重庆市涪陵区江北街道。遗址位于长江北岸的三、四级台地上，沿江呈东西向分布。经GPS测量，遗址中心位置的地理坐标为北纬29°43′17.2″，东经107°23′35.6″，海拔156～175米。遗址东部为原涪陵针织厂旧址，堆满建筑垃圾；西部延伸至冲沟以西，部分为北岩小学旧址所压，现多为菜地。20世纪80年代初，当地文物部门曾在此发掘2座西汉墓葬，出土文物比较丰富。

为了配合长江三峡水电工程的建设，同时为了搞清针织厂墓地的分布范围，进一步了解墓地的文化内涵，受重庆市文化局三峡办委托，山东大学东方考古研究中心在涪陵区博物馆的配合下于2007年3～5月对重庆市涪陵区针织厂墓群进行了钻探和抢救性发掘。本次发掘共开5米×5米探方36个，实际发掘面积1000平方米，共发掘清代墓葬2座、东汉墓葬1座、战国晚期至西汉墓葬2座（图一）。

一、发掘概况

发掘区域以冲沟为界划分为Ⅰ、Ⅱ两区。

Ⅰ区位于冲沟以东，分布于长江北岸的三级台地上，海拔156米。台地东面、北面及南面为断崖，西侧为斜缓坡。台地上原为涪陵针织厂旧址，搬迁后留下大量的建筑垃圾以及钢筋混凝土地基。针织厂旧址以西为当地农民开垦出来的菜地，种植莴苣、豌豆等。

Ⅱ区位于冲沟以西，分布于长江北岸的三、四级台地之上，海拔156～175米。台地南面、西面皆为断崖。Ⅱ区中心为原北岩小学旧址，配合长江三峡工程三期蓄水搬迁后遗留大量建筑垃圾。四周为当地农民开垦而成的菜地。西北角为一高出的四级台地。

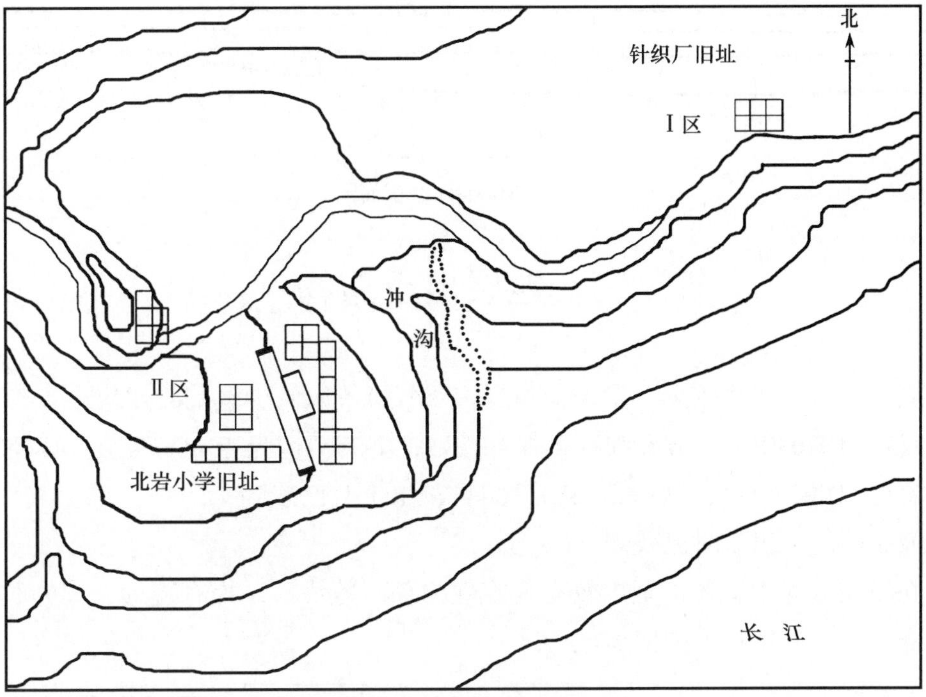

图一　2007年布方示意图

二、地层堆积

Ⅰ区墓地地层堆积比较简单，根据土质、土色以及包含物的变化可以分为三层。

第1层：现代建筑垫土层。灰褐色黏土，土质较硬，结构紧密。厚10～25厘米。分布于整个Ⅰ区。包含物有砖块、石块、陶片、瓦片、瓷片等。

第2层：扰土层。红黏土，土质较硬，结构紧密。深10～25、厚15～35厘米。分布于整个Ⅰ区，南薄北厚。包含物较少，有砖块、石块等。遗迹均开口于此层下。

第3层：商周文化层。深褐色，土质较软、细腻，含较多的炭粒和红烧土粒，出土少量灰褐色陶片。本层分布不普遍，只在个别探方中发现。

该层之下是以砂土为主的生土。

Ⅱ区墓地的地层情况与Ⅰ区相似。根据土质、土色以及包含物的变化可分为三层。

第1层：耕土层。厚15～20厘米。灰褐色，土质疏松。含近现代陶瓷、玻璃等现代生活物品和砖瓦等建筑垃圾。

第2层：扰土层。厚10～40厘米。土色杂乱，土质软硬不一。含大量砖瓦、水泥块、陶瓷残片等近现代生活垃圾和汉代墓砖等古代遗物。战国时期和汉代墓葬开口于此层下。

第3层：商周文化层。深褐色，土质较软、细腻，含较多的炭粒和红烧土粒，出土少量灰褐色陶片。本层分布不普遍，只在个别探方中发现。

其下是以细砂为主的生土（图二）。

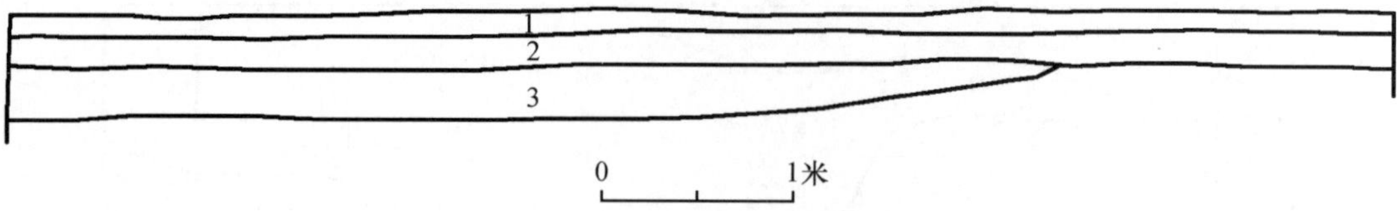

图二　T0604西壁剖面图

三、地层出土遗物

发掘地层中出土的遗物较少，发现瓷碗2件、铜钱1枚以及少量墓砖残块。

铜钱　1枚。T0703②-1，方孔圆钱，保存较好，上有“道光通宝”四字。直径2.4厘米。

瓷碗　2件。T0907②-1，敞口，斜壁，圈足，出土时已残碎（图三，1）。T1102②-1，敞口，腹部略鼓，圈足，出土时已残碎（图三，2）。

另外，在发掘过程中，还清理出较有代表性的墓砖数块，纹饰有菱形、车轮纹、回纹以及“富贵”字样等，详见拓片（图四）。

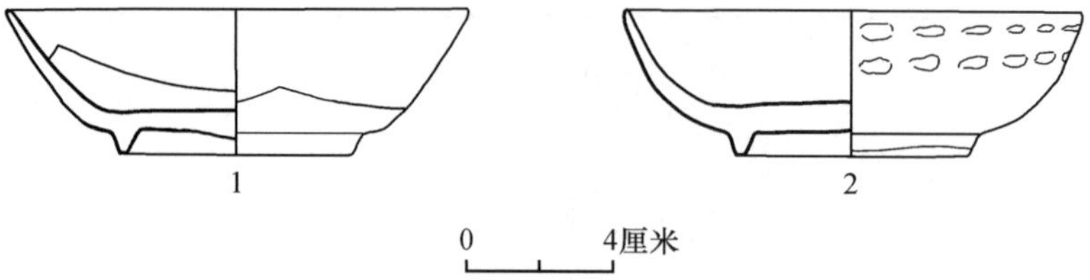

图三　地层中出土瓷碗

1. T0907②-1　2. T1102②-1

四、墓　　葬

（一）战国至西汉

1. M4

（1）基本情况

M4位于T0604内，墓葬东南角有很小一部分延伸至T0603北隔梁内。开口于第2层下，并打破生土。北壁被M3打破，墓室的中部有一方形盗洞，从被盗情况及盗洞内残余来看，可能下葬后不久即被盗。另外，该墓的西南部有一晚期墓葬打破盗洞及M4，致使墓室被严重扰乱。

发掘过程中，在墓葬的上部填土中发现一组随葬品。有陶壶、陶罐、陶豆、铜璜以及一组绿松石方形饰品，共9件。在这组随葬品的一侧出土一具小动物骨骼。根据发掘状况推断这组随葬品可能是埋葬过程中有意识放置，为一小型殉葬坑。

墓葬中部遭严重扰乱，在墓葬的东部，推测为头箱位置发现一组随葬品近20件。随葬品的附近有一粗壮的动物骨骼，为一食草动物的头部与前腿部分。另外，在墓葬中还清理出随葬品16件，包括陶器、铜器、铁器、玉器等，保存较好。

0　3厘米

图四　墓砖拓片

1. 采集车轮纹砖　2. M5菱形纹砖　3. M2富贵砖　4. M2车轮纹砖　5. T1106②层菱形纹砖

（2）墓葬形制及棺椁结构

M4为一长方形土坑竖穴墓，直壁平底。开口长4.7、宽2.74米，底部长4.66、宽2.7米，深0.96米。无二层台，开口海拔172.5米，墓底海拔171.54米，方向106°。

由于侵蚀严重，棺椁已不见。只在墓底发现椁的朽木痕迹以及少量凌乱的漆皮。从现有迹象看，椁木并非平行于墓穴放置而是略微偏向北侧。根据朽木痕迹测得的数据，木椁东端横木长2.34、宽0.1、厚0.1米。西端未发现木椁痕迹。北侧木椁痕迹长3.54、宽0.1米。南侧残存木椁痕迹长1.6、厚0.1米，椁木的宽度为2.25米。

M4在墓底未发现人骨的痕迹，但在方形盗洞中发现一头骨，保存较好。根据墓葬情况来看，初步推断墓主人为男性。

（3）出土遗物

M4出土器物包括陶器、铜器、玉器、铁器以及少量石器等，主要出土于墓葬上部填土（图五）及墓室内。其中墓葬填土殉葬坑中出土随葬品9件，其中的铜璜、玉饼、绿松石方形

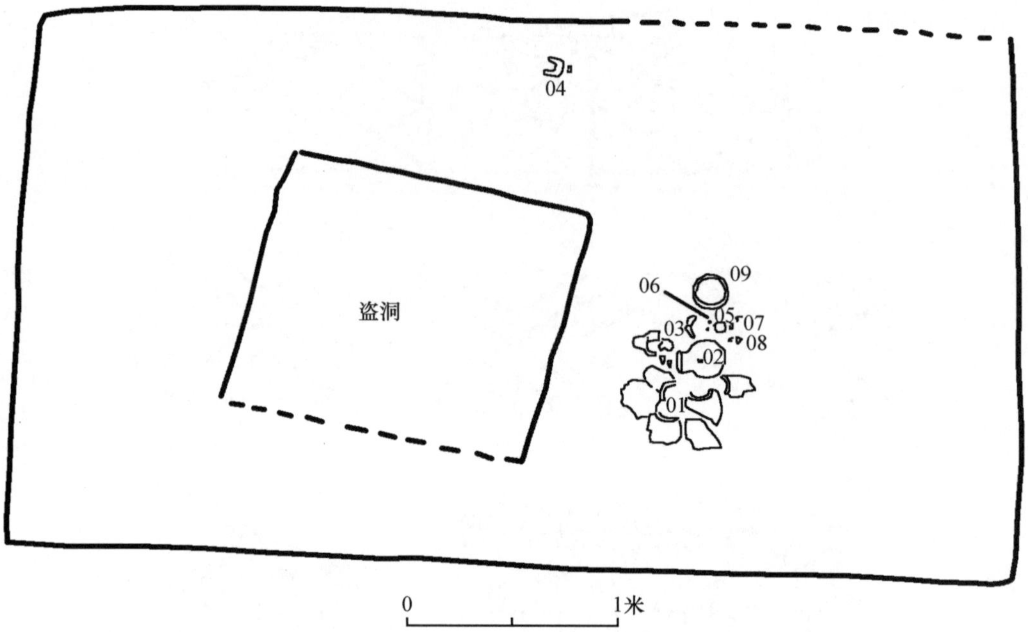

图五　M4填土中出土器物

01. 陶罐　02. 陶壶　03. 铜璜　04. 铁铲　05. 小玉饼　06. 绿松石方形饰品　07. 绿松石耳珰　08. 玉饼　09. 陶豆

饰品、耳铛等组成一组串饰；底部墓室中清理出盗掘后残存的随葬品共计36件，下面分别予以介绍（图六）。

陶器　M4共出土陶器均为泥质灰陶，质地粗疏。器形以陶罐为主，还有少量陶壶、陶豆等。

罐　5件。除M4：01出土于墓葬填土中外，其他均出土于墓室中。形制相近，均为泥质灰陶，火候较高。方唇，矮领，鼓腹，圜底。多在领中部装饰一道弦纹，腹部装饰绳纹。M4：01，置于该组随葬品的南侧。复原口径12.7、腹径25.6、壁厚0.6、高21.2厘米。M4：28与M4：29置于墓室中部北侧；M4：31（图七，3）与 M4：32置于墓室中部南侧。这几件陶罐出土时保存情况都很差。M4：28，复原口径16.4、腹径34.2、壁厚0.6～0.8、高28.8厘米（图七，1）。M4：29，复原口径12.8、腹径31、壁厚0.6～0.7、高26厘米（图七，2）。M4：32，复原口径12.3、腹径24.1、壁厚0.6、高21.4厘米（图七，4）。

壶　2件。可分为二式。

Ⅰ式：1件。侈口，束颈，腹部微鼓，平底内凹。M4：02，出土于墓葬填土之随葬品的中部，口倾斜，保存较好。泥质灰陶。颈部及腹部装饰弦纹，肩部装饰对称耳。口径10、腹径20、底径8.2、高22.2厘米（图七，6）。

Ⅱ式：1件。口部微侈，束颈，鼓腹，平底。M4：30，置于墓室东端北侧。泥质灰陶。肩部饰三耳。素面。复原口径10.4、腹径18.5、底径10.3、壁厚0.7～1.3、高23.9厘米（图七，7）。

豆　1件。M4：09，出土于墓葬填土之随葬品的北部，保存状况较好。口微敛，圈足。口径14.4、底径5.6、壁厚0.4～0.8、高6.2厘米（图七，5）。

铜器　M4共出土铜器以礼器及生活用品为主，还有兵器及饰件。器形有鼎、壶、钫、釜、鍪、盆、匜、勺、盒、剑、璜、带钩及镜等。

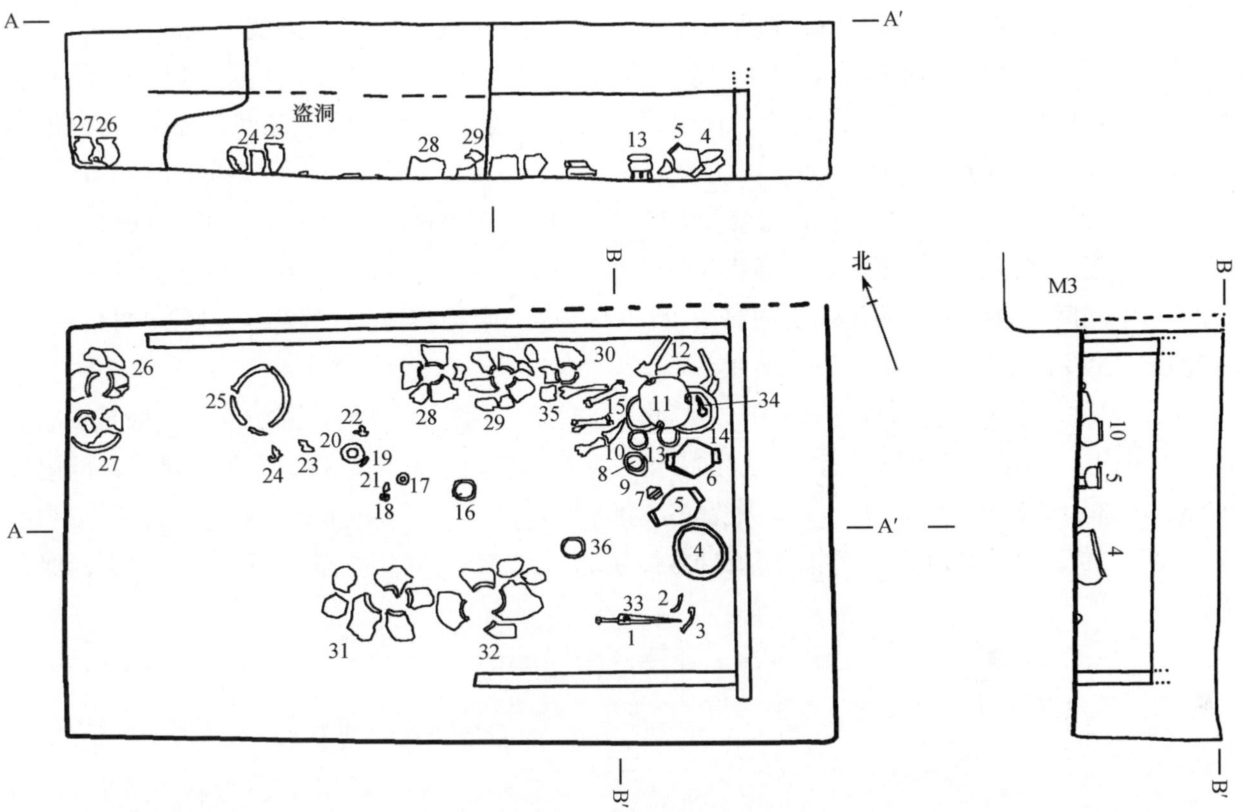

图六　M4平、剖面和器物分布图

1. 铜剑　2. 小铜带钩　3. 大铜带钩　4、25、27. 铜盆　5. 铜壶　6. 铜钫　7. 铜钫盖　8. 铜鼎盖　9、11. 铜鼎　10. 铜匜　12. 铁灶　13. 铜鍪　14、26. 铜釜　15. 铜盒　16. 铜镜　17～19. 玉剑饰　20. 玉璧　21～24. 玉饰　28、29、31、32. 陶罐　30. 陶壶　33. 铁带钩　34. 铜勺　35. 铁豆　36. 玉圆石

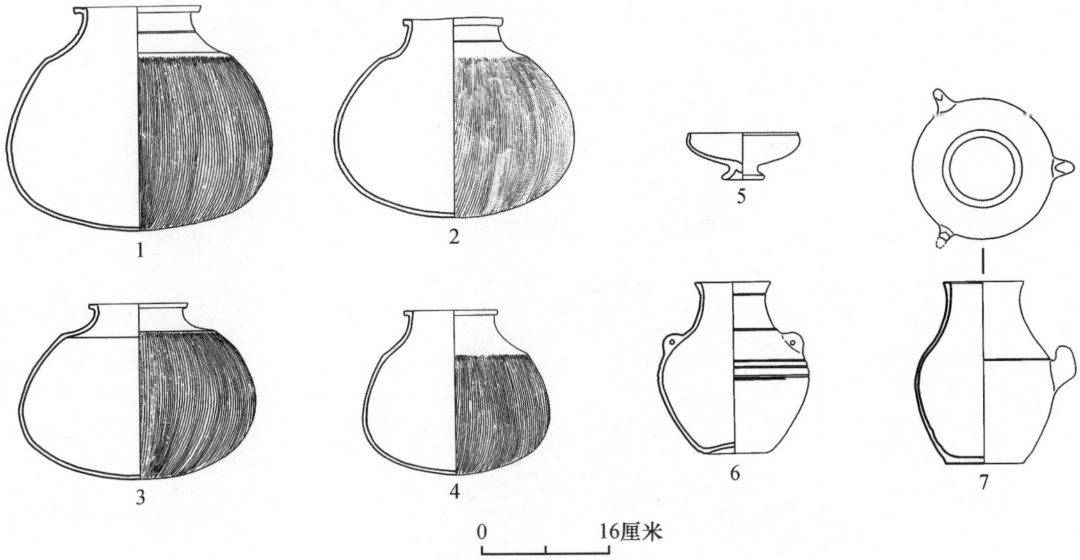

图七　M4出土陶器

1～4. 罐（M4：28、M4：29、M4：31、M4：32）　5. 豆（M4：09）　6. Ⅰ式陶壶（M4：02）　7. Ⅱ式陶壶（M4：30）

鼎　2件，1件残甚。M4：9，鼎保存较好，近口处有两对称附耳，圆腹，圜底略平，三兽蹄形足。腹部有凸棱一周（图八，1）。M4：8，盖有三纽。口径17.1、腹径18.2、通高16.2、腹部壁厚0.15厘米。M4：11，残甚，仅余器盖及口沿部。盖上装饰三环纽。盖高5.8、盖径30.8、壁厚1.5～2.5厘米（图八，2）。

壶　1件。M4：5，置于墓室的东端中部，口向上，微倾斜。保存完好。口部微侈，小口长颈，鼓腹，高圈足，肩部装饰一对铺首衔环。颈部装饰一周蕉叶纹，肩部及腹部装饰三组蟠螭纹，中间间以弦纹带，圈足之上饰窃曲纹。口径9.4、腹径17.6、底径12.4、通高30.5、壁厚0.2厘米（图八，5）。

钫　1件（套）。包括M4：6（钫）及M4：7（盖）（图八，3）。铜钫置于墓室的东端中部，口向上，微倾斜。方唇，有领，肩部装饰一对铺首衔环，腹部略鼓，方形高足。口部边长10.5、腹部边长20.9、足部边长12.5、通高39.8厘米。

釜　2件。M4：14置于墓室的东端北侧，口朝上；M4：26置于墓室西端，口向上，保存

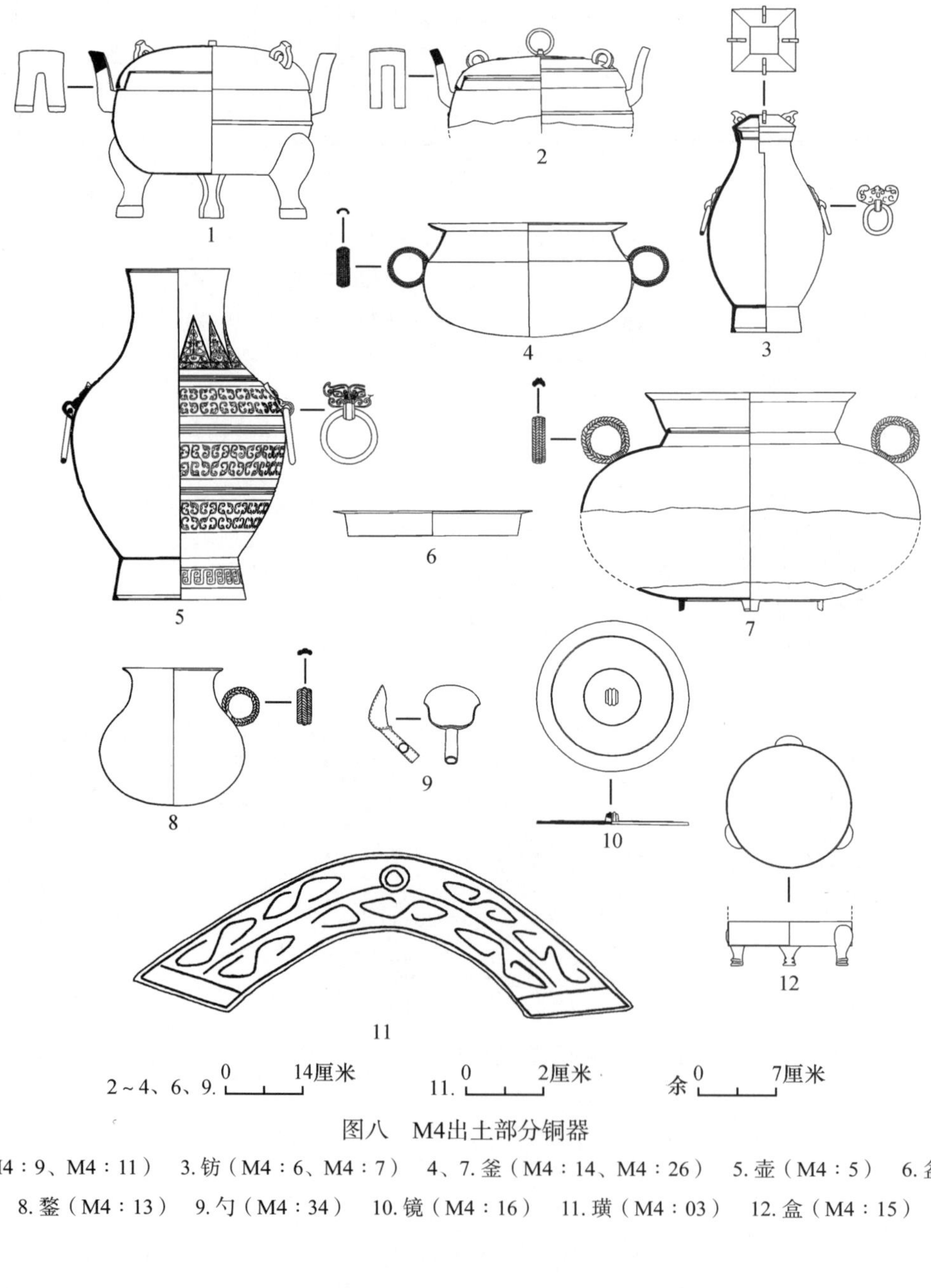

图八　M4出土部分铜器

1、2. 鼎（M4：9、M4：11）　3. 钫（M4：6、M4：7）　4、7. 釜（M4：14、M4：26）　5. 壶（M4：5）　6. 盆（M4：4）　8. 鍪（M4：13）　9. 勺（M4：34）　10. 镜（M4：16）　11. 璜（M4：03）　12. 盒（M4：15）

较差。M4：14，侈口，鼓腹，有一对辫索纹环形耳，底部残缺。口径36、腹径37.2、复原高度20.8厘米（图八，4）。M4：26，侈口，高领，鼓腹，平底带4个梯形支脚，下腹部残缺。口径18.8、腹径30.2、复原高度19.7厘米（图八，7）。

鍪　1件。M4：13，置于墓室的东端中部偏北，口向上，保存较好，侈口，束颈，鼓腹，圜底，一侧饰辫索状耳。高12.5、口径9.3、环径3.5、厚0.6厘米（图八，8）。

盆　3件。M4：4，置于墓室的东端南侧，出土时残。敞口，折沿，大平底。复原高4.75、口径35.5、沿宽2、壁厚0.18厘米（图八，6）。余两件M4：25与M4：27置于墓室西端，口向上，出土时均残碎，无法复原。

匜　1件。M4：10 置于墓室东端中部偏北，口向上，残碎。

勺　1件。M4：34，置于墓室东端北侧，M4：14铜釜内。勺端不规则形，把较短，銎近梯形。勺长7.8、宽10、柄长7.6、銎径2.1厘米（图八，9）。

盒　1件。M4：15，出土时已残碎，三兽蹄形足。残高5、口径11.2、壁厚1、足高3.6厘米（图八，12）。

剑　1件。M4：1，置于墓室的东端南侧，东西向放置，柄残断，剑身三角形，中央起脊，两从微斜；菱形剑格，剑茎呈六边形，剑首近圆形。剑身最宽3.1、最厚1厘米，剑格长5.6、宽0.9、厚3厘米，剑通长39.9厘米（图九，1）。

带钩　2件。M4：2置于墓室的东端南侧，保存较好；M4：3置于墓室的东端南侧，保存较好。侧视呈“S”形。M4：2，长7.6、宽0.6～1.07、厚0.43～0.52、高1.25厘米（图九，2）。M4：3，长15.2、宽0.75～1.32、厚0.78～1厘米（图九，3）。

镜　1件。M4：16，出土于墓室中部盗洞内，保存较好。素地重轮镜，背面有纽。直径13.8、镜厚0.24、纽高0.9厘米（图八，10）。

璜　1件。M4：03，置于墓葬填土中，陶壶的北侧。两端平直，中央有穿孔，器表装饰两

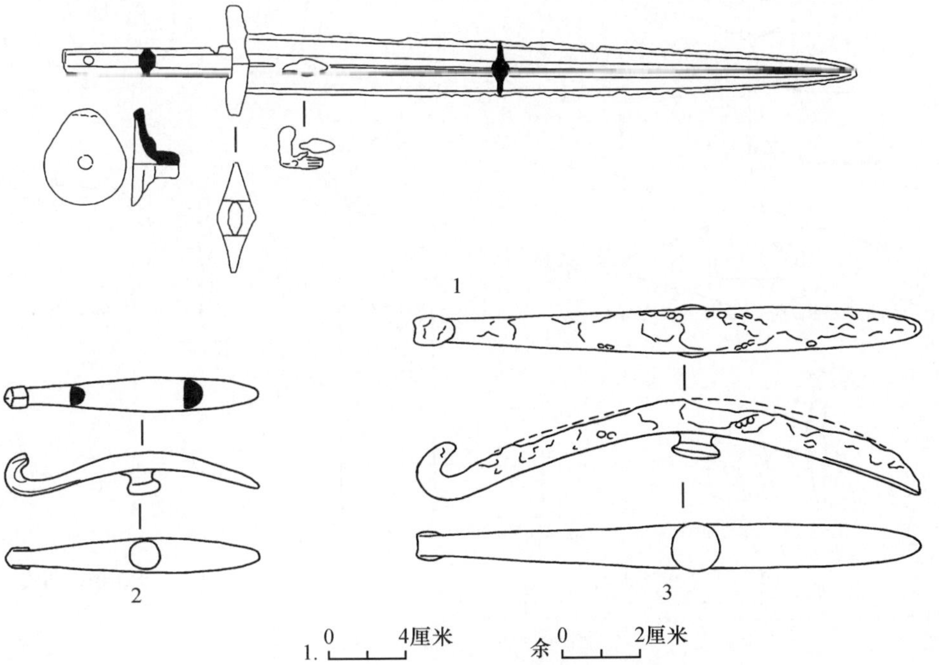

图九　M4出土部分铜器

1. 剑（M4：1）　2、3. 带钩（M4：2、M4：3）

组“S”纹。长11.3、宽1.7、厚0.2厘米（图八，11）。

玉石器　包括玉剑饰一组以及玉璧、玉饼和绿松石串饰等。

玉璧　1件。M4：20，出土于墓室中部盗洞内。青白玉质，器表装饰小乳钉纹。孔径4.95、肉宽3.22、直径11.3、厚0.38厘米（图一○，1）。

玉饰　4件。M4：21～M4：24，出土于墓室中部偏西盗洞内，残。青白玉质，大小形制相同，器表满饰谷纹。左右对称，器物中央有一三角形穿孔。M4：21，长8.9、宽4.55、厚0.35厘米（图一○，2）。

玉剑饰　3件。M4：17～M4：19，出土于墓室中部偏西盗洞内。青白玉质，保存较好。M4：17，圆饼状，中央圆形凸起，上饰卷云纹。直径3.9、厚0.66厘米（图一○，3）。M4：18，玉剑首，截面椭圆形，中有圆孔。平面近梯形，上端长4、下端长4.5、孔径1.05、上端宽1.7、下端宽2厘米（图一○，4）。M4：19，玉剑格，长5、宽2.2厘米。截面呈菱形，中间有长4.4、宽0.2～0.65厘米的槽，口间有一上下贯通的孔，长1.7、宽0.7厘米（图一○，5）。

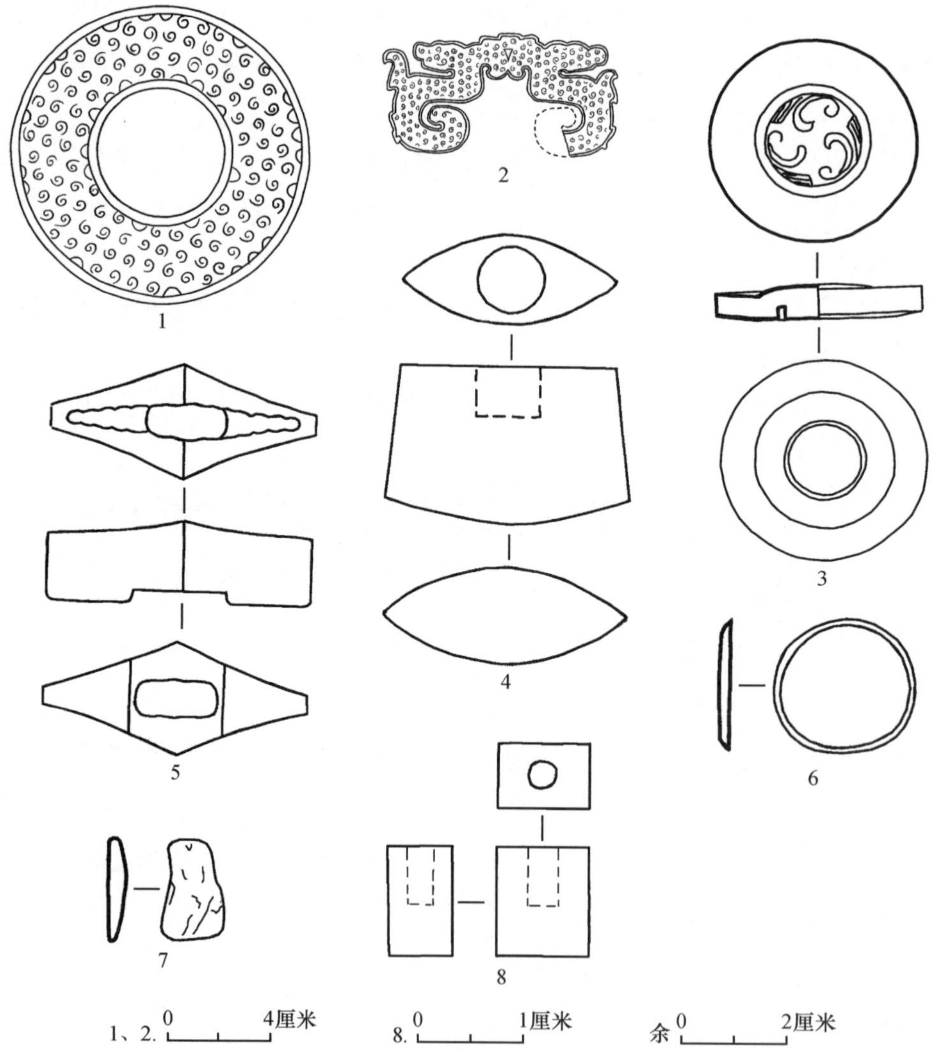

图一○　M4出土玉石器

1. 玉璧（M4：20）　2. 玉饰（M4：21）　3～5. 玉剑饰（M4：17、M4：18、M4：19）　6. 玉饼（M4：05）
7. 绿松石耳珰（M4：07）　8. 绿松石方形饰品（M4：06）

玉饼　2件。M4：05、M4：08，均出土于M4填土中，形制较小，残。M4：05，直径2.6、厚0.25厘米（图一〇，6）。M4：08，残碎。

绿松石耳珰　1件。M4：07，绿松石制品，出土于墓葬上部填土中。残高1.9、宽0.89～1.23、厚0.4厘米（图一〇，7）。

绿松石方形饰品　1件。M4：06，绿松石制品。置于墓葬填土中的铜璜和玉饼之间。高1.03、长0.87、厚0.6、孔径0.3、孔深0.55厘米（图一〇，8）。

玉圆石　1件。M4：36，出土于墓室中部偏西。椭圆形，表面较光滑。长12.7、宽11.1、厚3.3厘米。

铁器　4件。器形有灶、豆、铲、带钩等。

灶　1件。M4：12，置于墓室的东端北侧，保存状况很差。高21.5、圈径26、足高21.5厘米（图一一，1）。

豆　1件。M4：35，出土于铁灶下。直口，豆盘较浅，柄细长，圈足。高30.4、口径17、足径18、壁厚0.4～1厘米（图一一，2）。

铲　1件。M4：04，出土时已残。“U”形。高12.8、宽15、厚2厘米（图一一，3）。

带钩　1件。M4：33，置于墓室东端南侧，M4：1铜剑下，保存较好。铜质外包铁，一端作钩形，锈蚀严重。长15厘米（图一一，4）。

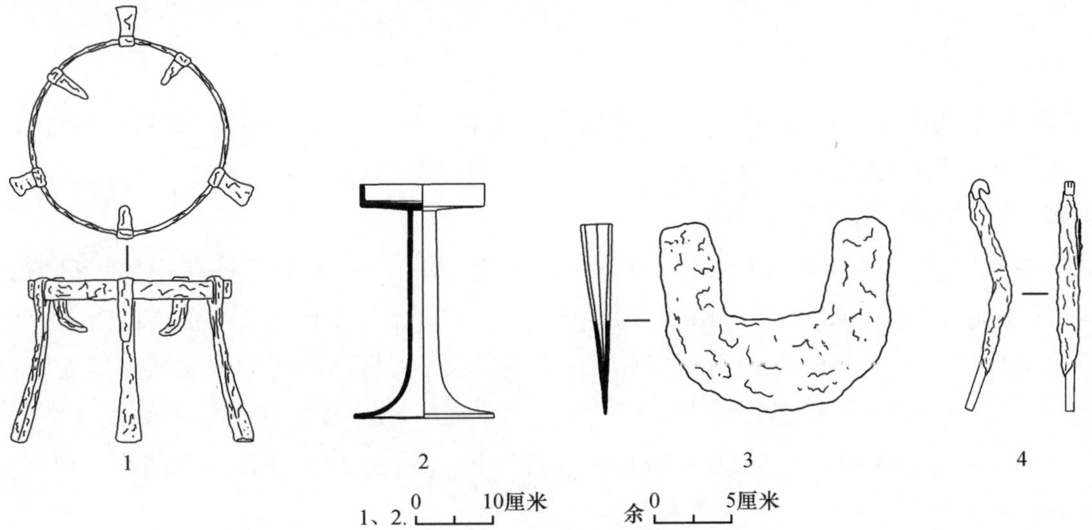

图一一　M4出土铁器

1. 灶（M4：12）　2. 豆（M4：35）　3. 铲（M4：04）　4. 带钩（M4：33）

2. M3

（1）基本情况

M3位于T0604、T0704、T0605、T0705内，开口于第2层下，并打破生土。墓葬上部填土在原北岩小学开挖基槽时破坏一部分，墓葬填土以黄褐色细砂土为主，并有人为夯打的痕迹。同时，M3打破该发掘区内另一较晚墓葬M4。由于地表破坏严重，是否有地面建筑及封土堆不详。

（2）墓葬形制及棺椁结构

该墓为一带有三级生土台的长方形土坑竖穴墓，墓口长6～6.25、宽3.78～4、深1.3米。第一级生土台长5.7、宽3.42、深0.48米，第二级生土台长4.92、宽2.58、深0.56米，第三级生土台长4.6、宽1.72、深0.6米。墓葬开口海拔172.5米，墓底海拔169.54米，方向105°（图一二）。

M3葬具为一棺一椁，椁由两端横木、两侧板以及椁底板与盖板组成。根据朽痕以及残存情况来看，横木长1.84、宽0.12米，侧板长4.1、宽1.48、厚0.12米，椁底板长4.34、宽1.52、厚0.18米。椁盖板发现一朽木痕，约长1.4、宽0.35、厚0.12米。棺木长2.56、宽0.65、厚0.1米。棺木平行放置于椁内，头箱位于椁的东端，在椁内加一挡板构成，用来放置随葬品。

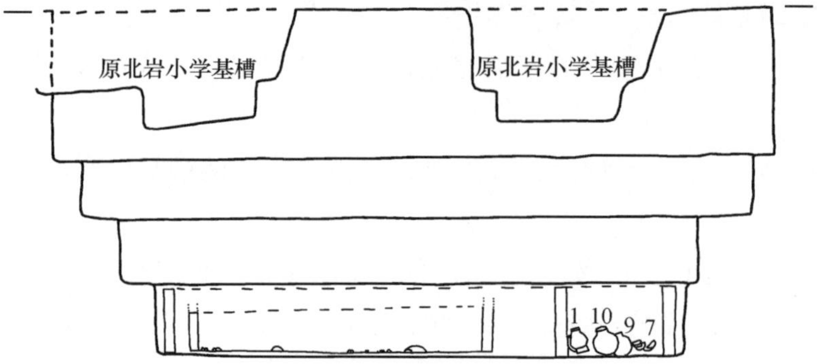

图一二　M3剖面图

（3）出土遗物

M3共清理出各类出土物79件，其中有铜器、陶器、铁器、玉石器等，多数保存较好。主要出土于头箱、棺内以及棺椁之间（图一三）。下面依次加以介绍。

陶器　5件。器形有罐和釜。

罐　4件。M3：9、M3：13、M3：21、M3：22。M3：9，放置于头箱中部，口朝上，位于M3：10铁灶内（图一四，1）。M3：13，置于头箱中北部（图一四，2），口向上，出土时已残碎。M3：21，出土于头箱北部，口朝上，保存较好。2件陶罐均为泥质灰陶，火候较高。形制相近，方唇，矮领，鼓腹，圜底。多在领中部装饰一道弦纹，腹部装饰绳纹。M3：21，口径16、腹径37、高30.3、壁厚0.6～0.8厘米（图一四，3）。M3：9，形制略小。口径13.8、腹径26.6、通高23.4、壁厚0.5～0.7厘米。

釜　1件。M3：12，置于头箱北部，口向上，出土时已残。夹砂灰陶。侈口，高领，鼓腹，圜底。肩部以下装饰绳纹。复原口径14.5、腹径20、高16.1、壁厚0.6～0.7厘米（图一四，4）。

铜器　M3共出土铜器60件，主要位于头箱之中，器形有钫、盉、鍪、釜甑、匜、盒、勺、璜、铃、镜、铺首、盖弓帽等。

钫　1件。M3：1，置于头箱外侧中部，口向上，微向外仰斜，保存完好。方唇，有领，肩部装饰一对铺首衔环，腹部略鼓，方形高足。覆斗形盖，上有四纽。器口边长约10.3、腹部边长约13.2、足部边长约13.1、通高37.4厘米（图一四，5）。

盉　1件。M3：2，置于头箱外侧中部，口向上，保存较好。小口无颈，盖平，与提梁套铸。广肩扁圆，下有三蹄形兽足。提梁作龙形，短曲兽首状流。腹部饰一周凸棱纹。器物长

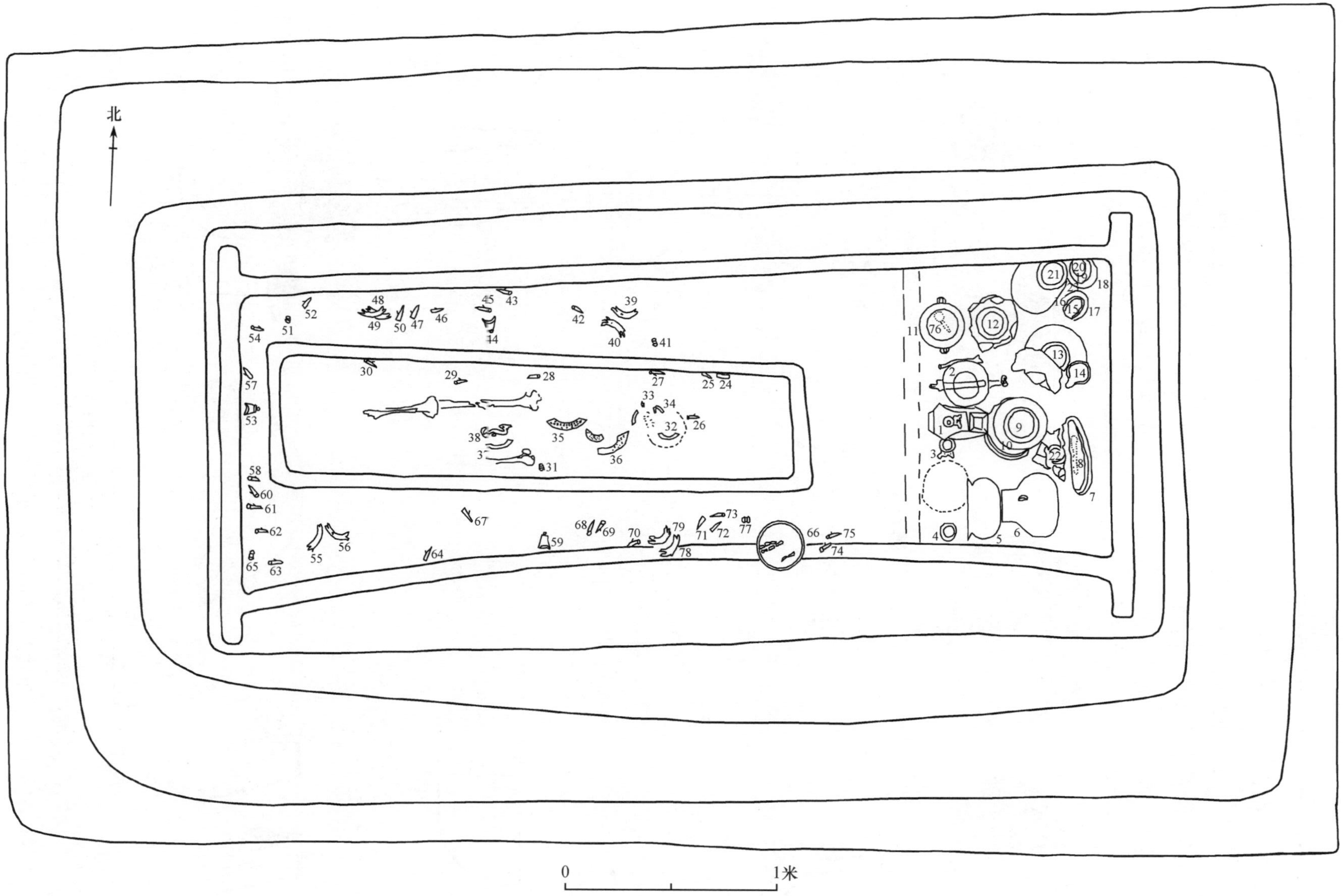

图一三　M3平面图

1. 铜钫　2. 铜盉　3、4. 铜铺首　5. 铜釜　6. 铜甑　7、8、76 铜勺　9、13、21、22. 陶罐　10. 铁灶　11. 铜鍪　12. 陶釜　14、17～20. 铜匜　15、16. 铜盒　23. 肩胛骨　24～30、42、43、45～47、50、52、54、57、58、60～64、67～75. 铜盖弓帽　31、41、51、65、77. 料珠　32. 玉璧　33. 玉印章　34. 玉带钩　35、36. 大玉璜　37. 小玉璜　38. 龙形玉佩　39、40、48、49、55、56、78、79. 铜璜　44、53、59. 铜铃　66. 铜镜

27.9、宽21.6、通高29.4厘米（图一四，6）。因锈蚀严重，器盖未打开，故盉口径及器壁厚度不详。

鍪　1件。M3：11，放置于头箱外侧，口朝上，保存非常差。残高9、口径19、环径3.6、壁厚0.1厘米（图一四，15）。

釜甑　1套2件。M3：5铜釜、M3：6铜甑分铸，置于头箱南部靠近侧板。甑部侈口，鼓腹，圜底。腹部有两辫索纹环耳，底有孔。口径26.7、腹径25.7、高17.1厘米。釜部侈口，高领，鼓腹，小平底，底有三个梯形支脚。肩上装饰一对辫索状环耳。口径17.1、腹径25.9、底

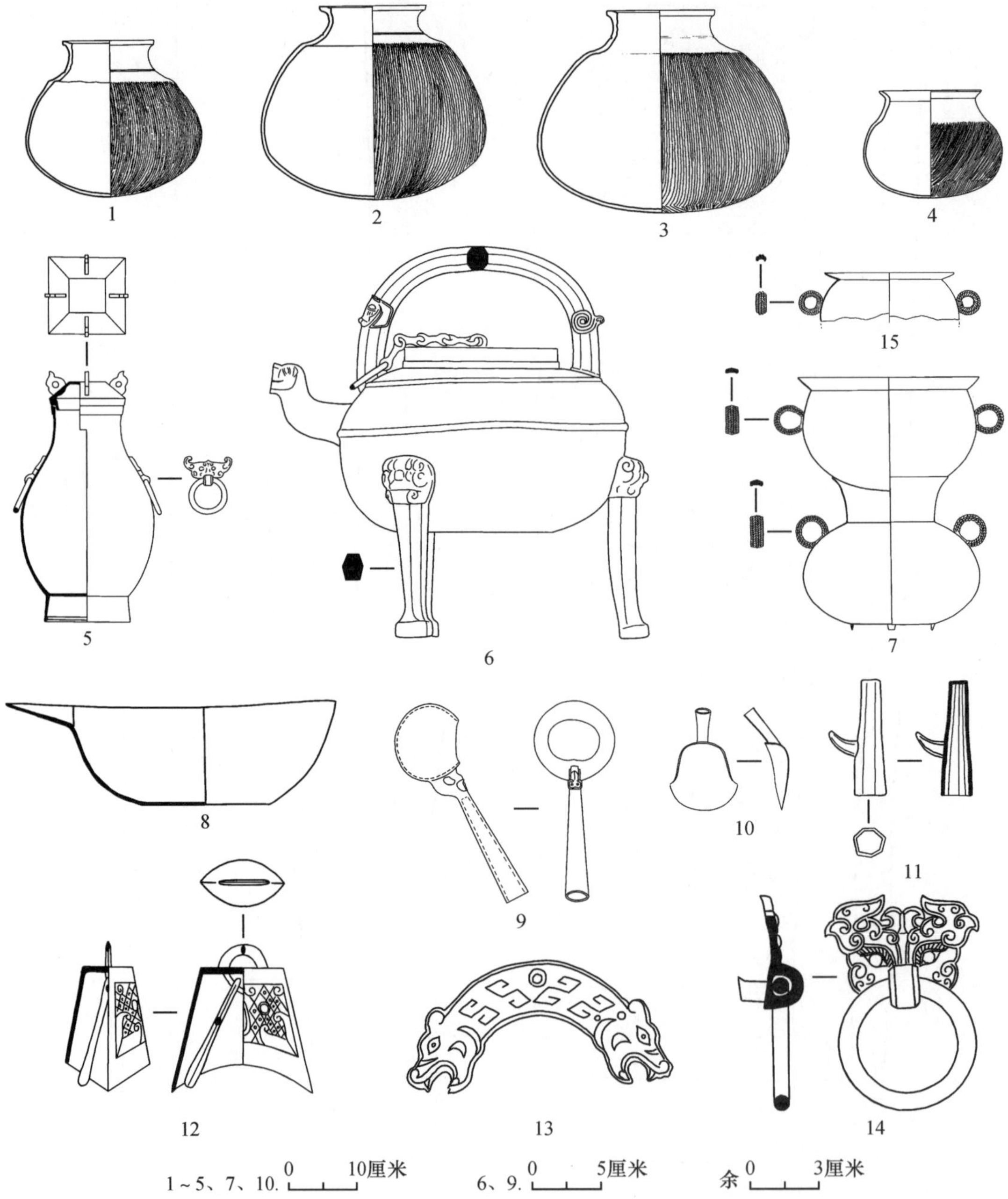

图一四　M3出土部分器物

1～3. 陶罐（M3：9、M3：13、M3：21）　4. 陶釜（M3：12）　5. 铜钫（M3：1）　6. 铜盉（M3：2）　7. 釜甑（M3：5铜釜、M3：6铜甑）　8. 铜匜（M3：14）　9、10. 铜勺（Ⅰ式M3：8、Ⅱ式M3：76）　11. 盖弓帽（M3：42）　12. 铜铃（M3：53）　13. 铜璜（M3：48）　14. 铜铺首（M3：3）　15. 铜鍪（M3：11）

径12.5、高22.9厘米（图一四，7）。

匜　5件。M3：14、M3：17、M3：18、M3：19、M3：20。M3：14，置于头箱内边侧，口向上，微倾斜，保存较好。敞口，平底，一端有流。长12.3、宽11.3、底径5、高3.9厘米（图一四，8）。M3：17、M3：18、M3：19、M3：20，放置于头箱右内侧，与同出的2件铜盒嵌套在一起。口朝上，保存较差，已粉蚀。

盒　2件。M3：15、M3：16，放置于头箱右内边侧，口向上。两盒叠置放于M3：17铜匜内，均残碎。

勺　3件，可分二式2件。依据勺及銎部的不同可分为二式。

Ⅰ式：勺近圆形，椭圆形平底，銎部圆形，较长。M3：8，置于M3：7之内。勺长5.8、宽6、高4.9、柄长10.6、銎径1.7厘米（图一四，9）。

Ⅱ式：勺端不规则形，柄较短，銎近梯形。M3：76，置于M3：11 铜鍪内，保存较好。勺长10、宽10、柄长5.4、銎径2.2厘米（图一四，10）。

璜　8件。M3：39、M3：40、M3：48、M3：49、M3：55、M3：56、M3：78、M3：79。M3：39、M3：40置于棺外右侧中部，保存较好；M3：48、M3：49置于棺外右侧下部；M3：55、M3：56位棺外左侧下部；M3：78、M3：79置于棺外左侧上部。8件铜璜大小形制相同，两端雕作兽首，中间有穿孔。器表装饰“S”纹。与下文的3件铜铃及部分玉石器共同组成一组棺饰。M3：48，长9.8、宽2～2.5、厚0.2厘米（图一四，13）。

铃　3件。M3：44、M3：53、M3：59。M3：44置于棺外右侧中下部，M3：53置于棺外西端，M3：59置于棺外左侧中部，均保存较好。形制大小相同。铃体扁圆形，腔体正视呈梯形，舞面及口呈椭圆形。舞面平，桥形纽。铃的两面饰菱形网纹及圆涡纹。M3：53，铃高4.7、纽高1.1、铃身上缘宽3.1、下缘宽5.3、壁厚0.15厘米（图一四，12）。

镜　1件。M3：66，置于棺外头向，素地重轮镜，保存较好，并保存比较完整的支架，分别由6部分组成。铜镜直径20、肉厚0.2、缘厚0.7、下宽0.5、上宽0.35厘米（图一五）。

铺首　2件。M3：3、M3：4。置于头箱外侧南部，靠近侧板。2件铜铺首大小形制相同，M3：3，铺首高4.25、宽5.6、环径5.2、通高8.2厘米（图一四，14）。

盖弓帽　31件。M3：24～M3：30、M3：42、M3：43、M3：45～M3：47、M3：50、M3：52、M3：54、M3：57、M3：58、M3：60～M3：64、M3：67～M3：75。M3：24～M3：30置于棺内，头向右侧。M3：24～M3：30、M3：42、M3：43置于棺外右侧中部，M3：45～M3：47、M3：50、M3：52置于棺外右侧下部，M3：54、M3：57、M3：58位于棺外西侧，M3：60～M3：64棺外左侧下部，M3：67～M3：70出土于棺外左侧中部，余皆放置于棺外左侧下部。盖弓帽保存较好，均为素面。M3：42，长4.3、上端口径0.6～0.7、下端口径0.95～1.1、壁厚0.12厘米（图一四，11）。

玉石器　M3共出土玉石器12件，器形有璧、璜、印章、佩、带钩、料珠等。

璧　1件。M3：32，放置于头向，一端略残。两端平直。器表满饰谷纹。直径5.1、肉宽1.35、孔径2.4、厚0.5厘米（图一六，1）。

璜　3件，2件形制较大、1件较小。M3：35（图一六，2）、M3：36放置于棺内中部，形制较大。M3：37放置于棺内左侧中部，保存较好。形制纹饰相近。M3：36残断，余皆保存

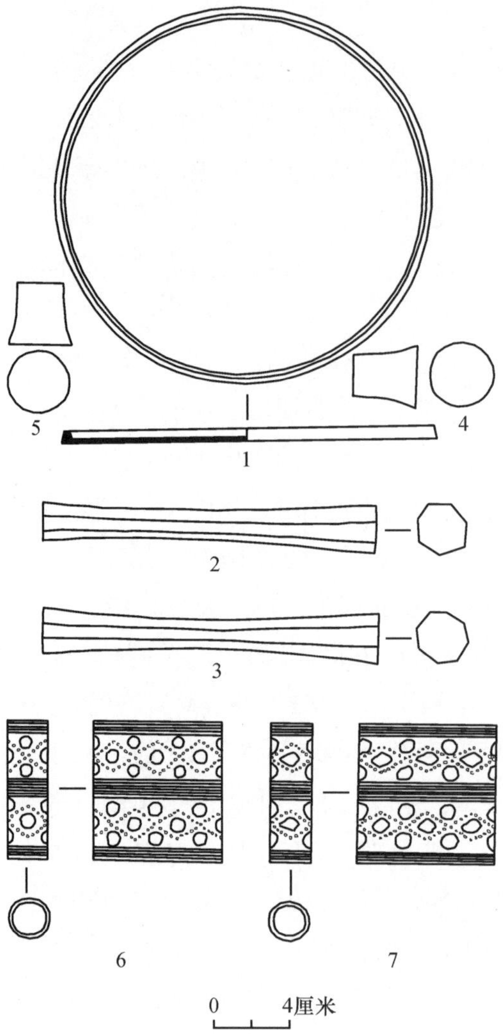

图一五　M3出土铜镜及镜饰
1. 铜镜（M3：66）　2 ~ 7. 铜镜镜架

较好。玉璜两端平直，器表满饰谷点纹。M3：36，大玉璜。长20.4、宽3.4 ~ 4.3、厚0.36厘米（图一六，3）。M3：37，小玉璜。长10.2、宽1.75 ~ 2、厚0.32厘米（图一六，6）。

印章　1件。M3：33，出土于墓主人下颌骨处。青白玉质。略残。长方形，桥形纽，无印文。通高3.2、纽高0.3、孔径0.12厘米（图一六，4）。

龙形玉佩　1件。M3：38，放置于棺内下肢骨部，保存完好。青白玉质。素面。器物形制作回首龙形，中央有穿孔。长10.8、宽2.9、厚0.3厘米（图一六，7）。

带钩　1件。M3：34，放置于头向，断为两截，可复原。青白玉质。钩首做兽头状，器物呈“S”形，横截面为矩形。素面。高2.2、长8.6、宽0.92 ~ 1.38厘米（图一六，8）。

料珠　5件。M3：31、M3：41、M3：51、M3：65、M3：77。M3：31置于棺内左侧中部，M3：41置于棺外右侧上部，M3：51 置于棺外右侧下部，M3：65置于棺外左下角，M3：77置于棺外右侧上部。料珠石质，表面粉蚀，形制大小相同。M3：31，高2.35、直径2.6、厚0.8、孔径1厘米（图一六，5）。

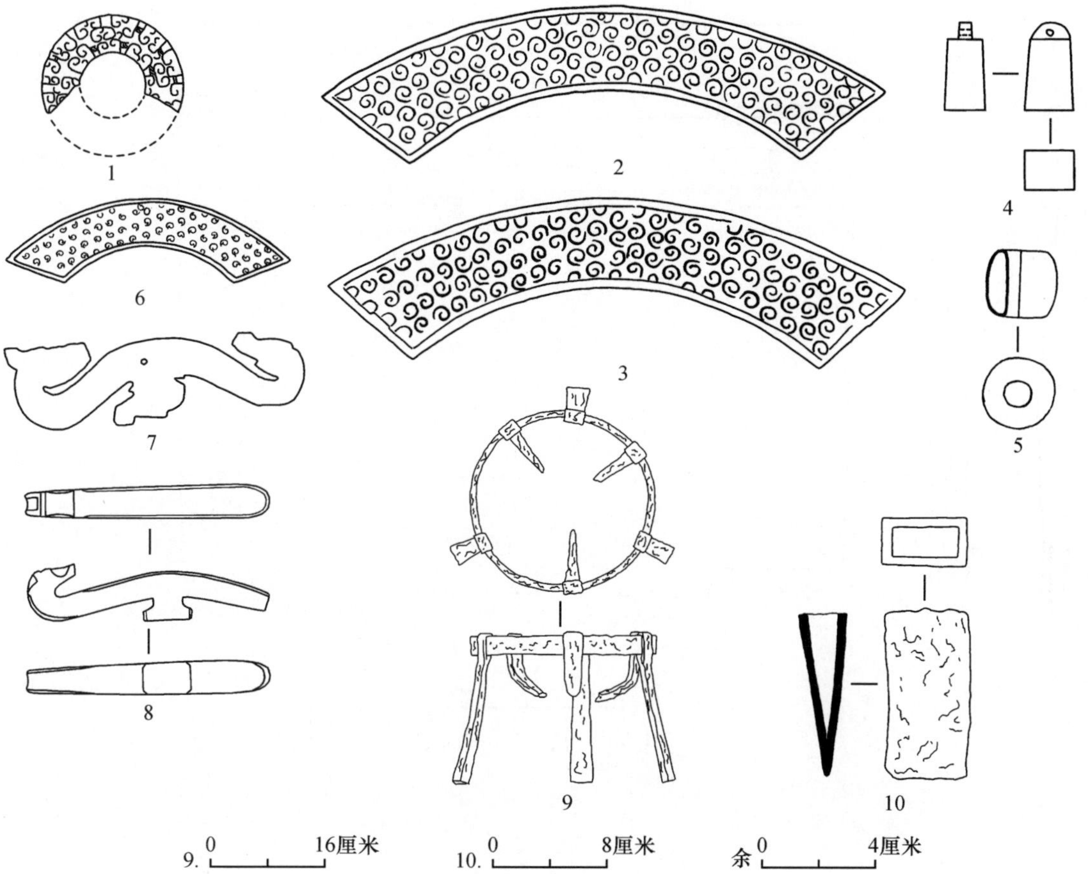

图一六　M3出土玉器、料珠和铁器

1. 玉璧（M3：32）　2、3. 大玉璜（M3：35、M3：36）　4. 玉印章（M3：33）　5. 料珠（M3：31）　6. 小玉璜（M3：37）　7. 龙形玉佩（M3：38）　8. 玉带钩（M3：34）　9. 铁灶（M3：10）　10. 铁镢（M3：01）

铁器　M3出土铁器2件，器形有灶、镢。

灶　1件。M3：10，置于头箱中部，口朝上。高21.5、直径26.5厘米（图一六，9）。

镢　1件。M3：01，锈蚀严重，出土于M3二层台之上。长12.2、宽6.3、厚3.5、壁厚0.7厘米（图一六，10）。

（二）东汉墓葬

M5

M5位于T4119整个探方的中部，为长方形砖室墓。开口长4.06、宽2.44米，海拔165.5米；墓底长4.06、宽2.44米，海拔165米。方向145°。破坏严重，仅余墓底的2块残砖。墓砖为菱形花纹砖（图一七）。

M5出土残碎陶罐1件。陶质为泥质灰陶。

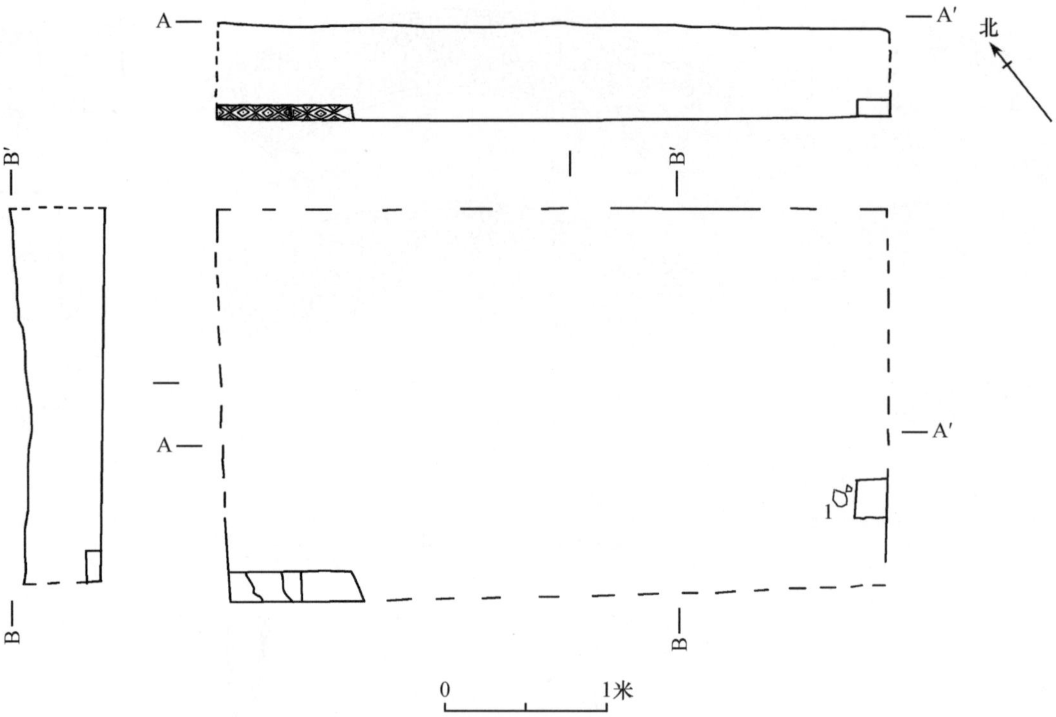

图一七　M5平、剖面图

（三）清代墓葬

共出土2座，分别为M1与M2。

1. M1

M1位于T0108的中南部，跨T0208一部分。墓葬依山坡修建，开口呈长方形，墓葬形制为岩坑竖穴石椁墓。开口长5.4、宽3.2～3.5米，海拔179.8米；墓底长5.2、宽3～3.2米，海拔178.1米。方向70°。墓葬填土为红褐花土，并夹杂许多石块及碎砖块。由于破坏严重，仅剩残墓底，墓葬的详细形制结构不详（图一八）。

墓葬的底部发现石棺床，未发现棺木痕迹。骨架已不存。

出土随葬品较少，只在填土中发现几件。

青花瓷碗　M1：01，灰胎，青釉。敞口，圈足。碗口外沿有一周深蓝色图案，碗内下半部无釉。复原口径12.5、足径6.3、壁厚0.25～0.6、高4.8厘米（图一九，1）。

陶钵　M1：02，褐色陶胎，未施釉。敞口，平底微内凹。复原口径16.2、底径6.5、壁厚0.33～0.7、高5.5厘米（图一九，2）。

陶方牌　M1：03，泥质红陶。边长4.5、厚0.5厘米。用途不详。

2. M2

M2位于T0107，一部分延伸至T0207，长方形岩坑竖穴墓，依山坡构建。开口长5.7、宽3.3～3.46米，海拔179.8米；墓底长4.9、宽2.8～3.1米，海拔177.4米。墓葬填土为灰褐色土，

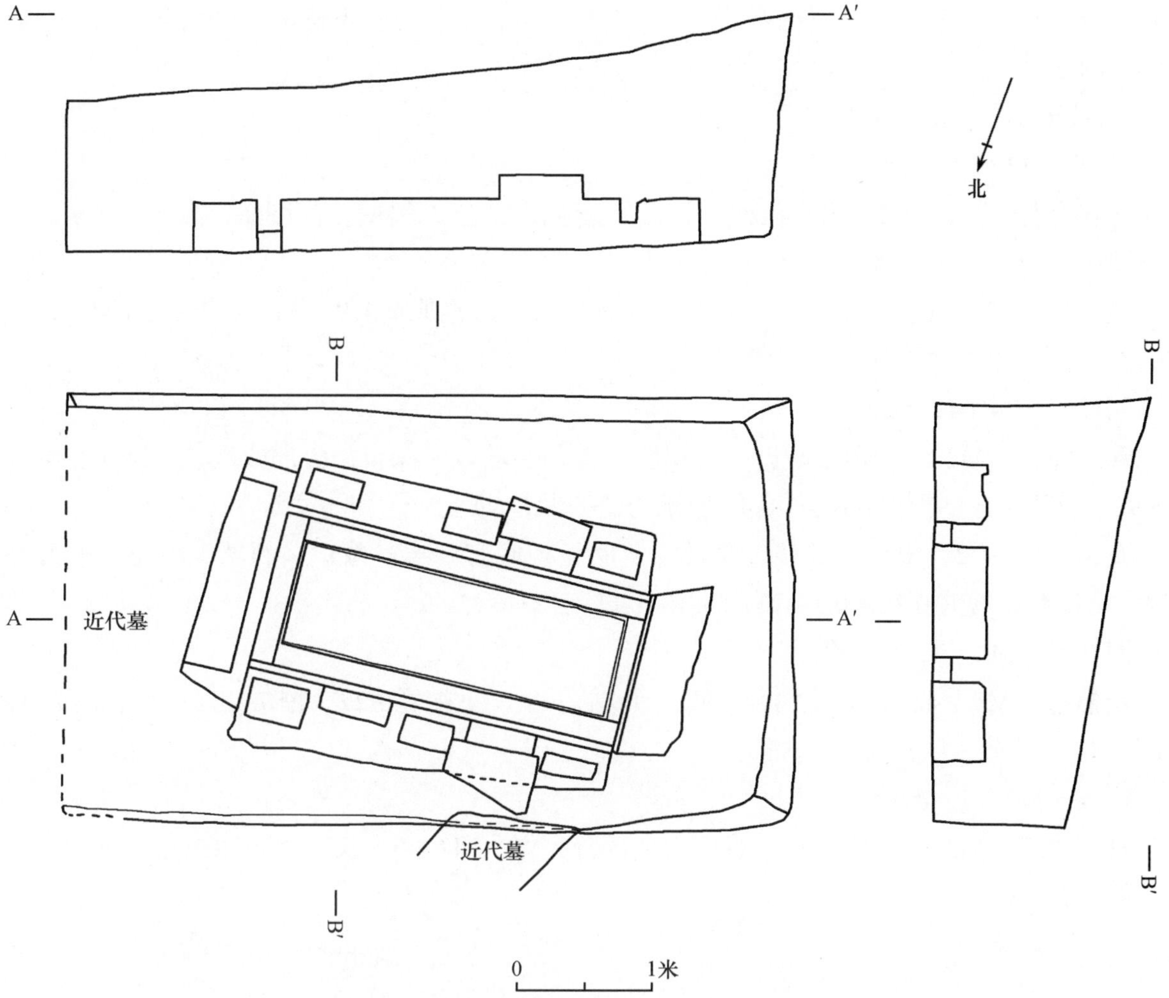

图一八　M1平、剖面图

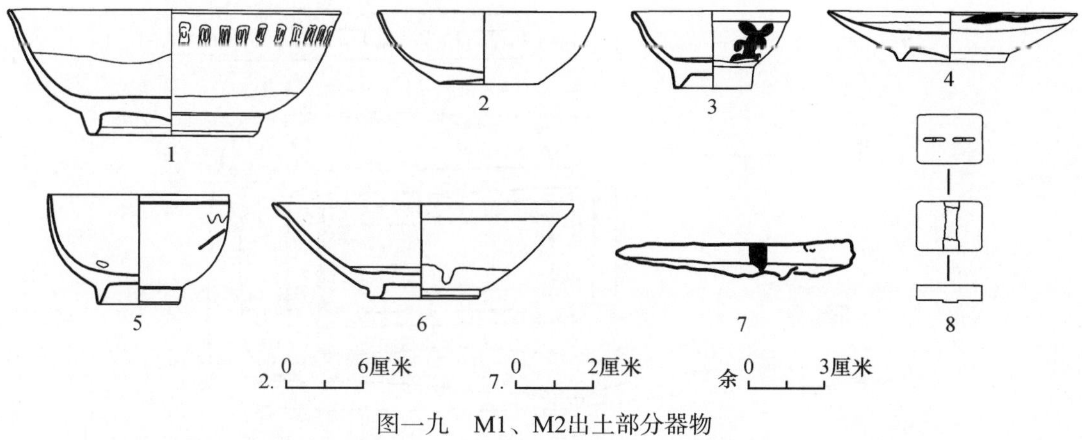

图一九　M1、M2出土部分器物

1、5、6. 瓷碗（M1：01、M2：1、M2：2）　2. 陶钵（M1：02）　3. 青花瓷杯（M2：02）　4. 碟（M2：03）　7. 铁棺钉（M2：4）　8. 骨麻将牌（M2：6）

中间夹杂碎石块。墓室底部发现石棺床，长2.48、宽1.24米。墓葬破坏比较严重，棺椁等状况不详（图二○）。

M2共出土各类随葬品10件。

石臼　M2：01，残碎。

青花瓷杯　M2：02，出土已残。褐胎，青釉。敞口，斜壁，高圈足。复原口径6、足径3、壁厚0.2～0.4、高2.9厘米（图一九，3）。

碟　M2：03，出土时已残。敞口，斜壁，圈足。复原高1.9、口径9.5、足径4.1、壁厚0.2～0.8厘米（图一九，4）。

铜件　M2：04，已残。

青花瓷碗　M2：1，出土时已残。褐胎，青釉。敞口，深腹，腹部微鼓，矮圈足。复原口径6.9、足径3.1、壁厚0.2～0.6、高4.1厘米（图一九，5）。

瓷碗　M2：2，出土时已残。酱釉，灰胎，碗底有刮痕。敞口，斜壁，圈足。修复口径11.4、足径4.6、壁厚0.32～0.4、高3.6厘米（图一九，6）。

桐油籽　M2：3，已炭化。

铁棺钉　M2：4，铁质，锈蚀严重。上端宽0.6、下端宽0.22、厚0.25～0.45、高4.4厘米（图一九，7）。

铜钱　M2：5，已残。

骨麻将牌　M2：6，共88枚。骨质。大部分完好。M2：6，长2.5、宽1.9、厚0.62～0.72厘米（图一九，8）。

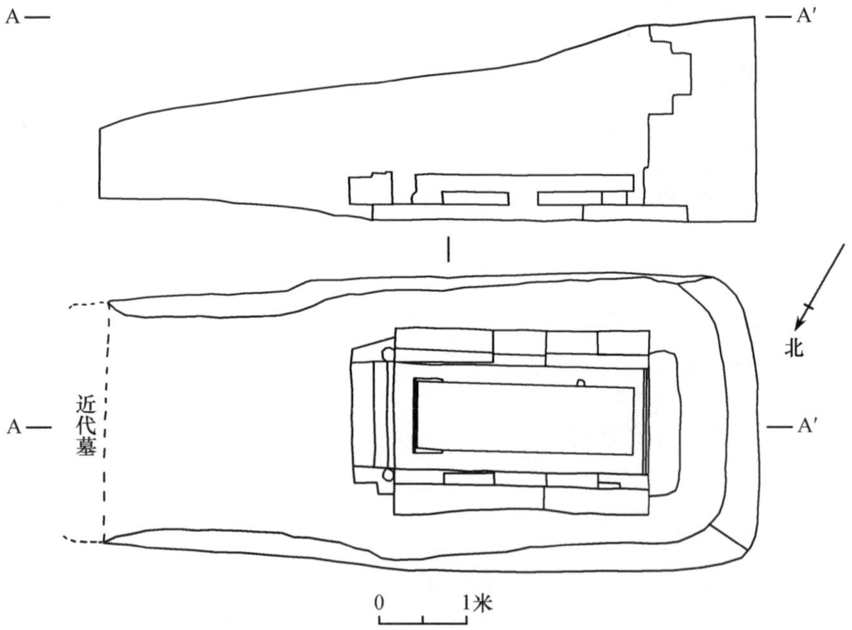

图二〇　M2平、剖面图

五、结　　语

此次发掘的几座墓葬，M1、M2、M3、M5的年代比较清楚。M1与M2出土的青花瓷碗与瓷杯具有清代器物的典型特征。墓葬的形制特征如崖坑埋藏、石椁的使用也与该地区清代墓葬传统特征相吻合。综合考虑各方面的因素，将其年代定为清代。M5保存遗物很少，根据残存的墓砖定为东汉时期。

M3出土器物中既有巴渝文化区的独特面貌，比如铜鍪和釜、甑连体的铜器组合，与该地区小田溪巴文化墓地出土的器物特征一致；也有汉代统一王朝共有的时代特征，比如铜钫、铜盉等，在当时的中国南方和北方都普遍存在。与20世纪80年代初该墓地发现的墓葬相比，皆有铜鼎、钫、鍪、釜甑、盆、镜等同类器物出土，且两批墓葬所出土之铜鼎、铜钫、铜鍪以及釜甑等形制特征非常接近。但区别也是较为明显的，这主要表现在出土的陶器作品之上。除去具有相同特征的圜底器如陶釜与陶罐之外，20世纪80年代所发掘的墓葬中还出土了一系列平底陶罐，根据现有材料来看，这种平底陶罐在该地区的出现较晚，主要流行于西汉时期。由此可见，M3的年代要略早于20世纪80年代所发掘的同类墓葬，但年代相差不会太远，约为西汉早期。

从墓葬打破关系来看，M4的年代早于M3。M4所出土的一系列器物，如陶器中的圜底陶釜，以及铜器中的剑、釜甑、鍪、盆等形制特征与20世纪70年代发掘的涪陵小田溪巴文化墓葬之器物非常接近[①]。墓葬形制皆为长方形土坑竖穴墓，这是二者的一致性。但也有不同之处，其一表现在M4所出土之铜壶（M4：5）形制与小田溪M4出土之铜壶虽然接近，但从纹饰细节来看，更接近于西汉初期的宜昌前坪M12之铜壶。其二，从M4的出土物来看，该墓出土了一些小田溪巴文化墓葬所不常见的器物如铁豆、铁灶等。由此可见，针织厂M4的年代应介于小田溪幕地与针织厂M3之间。小田溪巴文化墓地M1～M9的年代，一直以来存在不少争议，战国初期[②]、战国晚期[③]、秦至汉初[④]等各持己见。近来有学者主张为战国末至西汉初[⑤]，综合考虑各方面的因素，将针织厂M4的年代定为秦汉之际，可能进入西汉初。

执笔：王　迪　惠夕平　方　辉

绘图：刘善沂等

照相：王　迪　惠夕平等

---

① 重庆博物馆、涪陵博物馆：《四川涪陵地区小田溪战国土坑墓清理简报》，《文物》1974年第5期。

② 王家祐等：《涪陵出土巴文物与川东巴国》，《四川大学学报（第5辑）》，四川大学出版社，1980年。

③ 四川省文物考古研究所等：《涪陵市小田溪9号墓发掘简报》，《四川考古报告集》，文物出版社，1998年。

④ 童恩正、龚廷万：《从四川两件铜戈上的铭文看秦灭巴蜀后统一文字的进步措施》，《文物》1976年第7期。

⑤ 蒋晓春：《试论涪陵小田溪墓地的分期与时代》，《江汉考古》2002年第3期。

附录二　涪陵针织厂墓群2008年度发掘报告

山东大学东方考古研究中心

涪陵针织厂墓群位于长江与乌江交汇口、长江北岸，现隶属重庆市涪陵区江北街道。遗址位于长江北岸的三、四级台地上，沿江呈东西向分布。经GPS测量，遗址中心位置的地理坐标为北纬29°43′17.2″，东经107°23′35.6″，海拔156～175米。遗址东部为原涪陵针织厂旧址，堆满建筑垃圾；西部延伸至冲沟以西，部分为北岩小学旧址所压，现多为菜地。20世纪80年代初，当地文物部门曾在此发掘2座西汉墓葬，出土文物比较丰富。2007年3～5月，山东大学对重庆市涪陵区针织厂墓群进行了钻探和抢救性发掘，出土了一批重要的遗迹和遗物（图一）。

为了进一步搞清针织厂墓地的分布范围，了解并丰富墓地的文化内涵，受重庆市文化局三峡办委托，山东大学东方考古研究中心在涪陵区博物馆的配合下于2008年4～6月对遗址进行了第二次发掘。此次发掘主要收获是清理了3座东汉墓葬。

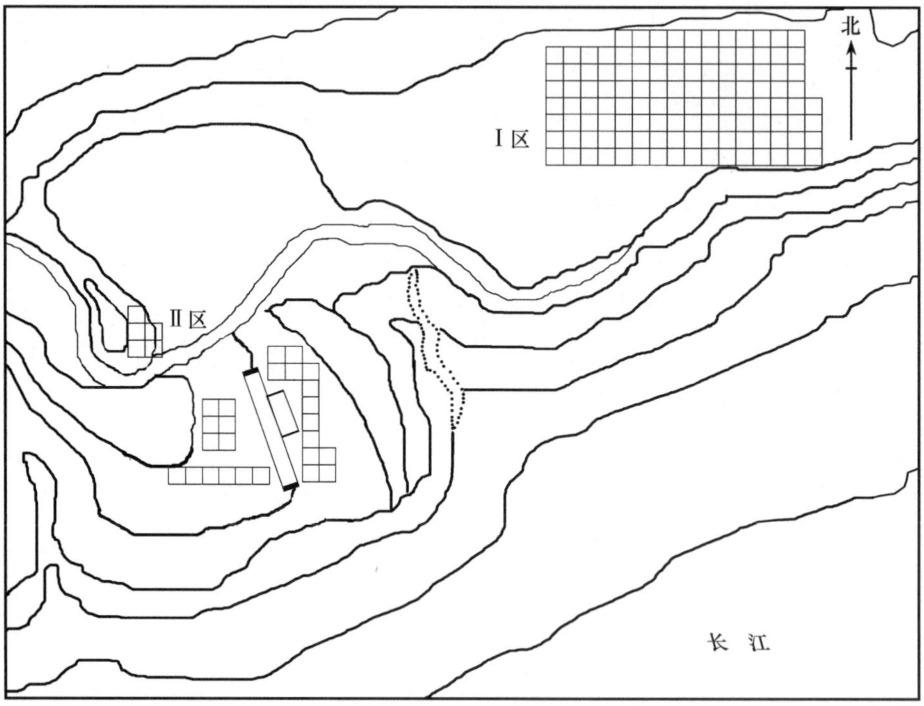

图一　2007～2008年度针织厂墓地探方发掘示意图

一、发掘概况

发掘区域以冲沟为界划分为Ⅰ、Ⅱ两区。

Ⅰ区位于冲沟以东，分布于长江北岸的三级台地上，海拔156米。台地东、北及南面为断崖，西侧为斜缓坡。台地上原为涪陵针织厂旧址，搬迁后留下大量的建筑垃圾以及钢筋混凝土地基。现在该区及周边地表尚可见汉代画像砖、明清陶瓷片等。

Ⅱ区位于冲沟以西，分布于长江北岸的三、四级台地之上，海拔156～175米。台地南、西面皆为断崖。Ⅱ区中心为原北岩小学旧址，配合长江三峡工程三期蓄水搬迁后遗留大量建筑垃圾。四周为当地农民开垦而成的菜地。西北角为一高出的四级台地。

本次发掘主要集中在Ⅰ区的涪陵针织厂旧址。共布设探方100个，发掘面积3000平方米。主要收获为3座东汉墓葬。现报告如下。

二、地层堆积

墓地Ⅰ区和Ⅱ区的地层堆积相似，都比较简单，根据土质、土色以及包含物的不同可以分为两层。

第1层：现代建筑垫土层。灰褐色黏土，土质较硬，结构紧密。厚10～25厘米。分布于整个Ⅰ区。包含物有砖块、石块、陶片、瓦片、瓷片等。

第2层：扰土层。红黏土，土质较硬，结构紧密。深10～25、厚15～35厘米。分布于整个Ⅰ区，南薄北厚。包含物较少，有砖块、石块等。

汉代墓葬均开口于此层下。该层之下是以砂土为主的生土（图二）。

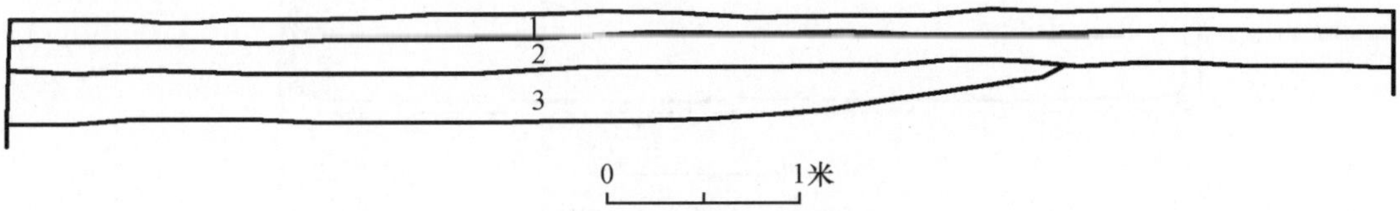

图二　T0604西壁剖面图

三、墓　　葬

1. M6

M6位于T3420北部和T3421南部，横跨2个探方。为东西向长方形土坑竖穴墓，口大底小，斜直壁平底。墓口长5.1、宽3.6、深3.9米，墓底长4.95、宽3.45米。方向86°。该墓经过多次盗扰，破坏严重，人骨架及葬具不清。填土为灰褐色花土，土质较硬，结构紧密，经过人工加工，但不见夯窝，不分夯层（图三）。

M6共出土随葬品15件，墓葬填土内出土石铲1件、墓葬内出土随葬品14件。

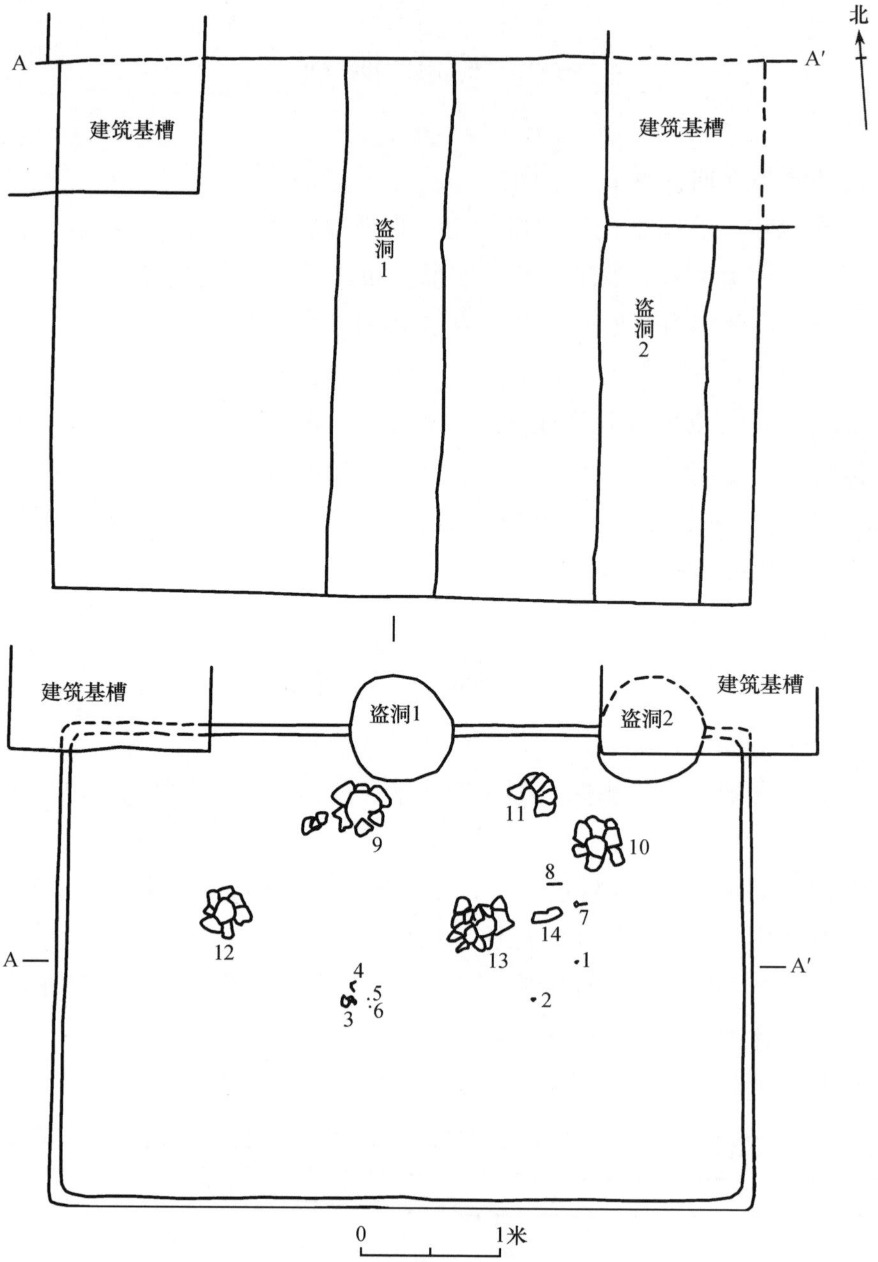

图三　M6平、剖面图

1、2. 铜钱　3. 铜器片　4. 铜环　5、6. 铜泡钉　7. 铁削柄　8. 陶饰件　9. 陶盆　10、12、13. 陶罐　11. 陶盆　14. 陶案

石铲　M6：01，一端残断，侧面较厚，平面整体近椭圆形。长16.2、宽9.4、厚2.4厘米。

铜钱　M6：1、M6：2，五铢钱，置于墓室东部，锈蚀较差，保存一般。

铜器残片　M6：3，置于墓室中部，残破，保存较差。

铜环　M6：4，直径5、厚1.1厘米。锈蚀严重，置于墓室中部（图四，5）。

铜泡钉　M6：5、M6：6，直径1.4、高0.9厘米。铜绿色，2件形制大小基本相同，内中心有一尖状乳钉，置于墓室中部（图四，6）。

铁削柄　M6：7，通长7.9、厚0.6厘米。黑褐色。锈蚀较甚，置于墓室东部（图四，7）。

陶饰件　M6：8，长条形。泥质灰陶。长11.5、宽2.5、厚1厘米。置于墓室东部（图四，3）。

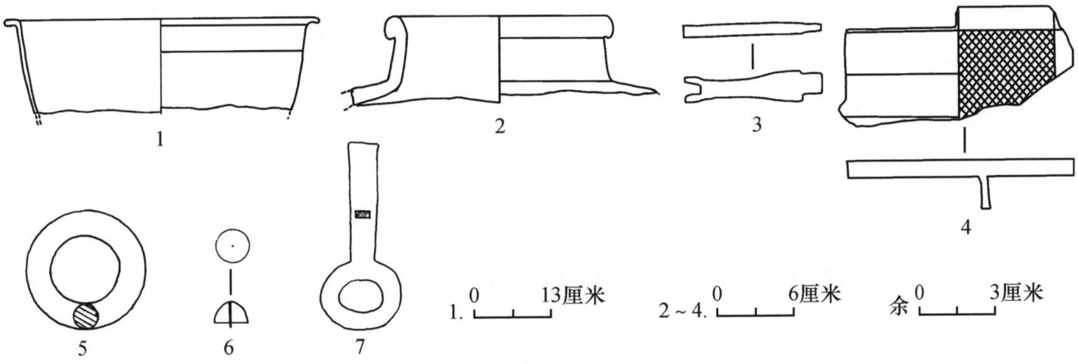

图四　M6出土器物

1. 陶盆（M6：9）　2. 陶罐（M6：13）　3. 陶饰件（M6：8）　4. 陶案（M6：14）　5. 铜环（M6：4）　6. 铜泡钉（M6：5）　7. 铁削柄（M6：7）

陶盆　M6：9，残。泥质灰陶。敞口，深腹，残存腹部及口部。口径52、残高16厘米，置于墓室北部（图四，1）。

陶罐　3件。M6：10 、M6：12和M6：13，均残。泥质灰陶。M6：13，仅存口部。圆唇。口径17.6、残高7.4厘米（图四，2）。

陶盆　M6：11，已残，仅存腹片。

陶案　M6：14，残，泥质灰陶，平面，圈足底，面上饰棱形纹。案厚1.4、足高2.6、通高4厘米。出土于墓室东部（图四，4）。

2. M7

M7位于T3921西南角，跨T3921、T3920、T3821、T3820这4个探方，为长方形土坑竖穴墓。墓口长4.65、宽2.1米，墓底长4.35、宽1.8、深2.1米。方向为90°。墓室盗扰严重，随葬器物被盗扰一空，只残留几片铜器残片和少量兽骨。

3. M8

M8位于T3120东部、T3220西部，横跨2个探方，为土坑砖室墓，由前、后室组成，砖室四壁单排顺砖错缝垒砌而成。前室东西长2.3、南北残宽1.32、深1.4米，后室东西长4.2、南北宽2.4、深1.3～1.48米。前后室有一门洞相连，宽1.3、高1.35米。方向为210°。砖铺底，墓室被现代建筑打破。随葬器物计有71件，有铜器、铁器、陶器、兽骨等（图五）。

M8随葬品共计71件，后室出土随葬品52件，编号为M8：1～M8：52，前室出土随葬品19件，编号为M8：53～M8：71。

（1）铜器

器盖　1件。M8：1，圆形，内中心有一乳钉，置于墓后室东南角（图六，7）。

铜钱　27枚。M8：2～M8：4、M8：29～M8：52，五铢钱，直径2.4厘米，M8：2～M8：4置于后室东南角，M8：29～M8：52置于墓后室中北部。

铜器残片　1件。M8：5，置于墓后室东南部。

鎏金铜架　1件。M8：6，置于墓后室东南部。

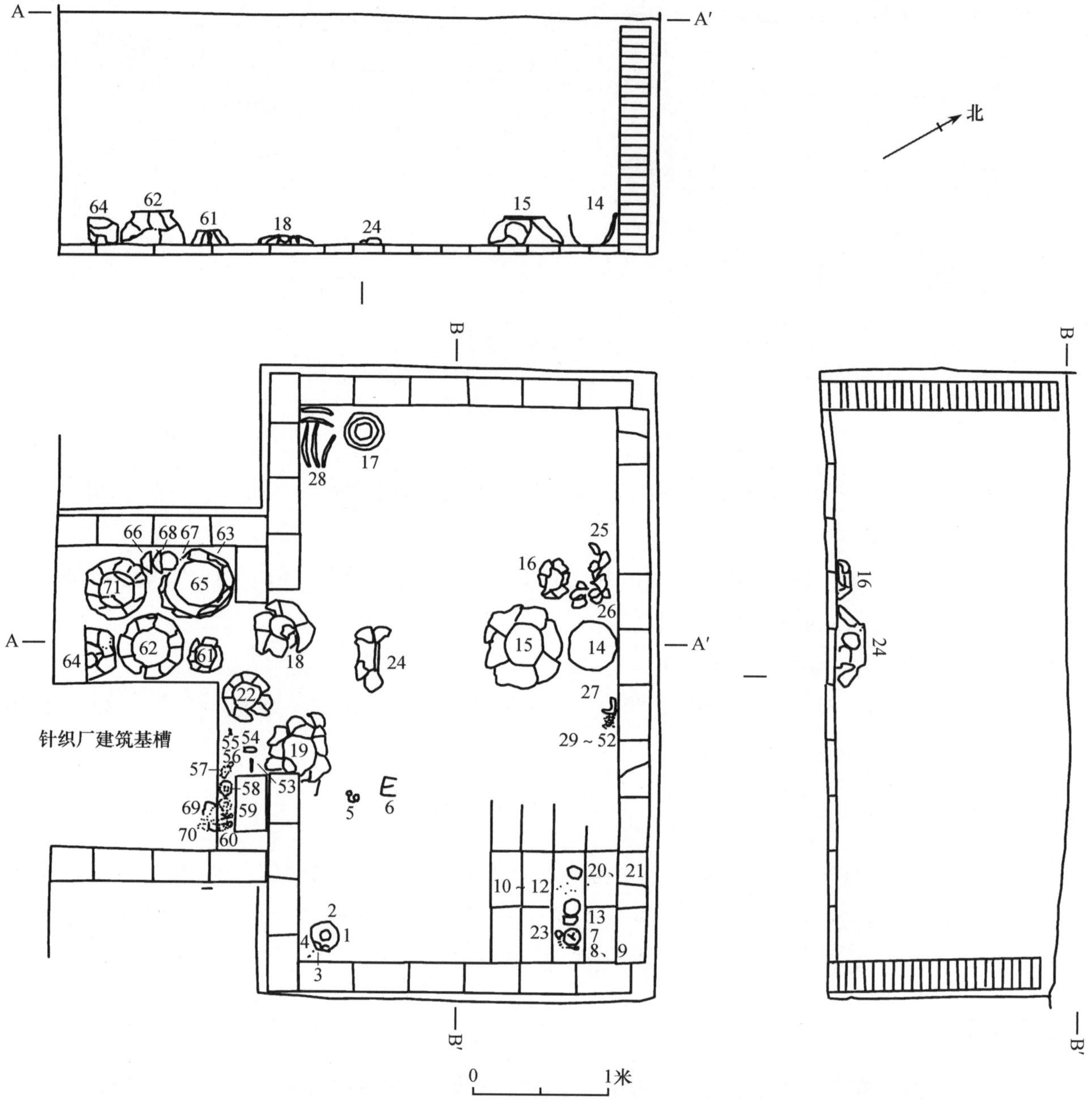

图五　M8平、剖面图

1. 铜器盖　2～4、29～52. 铜钱　5. 铜器片　6. 铜器架　7. 铜镜　8、9、17. 铜架　10～12. 铜泡钉　13. 陶豆　14、24、26、64. 陶盆　15、16、18、19、22、61、62、71. 陶罐　20、21. 铜环　23. 铁削　25. 陶器片　27、28. 兽骨　53～55. 陶饰件　56～60、69、70. 陶俑　63. 陶甑　65. 铁炉　66～68. 陶钵

镜　1件。M8：7，圆形，圆纽座，宽缘。直径12、厚0.5厘米。置于墓后室东北角（图六，22）。

架　3件。M8：8、M8：9 、M8：17，为放置漆器的铜支架。M8：8，圆环形。直径28、宽1、厚0.4厘米（图六，25）。M8：9，由4件形制基本相同的圆环片组成，整体近半圆，长10、宽1.7、高1厘米（图六，16）。M8：17，为圆环形，环内凹。圆环直径26.5、环宽1.5、高0.7厘米（图六，26）。M8：8、M8：9置于墓后室东北角，M8：17置于墓后室西南角。

泡钉　3件。M8：10～M8：12，3件形制一样，圆形，内侧中心有一乳钉状凸起。直径

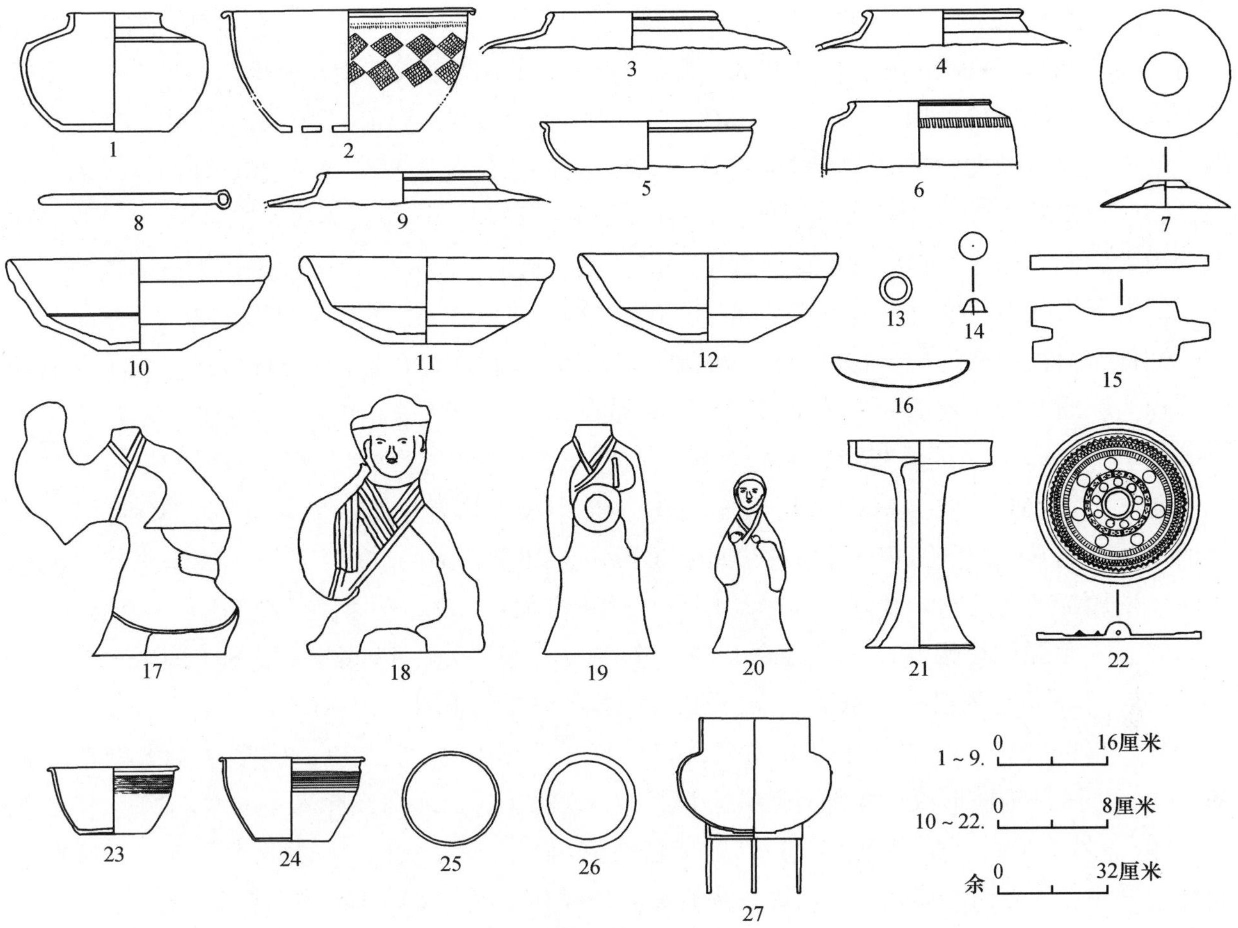

图六　M8出土器物

1、3、4、6、9. 陶罐（M8：62、M8：15、M8：61、M8：16、M8：71）　2. 陶甑（M8：63）　5、23、24. 陶盆（M8：26、M8：14、M8：64）　7. 铜器盖（M8：1）　8. 铁削（M8：23）　10～12. 陶钵（M8：66、M8：67、M8：68）　13. 铜环（M8：20）　14. 铜泡钉（M8：10）　15. 陶饰件（M8：53）　16、25、26. 漆器铜架（M8：9、M8：8、M8：17）　17～20. 陶俑（M8：69、M8：70、M8：60、M8：59）　21. 陶豆（M8：13）　22. 铜镜（M8：7）　27. 铁炉（M8：65）

2、高1厘米。置于后室东北角（图六，14）。

环　2件。M8：20、M8：21，形制相同，圆形。直径2.4、环厚0.4厘米。置于墓后室东北角（图六，13）。

（2）陶器

豆　1件。M8：13，置于墓后室东北角。泥质红陶。浅盘，高柄，喇叭形圈足，盘口施釉。口径10.6、底径8、高15.4厘米（图六，21）。

罐　8件。M8：15、M8：16、M8：18、M8：19、M8：22、M8：61、M8：62、M8：71。M8：15、M8：16置于墓后室中北部；M8：18、M8：19置于墓后室中南部；M8：22置于门洞内；M8：61置于墓前室中北部；M8：62置于墓前室中部；M8：71置于墓前室西南部。M8：15，残存口部。泥质灰陶。敛口，斜颈，圆唇。口径23.6、残高5.5厘米（图六，3）。M8：16，残存口部及上腹部。泥质灰陶。敛口，圆唇，短颈折肩。口径21、残高10厘米（图六，6）。M8：61，残存口部。泥质灰陶。敛口，斜颈，折肩。口径24、残高5.6厘米（图六，4）。M8：62，泥质灰陶。直口，短径，折肩，鼓腹，平底。肩部饰一周弦纹。口径

13.8、腹部最大径27.2、底径16、通高17.6厘米（图六，1）。M8：71，残存口部及肩部。泥质灰陶。敛口圆唇，斜颈折肩。口径23.5、残高5厘米。其他陶罐仅存腹片（图六，9）。

陶盆　4件。M8：14、M8：24、M8：26、M8：64。M8：14，置于墓后室中部，泥质灰陶，敞口，弧壁深腹，平底。上腹饰弦纹，下腹饰细绳纹。口径38、底径20、通高20厘米（图六，23）。M8：26，置于墓后室中北部。泥质灰陶。敞口，束颈，斜腹。口径31.6、残高7厘米（图六，5）。M8：64，置于墓前室中南部。泥质灰陶。敞口，上腹较平，下腹斜内收，平底。外沿下饰数周凹弦纹，其下饰细绳纹。口径42.4、底径21.6、高25.2厘米（图六，24）。

饰件　3件。M8：53～M8：55，均置于墓前室门洞处。M8：53、M8：54，大小形制相同，均为泥质灰陶，素面，整体呈长条形，一端凸出，一端凹进。长13、宽4.3、厚1厘米（图六，15）。M8：55，泥质灰陶。上窄下宽，下端内凹。长6、宽1.1～3.2、厚0.8厘米。

俑　7件。M8：56～M8：60、M8：69、M8：70，均置于墓前室东北部。M8：59，女立俑。泥质红陶。壁厚0.6、通高13.2厘米（图六，20）。M8：60，立俑，残缺头部。泥质灰陶。壁厚0.8、底径8、残高17厘米（图六，19）。M8：69，立俑，残缺头部。泥质红陶，有彩绘。左手屈肢至腰部，右手弯曲上举。壁厚1.1、底径9.6、残高18.8厘米（图六，17）。M8：70，坐俑。泥质红陶。壁厚1、底径12.5、通高19厘米（图六，18）。

甑　1件。M8：63，置于墓前室西北角，铁炉（M8：65）之上。泥质灰陶。敞口，弧壁，平底。腹部饰棱形纹，底部有镂孔。口径33.6、底径20、通高18厘米（图六，2）。

钵　3件。M8：66～M8：68，均置于墓前室西部。M8：66，泥质灰陶。敞口，圆唇，曲壁，平底。器外饰两周弦纹，内饰一周弦纹。口径19、底径6.2、通高6.8厘米（图六，10）。M8：67，泥质灰陶。素面。敞口，圆唇，曲壁，平底。口径17.8、底径6.6、通高6.4厘米（图六，11）。M8：68，泥质灰陶。素面。敞口，曲壁，平底。口径19、底径5.8、高6.5厘米（图六，12）。

（3）铁器

削　1件。M8：23，置于墓后室东北角。锈蚀较甚，刀首弧形，柄端圆环。通长28、宽1.6、厚0.3厘米（图六，8）。

炉　1件。M8：65，置于墓前室西北角。锈蚀严重，直口，鼓腹，圜底，底部有一三足支架，器腹部两侧各施一系纽。口径32、腹部最大径45.2、通高52厘米，足宽5、厚1、高16厘米（图六，27）。

（4）其他

其他遗物有刻划陶片和兽骨。

刻划陶片　1片。M8：25，置于墓后室中北部。

兽骨　2件。M8：27、M8：28，分别置于墓后室西南角和中北部。

四、结　　语

M6、M8早期虽经盗扰，但仍出土较多器物。无论从墓葬形制还是器物组合、器物特征看，其时代特征均非常明显。

M6虽然仍是土坑竖穴墓，但已不同于当地的西汉早、中期墓葬多为狭长长方形的特点，呈现出长宽相对较为接近的特征，形状已经更接近正方形，而且尺寸较大。这与新莽时期重庆云阳马沱墓地①、云阳李家坝墓地②，以及四川、陕江地区的土坑竖穴墓③的形制都较为接近，时代应相去不远。M8为前后室的砖室墓。此种形制在西汉中晚期至东汉时期广为流行。M7虽形制较为狭长，存在年代早于M6、M8的可能，但由于盗掘严重，无法进行进一步分析。

从随葬品看，两墓出土的陶盆、陶罐、陶甑等器物的形制相同，且与新莽时期云阳马沱墓地M12出土陶盆、陶罐、陶甑等，东汉早期万州大地嘴墓地④M4、M6、M7、M9墓葬出土的器物基本相同。该墓地出土的所谓陶饰件，形制上也与万州大地嘴墓地M6、M9所出土的陶井架完全相同。M8出土的漆器铜架，也是在西汉晚期和东汉时期广为流行。虽然M8出土的铜镜表现出西汉中晚期的特征，但是其可能作为财富为其后世子孙所继承。

综合考虑墓葬形制和出土器物，我们认为M6、M8这2座墓葬的年代当在东汉早期，M6的年代可能在西汉中晚期。

此次发掘进一步丰富了遗址内涵。该墓地从战国晚期一直使用到东汉时期，延续时间较长，为研究当地葬俗、生活习俗及其发展演变提供了丰富的实物资料。在这一时间段内，器物组合、特征与中原诸地的时代风格渐相统一，是巴人、巴文化渐进式融入中华民族的生动写照。

执笔：王　迪　徐　波　方　辉
绘图：徐　波　王　迪
照相：徐　波

---

①　郑州市文物考古研究所、云阳县文物保护管理所：《重庆云阳马沱墓地汉墓发掘简报》，《文物》2006年第4期。

②　四川大学历史文化学院考古系、云阳县文物保护管理所：《云阳李家坝37号岩坑墓发掘报告》，《重庆库区考古报告集·1997卷》，科学出版社，2001年。

③　何志国：《四川西汉土坑木椁墓》《四川地区王莽时期墓葬》，《中国西南考古研究》，西南科技大厦出版社，2001年。

④　青海省考古研究所等：《万州大地嘴墓地发掘报告》，《重庆库区考古报告集·1999卷》，科学出版社，2006年。

后　记

北岩墓群的发掘工作跨2001年、2004年、2005年三个年度，资料整理工作与发掘工作同步进行，2021～2022年度对该墓群几次发掘的资料进行梳理和整合。本报告的完成是参与领导、发掘、修复保护、资料整理、后勤等全体工作人员集体劳动的成果。参加三次北岩墓群野外发掘的人员有邹后曦（领队）、黄海（执行领队）、湛川航、周虹、李洪、叶洪彬、蒋锐、杨松、刘海、秦彬、殷瑛、徐泽宽、陈啸、刘宏伟、李伟、唐华东。文物修复：秦彬、唐华东；绘图：李洪、周虹、叶洪彬、蒋锐、殷瑛、杨松、刘海；摄影：湛川航、周虹、叶洪彬、徐泽宽；拓片：秦彬；资料整理：黄海、周虹、湛川航、李洪、徐泽宽、陈啸、刘宏伟。

在北岩墓群的田野发掘过程中，重庆市文物行政主管部门、重庆市文物考古所、涪陵区文化体育局、重庆市涪陵区博物馆给予了大力支持，重庆市涪陵区博物馆在协调、后勤方面做出了努力。同时在北岩墓群的后期工作针织厂墓群的发掘工作中，山东大学东方考古研究中心的同志也付出了巨大的努力。

本报告是重庆市涪陵区博物馆各位同事集体劳动和共同协作的成果，由黄海、周虹馆长主持编撰完成。北岩墓群报告是在2001年、2004年和2005年三个年度发掘报告的基础上，结合涪陵区以及重庆地区的发掘资料成果编写而成的。2001年度北岩墓群发掘报告执笔：黄海、周虹、湛川航、李洪、叶红彬；2004年度北岩墓群发掘报告执笔：黄海、周虹、杜康、汪彤；2005年度北岩墓群发掘报告执笔：黄海、周虹、陈啸、刘海。本报告的编撰工作主要由黄海、周虹、陈啸、王宏鑫、汪彤、李洪、王朋成共同完成，黄海、周虹、陈啸、王宏鑫、李洪进行了校对工作。陈啸、王朋成、王宏鑫对全文图表进行绘制、完善，黄海、周虹、李洪、汪彤对初稿资料进行补充。

在资料收集、报告编撰的过程中，许多专业人士为报告提供了相应的指导意见。

在此，谨对所有给予北岩墓群发掘、报告编撰关心、支持、帮助的人士表达衷心的感谢！

北岩墓群报告是基于2001年度、2004年度、2005年度的发掘资料整理而成的，由于发掘的时间久、相关文物遗存的跨度大、相关资料不全，给报告的编写带来了一定的困难。同时，由于笔者的水平有限，文章中难免存在欠妥之处，敬请各位读者谅解，也希望各位读者多多批评指正。

编　者

2022年12月

1. 北岩墓群全景

2. 2001年度北岩墓群一期发掘区全景

涪陵北岩墓群全景

图版二

1. 2004年度北岩墓群狮子嘴崖发掘区全景

2. 2007年度北岩墓群发掘区全景

涪陵北岩墓群2004年度、2007年度发掘区全景

1. 北岩墓群发掘工作照

2. 北岩墓群发掘工作照

3. 北岩墓群发掘工作照

涪陵北岩墓群发掘工作照

图版四

1. 2001FBM1、2001FBM2

2. 2001FBM4～2001FBM6

涪陵北岩墓群2001FBM1、2001FBM2、2001FBM4～2001FBM6

1. 2004FBM14

2. 2004FBM17

涪陵北岩墓群2004FBM14、2004FBM17

1. 2004FBM18

2. 2004FBM23

涪陵北岩墓群2004FBM18、2004FBM23

1. 2004FBM26

2. 2004FBM27

3. 2004FBM29

4. 2005FBM37

涪陵北岩墓群2004FBM26、2004FBM27、2004FBM29、2005FBM37

图版八

1. 2005FBM40

2. 2005FBM42

3. 2005FBM45

4. 2005FBM52

涪陵北岩墓群2005FBM40、2005FBM42、2005FBM45、2005FBM52

1. 2001FBM8：1

2. 2004FBM27：2

3. 2005FBM47：14

4. 2004FBM23：8

5. 2004FBM26：29

6. 2004FBM36：1

涪陵北岩墓群出土A型陶罐

图版一〇

1. B型（2004FBM34：2）

2. B型（2004FBM34：6）

3. B型（2005FBM49：29）

4. C型（2001FBM5：23）

5. C型（2004FBM17：26）

6. C型（2004FBM22：4）

7. C型（2004FBM14：22）

8. C型（2004FBM36：45）

涪陵北岩墓群出土陶罐

1. C型（2004FBM29：6）

2. D型（2004FBM15：1）

3. D型（2004FBM25：3）

4. D型（2005FBM42：17）

5. D型（2004FBM26：1）

6. F型（2001FBM1：3）

涪陵北岩墓群出土陶罐

1. E型（2001FBM4：28）

2. E型（2001FBM4：42）

3. G型（2001FBM4：46）

4. G型（2001FBM2：26）

5. G型（2005FBM49：25）

6. H型（2004FBM23：38）

涪陵北岩墓群出土陶罐

1. A型盆（2004FBM23：33）

2. C型盆（2005FBM43：12）

3. E型盆（2004FBM36：5）

4. A型甑（2005FBM40：1）

5. C型甑（2005FBM43：20）

6. D型甑（2001FBM5：1）

涪陵北岩墓群出土陶器

1. Ab型（2004FBM14：9）

2. Aa型（2001FBM12：1）

3. B型（2001FBM5：37）

涪陵北岩墓群出土陶锺

1. B型（2001FBM7：8）

2. C型（2005FBM42：26）

3. D型（2001FBM4：4）

4. E型（2004FBM36：31）

涪陵北岩墓群出土陶锺

1. A型（2004FBM31：3）

2. B型（2004FBM24：35）

3. Ca型（2001FBM15：22）

4. Cb型（2005FBM37：8）

5. Da型（2005FBM46：10）

6. F型（2004FBM36：30）

7. H型（2001FBM23：3）

8. Db型（2001FBM5：44）

涪陵北岩墓群出土陶钵

1. 碗（2001FBM10：3）

2. A型簋（2001FBM4：26）

3. B型簋（2001FBM6：5）

4. C型簋（2004FBM29：5）

5. A型鉴（2001FBM2：17）

6. 香炉（2001FBM4：45）

涪陵北岩墓群出土陶器

1. A型匜（2001FBM4：51）

2. B型匜（2004FBM36：33）

3. C型匜（2001FBM18：30）

4. D型匜（2004FBM37：3）

5. B型盖（2004FBM36：27）

6. C型盖（2005FBM40：66）

7. C型盖（2004FBM20：25）

8. E型盖（2004FBM13：4）

涪陵北岩墓群出土陶器

1. Fa型（2005FBM40：17）

2. Fb型（2005FBM46：14）

3. G型（2001FBM4：50）

4. H型（2004FBM15：31）

5. Ia型（2001FBM5：46）

6. Ib型（2004FBM29：4）

7. J型（2001FBM4：11）

8. K型（2004FBM20：2）

涪陵北岩墓群出土陶盖

图版二〇

1. Aa型耳杯（2001FBM4：62）

2. Aa型耳杯（2004FBM24：21）

3. Ab型耳杯（2005FBM20：13）

4. Ba型耳杯（2004FBM29：17）

5. Bb型耳杯（2004FBM36：34）

6. A型勺（2001FBM4：18）

7. B型勺（2001FBM10：20）

8. C型勺（2004FBM36：38）

涪陵北岩墓群出土陶器

1. A型（2001FBM4：24）

2. Ba型（2004FBM18：4）

3. Ba型（2005FBM40：19）

4. Bb型（2004FBM36：2）

5. Bb型（2005FBM46：1）

涪陵北岩墓群出土陶房

图版二二

1. A型灯（2004FBM25：11）

2. Ba型灯（2005FBM40：32）

3. Bb型灯（2001FBM6：8）

4. Bc型灯（2004FBM18：20）

涪陵北岩墓群出土陶器

1. A型博山炉（2001FBM4：5）

2. B型博山炉（2004FBM15：12）

3. C型博山炉（2005FBM50：15）

涪陵北岩墓群出土陶器

1. 塘（2001FBM4：36）

2. A型案（2001FBM5：22）

3. B型案（2001FBM2：30）

4. C型案（2005FBM40：3）

5. D型案（2004FBM36：42）

涪陵北岩墓群出土陶器

1. A型仓（2004FBM36：44）

2. B型仓（2005FBM40：36）

3. A型釜（2004FBM14：2）

4. B型釜（2004FBM18：29）

5. C型釜（2005FBM46：9）

6. D型釜（2005FBM40：83）

涪陵北岩墓群出土陶器

1. 持物俑（2001FBM1：15）

2. 侍俑（2001FBM5：7）

3. 侍俑（2001FBM4：22）

4. 乐俑（2001FBM10：19）

涪陵北岩墓群出土陶俑

1. 顶罐俑（2004FBM17：19）

2. 女侍俑（2004FBM17：30）

3. 宽衣俑（2004FBM17：47）

4. 驾驭俑（2004FBM23：20）

涪陵北岩墓群出土陶俑

图版二八

1. 舞蹈俑（2004FBM23：21）

2. 抚耳俑（2004FBM23：22）

3. 庖厨俑（2004FBM36：21）

4. 持镜俑（2004FBM36：24）

涪陵北岩墓群出土陶俑

1. 提罐俑（2005FBM40：11）

2. 击鼓俑（2005FBM40：30）

3. 交趾俑（2005FBM40：60）

4. 抚琴俑（2005FBM46：28）

涪陵北岩墓群出土陶俑

图版三〇

1. 鸡（2001FBM4：14）

2. 鸡（2001FBM6：13）

3. 鸡（2001FBM7：11）

4. 鸡（2004FBM17：32）

5. 鸡（2004FBM17：41）

6. 猪（2001FBM4：10）

涪陵北岩墓群出土陶动物俑

1. 猪（2001FBM7：1）

2. 猪（2004FBM17：21）

3. 猪（2005FBM40：80）

4. 狗（2001FBM6：3）

5. 狗（2001FBM4：68）

6. 狗（2005FBM42：15）

涪陵北岩墓群出土陶动物俑

图版三二

1. 镇墓兽（2001FBM10：2）

2. 盒（2005FBM44：8）

3. 镇墓兽（2005FBM40：35）

4. 摇钱树座（2001FBM2：35）

5. 钫（2005FBM43：5）

6. 摇钱树座（2001FBM4：47）

涪陵北岩墓群出土陶器

1. 盘（2004FBM36：26）

2. 打水罐（2004FBM20：22）

3. 井（2005FBM40：25）

4. 壶（2005FBM43：15）

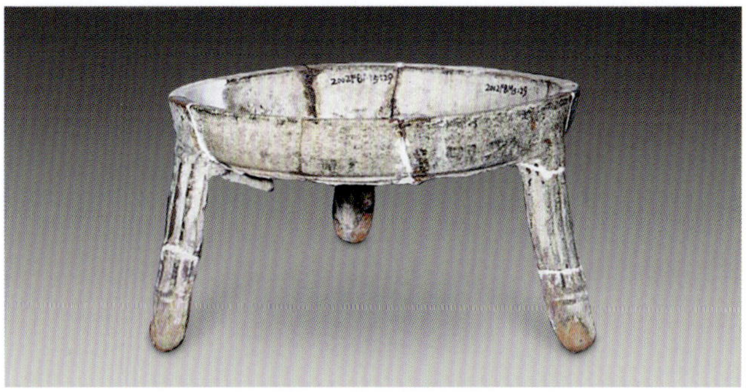

5. 三足支架（2001FBM5：29）

6. 杯（2004FBM18：36）

7. 鼎（2004FBM14：26）

涪陵北岩墓群出土陶器

图版三四

1. 碟（2001FBM11：3）

2. Aa型罐（2004FBM36：12）

3. Ab型罐（2004FBM36：6）

4. Ac型罐（2004FBM36：22）

5. B型罐（2004FBM36：32）

6. 钵（2004FBM36：9）

涪陵北岩墓群出土瓷器

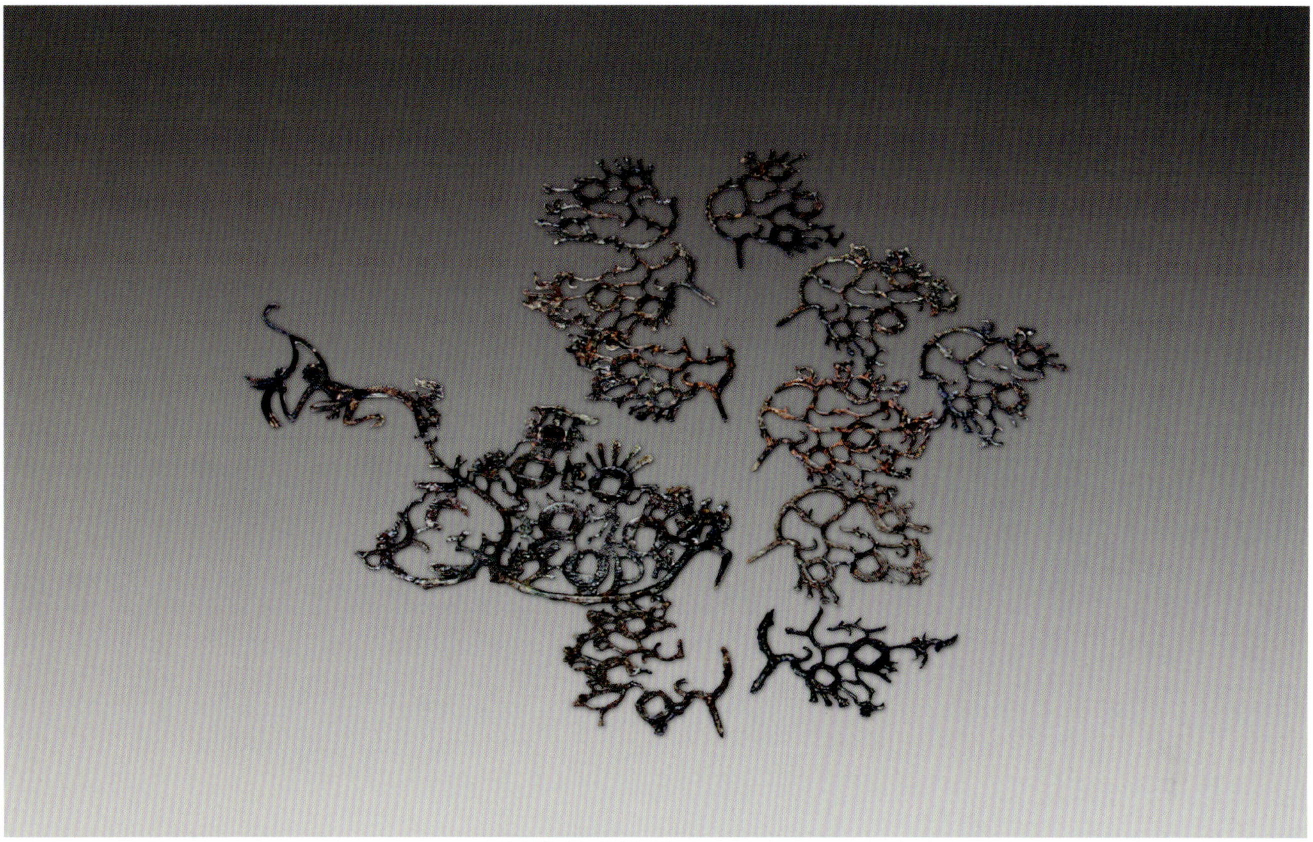

1. C型摇钱树残枝（2004FBM17：5）

2. A型矛（2005FBM47：2）

3. B型矛（2005FBM45：11）

4. B型矛（2004FBM15：5）

涪陵北岩墓群出土铜器

图版三六

1. 耳杯（2004FBM23：1）

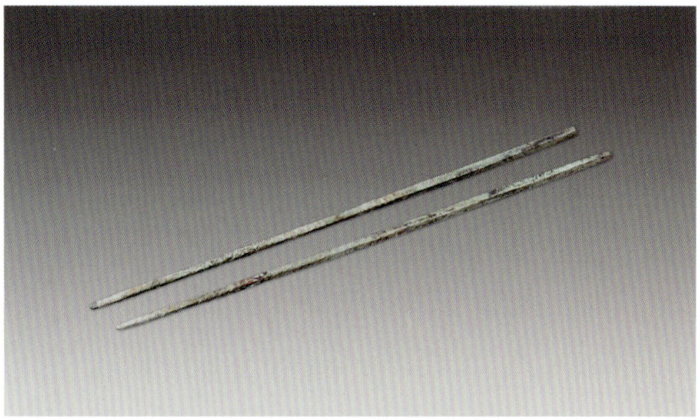
2. 箸（2004FBM29：15）

3. 蒜头壶（2005FBM45：12）

4. 洗（2004FBM23：4）

5. 戈（2005FBM47：1）

6. 顶针（2004FBM29：52）

7. 指环（2004FBM29：43）

涪陵北岩墓群出土铜器

1. 凤鸟（2004FBM29：30）

3. 壶（2005FBM43：3）

2. 盖弓帽（2005FBM49：3）

4. A型镜（2004FBM15：8）

5. B型镜（2005FBM45：17）

6. 軎（2004FBM22：17）

涪陵北岩墓群出土铜器

1. 玻璃耳珰（2001FBM4：54）

2. 玻璃耳珰（2004FBM17：35）

3. 串珠（2004FBM29：22）

4. 石斧（2004FBM27：1）

5. 陶印章（2005FBM50：8）

6. 骨牌（2005FBM49：24）

7. 铁斧（2005FBM49：16）

8. 铁锸（2005FBM49：14）

涪陵北岩墓群出土器物

www.sciencep.com
（SCPC-BZBEZG10-0068）
ISBN 978-7-03-082618-3
9 787030 826183 >
定 价：268.00元